中国税改

中国税改宣传伴行

来自基层的观察与思考

程 莉 著

中国市场出版社
China Market Press
·北 京·

图书在版编目（CIP）数据

中国税改　宣传伴行：来自基层的观察与思考/程莉著. —北京：中国市场出版社，2016.9
ISBN 978-7-5092-1518-0

Ⅰ.①中…　Ⅱ.①程…　Ⅲ.①税收改革-研究-中国　Ⅳ.①F812.422

中国版本图书馆 CIP 数据核字（2016）第 214488 号

中国税改　宣传伴行——来自基层的观察与思考
ZHONGGUO SHUIGAI XUANCHUAN BANXING

著　　者　程　莉
责任编辑　辛慧蓉（xhr1224@liyun.com）
出版发行　中国市场出版社 China Market Press
社　　址　北京市西城区月坛北小街 2 号院 3 号楼（100837）
电　　话　编 辑 部（010）68033692　读者服务部（010）68022950
发 行 部（010）68021338　68033577　68020340
总 编 室（010）68020336　盗版举报（010）68020336
经　　销　新华书店
印　　刷　河北鑫宏源印刷包装有限责任公司
规　　格　170 mm×240 mm　16 开本
印　　张　20.5　　**字　　数**　400 千字
版　　次　2016 年 9 月第 1 版　　**印　　次**　2016 年 9 月第 1 次印刷
书　　号　ISBN 978-7-5092-1518-0
定　　价　48.00 元

图 1　作者 2014 年在全国税收宣传专题研讨会上代表宣传工作者发言。

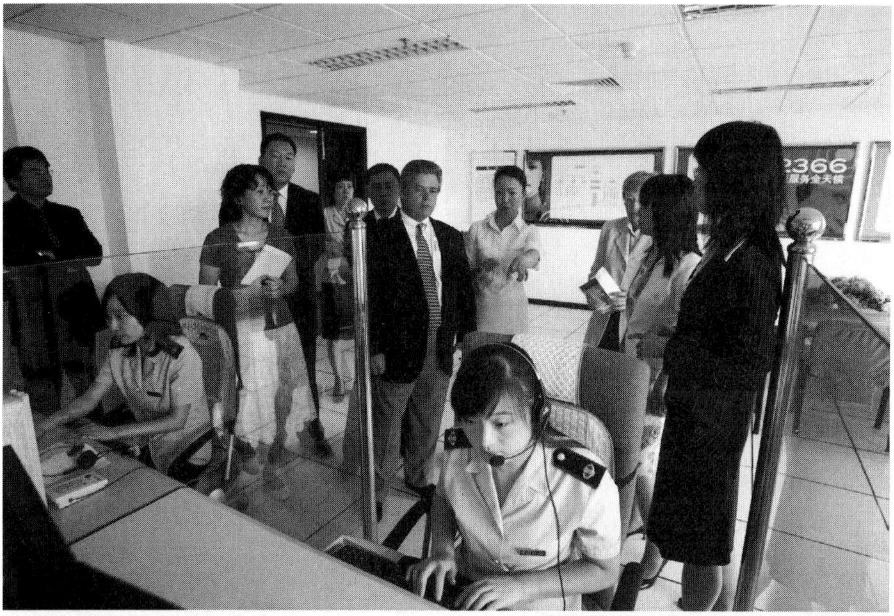

2
3

图 2　作者 2006 年向 OECD 专家用英语介绍大连市国税局 12366 情况。

图 3　作者 2007 年税收宣传月采访诚信纳税人代表大连香格里拉大饭店时任总经理雷蒙杰 · 布莱克先生。

4
5

图 4　作者 2007 年主持大连市国税局 12366 成立三周年直播活动。

图 5　作者 2006 年向师傅缑丽萍（时任大连市国税局办公室副主任）请教。

图 6　作者 2016 年与心理学教授对话。

图 7　作者 2016 年税收宣传月与大连花园口区地税局孙学军局长共同走访企业，倾听纳税人声音。

从本科、硕士到博士，程莉学的是税收、财政，工作后从事税务稽查，按理该税收业务一路干下去，然而，一纸调令，她却在大连市国税局干起了税收宣传，并且一干就是16年。用她的话说，她是把税收宣传当作“为使征纳双方达成共识而承担的一份责任和追求”。程莉的大量税收宣传作品，既真切反映了税务部门工作的历程和税务干部的艰辛，又敏感地捕捉了大连这个热点城市经济与税收的关联和事件。程莉带领她的团队，把大连国税局的宣传工作办成了大连市的宣传品牌，在全国税务系统中也名列前茅。

——中国税务报社原社长　张迪恳

近年来，程莉的文章经常见诸报端，可谓小有名气。她以睿智的触觉、跳动的思维、犀利的笔锋，带有草根味的语言，写下很多脍炙人口的文章。这些文章既有为税收改革的鼓与呼，也有纳税人心声的反映，还有基层税务干部的所想所盼，为人称道，赞不绝口，体现出新时期税收宣传的鲜明特色。宣传工作的生命在于触动灵魂。它既是工作的朴实写照，同时也是心灵深处善与美的挖掘。新常态下，税收宣传在税收改革中担负着重要使命。程莉的大量税收宣传作品，恰恰担负起了这个使命。

——大连市国家税务局原局长　赵　恒

税制改革的进程，离不开税收宣传的号角。程莉的这本书，从基层的视角还原了我国税制改革中波澜壮阔的一系列精彩画面。众所周知，税制改革中难免出现思想的碰撞和征纳矛盾，还可能催生一系列新问题，这都需要税收宣传及时登场，用新闻语言解释政策、反映问题、沟通征纳、总结经验、盘点教训和加油鼓劲。在这方面，程莉无疑用实际行动做了一个生动的注解。此书值得一读。

——中国人民大学财政金融学院副院长　岳树民

税收报道近年来异军突起，成为财经报道的重要领域，并且成为各级政府领导和研究机构观察经济、调整决策的重要依据。作为媒体人，我从程莉大量的税收报道中感受到了税收在国家宏观调控、扶持企业发展和助推经济转型中的巨大作用，同时也对大连市国税局辟路创新的各项工作有了比较全面、深入的了解。听程莉娓娓道来，可感受到一个睿智而勤奋的邻家女孩传递出的厚度和温度——这些付出，至少给大连的财经报道增添了一抹亮色。程莉身居东北一隅，却心怀天下税事，其饱含感情的文字中，我们也能看到一个税收专业记者和税收宣传员的责任和担当。

——大连日报社总编辑　张田收

从事企业财税管理多年，我一直以来都很希望能对我国税收改革沿革有个通透的了解，而程莉的这本书从工作一线的视角翔实记录了这一历程，正好很应景地遂了我这个心愿。本书从税改热点话题到政策解读，从顶层设计到基层实施，从一线调查到人物专访，全方位多角度娓娓道来，处处折射出她多年从事税收宣传工作的点滴心血，也彰显着我国税务人，尤其是大连市国税局税务人的职业风采。

——长虹电器股份有限公司财务总监兼信息总监　胡　嘉

本书的文章都是作者在负责大连市国税局税收宣传工作时写的各类稿件，案例鲜活，文笔流畅，见解深刻，发人深省，读第一篇就不忍释手，好比读某位作家的短篇小说集。文章的内容，尽管是立足于大连市国税局税收征管的实际，但是对其他地方的纳税人、税务局，不无启发，甚至对今后的税制改革和征管改革，都有值得借鉴的地方。相信这本书，只是一个起点，随着阅历的增加，以后还可以读到程莉更多、更好的文章。

——北京中税网税务师事务所总裁　全国税务领军人才专家导师　王冬生

新闻由社会生活事实写就，宣传引领时代声响，每一项税收宣传活动、每一篇税收新闻稿件都记录着税收事业的点点滴滴、风风雨雨，更饱含着每一位税收宣传工作者的理想、情怀与激情。这些，在程莉的这本文集中都有淋漓尽致的展现与表达。作为与程莉并肩战斗多年的同行与战友，我再一次看到她为我们代言、做标杆。这本文集是她本人辛勤工作的结晶，是大连市国税局历史轨迹、工作亮点的历史记录和精彩定格，同时，也是程莉作为税收宣传工作者青春梦想绽放的铭记。

——中国税务报驻辽宁记者站站长　王红兵

税收宣传：税改路上从未缺席

在梳理稿件准备集结成册的过程中，一种非常强烈的感受是：这不仅仅是我个人作为一名税收宣传工作者的自白书，更能够从中找寻出税收宣传伴着税制改革一路前行的轨迹，她真实记录了基层税务部门的工作历程，字里行间饱含着责任和追求。

税收本身不但需要改革，更需要在改革当中使征纳双方形成一种文化上的共识，达到一种凝聚，融汇成一种正能量，这样才能消除改革的阻力。在税制改革的前沿，在社会经济税收的连接点，总有税收宣传工作者的身影闪现，用新闻宣传的手段，沟通上下、连接税企、服务大局。

新闻离不开实践。正是丰富的税收实践激发了我们创作报道的灵感，开启了税收宣传的一个又一个灿烂的春天。把握主线、抓住重点，报道独创、鼓劲实干，突出人物、刻画细节。或短篇消息，或深度通讯，或一幅图片，或主题专版。

在这个过程中，我们的工作有意义、有作用。因为，我们的文字影响着众多的读者，一些文章反馈着税制改革的影响，其先行的舆论导向，对于化解、平复经济改革中一些不正常、不稳定的社会心理将起到安抚作用。同时，我们还要用手中的笔，记录下税务工作者既充满激情又富于理性，既团结奋进又善于创新的实践，宣传出去，彰显出去，传递出正能量。

一条条税务新闻，承载着时代的温度；一桩桩税收事件，饱含着税务人的情怀。一篇篇稿件，不只是一首首赞歌，更有着税收宣传工作者的深深思考，从未停止。

作为税收宣传工作者，我们撰写的稿件，既不是给行家看的，也不是给别的作者看的，而是给老百姓看的，所以不能高高在上，要语言通俗；要普及税收政策，提高税收素养和税收意识，而不是去奢求提升纳税人的遵从度，要起到润物无声、潜移默化的作用。历经多年的磨炼，终于悟出：税收宣传，不需要拿腔作势，而是要放下身段，去聆听社会的声音和纳税人的意见，然后，怀着一颗真诚的心，去沟通，去交流，起到税法宣传的桥梁作用。

在新闻报道中，我们应当拥有更多的人文关怀，以纳税人为本，与不同的利益群体形成文化认同。这是作为媒体，作为理论导向对社会影响的一个重要作用。我们应当拥有草根情结，不忘基层，做到上连天线、下接地气。没有基层，没有这种地气，我们的税收改革和发展就会失去基础，因此，我们要更多地反映基层的心声，回应税制改革的各种声音，形成一种共鸣，为领导决策提供参考。我们要勇于担当，善于担当。要及时地把党中央、国家税务总局的声音传达到基层，同时，要针对时弊、针对发展中出现的偏差，以改革的勇气去进行校正，以把握改革的方向，发挥应有的作用。

税收现代化的号角早已吹响，税收改革的画卷正徐徐展开。新的事业新的不凡，需要税收宣传工作者冲锋在前，为税收事业、税收实践，为每一个创新每一个进步，鼓劲加油，一路放歌，不忘初心，继续前进。

由于水平有限，书中难免有疏漏之处，恳请读者多提宝贵意见。

程　莉

2016 年 7 月 31 日

THOUGHTS ON CHINA'S TAX REFORM

目　录

第二章

税收经济　//033

税收对经济的作用近年来日益被各级政府和企业所重视。一方面，税收作为国家宏观调控的重要手段，调控的着力点、作用面和时限等不同，对经济的影响也大不相同；另一方面，税收作为经济发展的“晴雨表”，能够直观反映一段时期、一个地区乃至一个国家的经济状况，而且比宏观统计数据更具有可信度，既是政府“以税资政”的重要依据，也是企业调整经营战略的重要参考。本章内容从大连市宏观经济、产业发展、高新技术、振兴东北等多个视角，揭示了税收与经济日益密切的联系……

第三章

征管思路　//071

既要抓住大企业税收、国际税收这些“大块头”，又要收到中小企业税收这些“芝麻粒”，还要监管到历史陈欠那些“死角区”，税务机关的征管思路也在随着税制改革的推进而不断调整。本章内容充分说明：这些调整凸显出三个显著特征：更加接轨国际经验，更加注重横向和纵向的力量整合，更加注重风险导向……

从某种意义上说，税制改革的过程，类似于一个血管不断伸展的过程，即使在一些比较“偏僻”的领域，税收政策都会逐步像毛细血管一样不断衍生、覆盖。与之相适应，税务机关又该作何选择？本章内容给出的答案是：面对日益复杂的税收政策和日益悬殊的征纳数量，突破这一困局的唯一出路，就是利用现代化的信息手段……

第五章
纳税服务　//137

无论是税务机关内部的专项调查，还是国家四大会计师事务所的第三方调查，结果都显示：政策服务是纳税人最需要的纳税服务。从本章内容中可以非常清晰地看到，随着税改的深入，税务机关纳税服务的重心已经向政策服务集中，而且服务的理念越来越现代，手段越来越先进，体系越来越健全……

第六章
税收宣传　//181

税改过程中不仅产生了大量需要解读的税收政策，而且产生了不少征纳之间的矛盾，通过策划和组织一系列税收宣传活动，其中的不少矛盾迎刃而解。然而，本章内容充分说明一个道理：实践中的税收宣传无处不在，只要你拥有一双善于发现的眼睛；税收宣传没有止境，服务纳税人永远在路上……

解读税收政策是《中国税务报》的神圣职责。从记者的视角看，每一次政策解读的过程，就是一个把纳税人实际情况与立法意图紧密结合起来的过程。这个过程非常美妙，因为既可以站在立法者的角度通盘考虑、提示一二，又可以站在纳税人的角度细细品读，反映心声。实际上，政策解读不是一个单向的传递过程，而是一个双向的沟通过程……

第八章

一线调查　//239

没有调查就没有发言权，在税收新闻宣传中尤其如此。一项新的税收政策实施后，纳税人反映怎么样？一些令人费解的税收现象背后，究竟有什么样不为人知的故事？在税制改革加速推进的过程中，纳税人究竟在想些什么？……这些问题的答案，只有在调查后方可知晓。一线的调查，真实地还原现实，却也在引导征纳双方反思现实……

第九章

人物风采　//277

沧海横流，方显英雄本色。在我国税制改革的大潮中，无论是税务局长还是一线税官，都在不同的岗位、用不同的方式为推进改革各尽所能。就像反避税专家苏玲、海岛上的“明星”税官王鹏、天堂里的写手张振学、致力于建设没有校门的税务"大学堂"的局长丁永安，他们一直在用自己的努力思考税改，推进税改，成就税改……

第一章

热点话题

纳税人状告税务局、私营企业“不愿长大”纷纷变身个体户、网店征税、税收痛感、走出去、反避税、税法遵从……随着我国税制改革的深入推进，这些热点话题频频登上各大媒体的重要版面。本章内容从一个侧面说明：税收正从严肃、专业、枯燥的狭窄空间走出来，进入普通公众的生活。不能不说，这是一个崭新时代的开始……

这么“简单”的问题，纳税人为什么转不过弯儿？

后来，蔡政宏的心情从“郁闷”转为了“放松”。“因为这次庭审给大家上了一堂税法课。”蔡政宏说。随着庭审现场的“交锋”，道理越辩越清，政策越辩越明，旁听的群众从一开始的不解渐渐地明白过来。

回忆起去年底第一次坐在“被告席”上的滋味，辽宁省大连市国税局第二稽查局局长彭万众记忆犹新。作为法定代表人，他出庭应诉了一家房地产公司的起诉案，这是大连首例行政首长出庭应诉的行政诉讼案件。大连市沙河口区法院行政法庭公开审理后，已经做出一审判决，彭万众的陈述理由获得法院支持，原告的诉讼请求被驳回。

庭审现场，旁听席上座无虚席，原告方的亲友和税务人员各自占据“半壁江山”，来自《大连晚报》、《半岛晨报》等媒体的“长枪短炮”也纷纷对准了原告、被告席位。

“这起诉讼犹如投进平静湖面的一颗石子儿，在媒体圈和民众中引起了不小的波澜。”参与该案应诉全过程的大连市国税局律师刘琤说。据她介绍，案件之所以引起如此大的轰动，原因不是“民告官”本身，而是税务局长出面了，坐在了被告席上，这在大连市范围内属于“头一次”。

在大连市沙河口区法院行政法庭副庭长朱晓宇眼中，税务局长亲自出庭应诉，这个变化有着积极的意义。“以往的‘民告官’案件，总是见不到‘官’，来的都是一般工作人员或者是委托的律师，有时会造成双方信息不对称，甚至会影响原告的情绪，不利于法院第一时间进行协调。如果行政‘一把手’出庭，亲眼看到、亲耳听到对方的诉求，对方表达意见的效果更充分，一些决定也会更多地考虑到民众的诉求。”朱晓宇说。

图为沙河口区法院行政审判庭审现场。这起“民告官”案件引起了当地媒体的关注。（高宪杰摄）

究竟出不出庭？彭万众也经历过一番“思想斗争”。“我觉得自己在心理上既做好了出庭的准备，又没做好出庭的准备。”彭万众说，做好准备是因为干税务工作这么多年，对纳税人常见的涉税问题“了然于胸”。没做好准备是因为以往的诉讼都是委托代理人，亲自出庭心里多少有点忐忑。深思熟虑后，他还是做出了出庭的决定。大连市国税局领导也非常支持这一决定，大连市国税局副局长徐成义说：“这次我们税务局长亲自出庭应诉，释放出一个强烈信号，那就是坚定贯彻依法治税，才能更好地保护纳税人的合法权益。”

在彭万众眼中，这个案件并不复杂。早在2006年，董福枝等8个人以大连弘历房地产开发有限公司的名义，与大连翱鹏房地产开发公司合作开发某个项目，弘历公司共投资2 945万元。之后两家公司产生分歧，于2007年解除合同，并约定，2 945万元改为借款。因还款未到，弘历公司诉至法院，翱鹏公司于2010年偿还了共计4 388万元的本金及利息。弘历公司随后将款项分配给8位投资人，并代缴个人所得税。2013年初，第二稽查局认定其中的1 840万元为弘历公司的利息收入，补征企业所得税162万元，并按日万分之五征收滞纳金。几位合伙人觉得委屈，依法申请了行政复议。大连市国税局的复议结论是维持原处理决定。弘历公司不服，遂提起行政诉讼，请求撤销第二稽查局的税务处理决定。这个并不复杂的案件却在庭审中反复地纠缠。一审结束后，彭万众就接到了大连电视台记者的采访电话，其中反复被提及的一个问题就是：“这一笔款，难道要缴个人所得税和企业所得税两笔税款吗?”持这样观点的人不在少数。庭审当天与彭万众同坐在被告席上的第二稽查局检查三科科长蔡政宏也觉得有些“郁闷”，“为什么这么‘简单’的问题会引起这么大的争议?”

后来，蔡政宏的心情从“郁闷”转为了“放松”。“因为这次庭审给大家上了一堂税法课。”蔡政宏说。随着庭审现场的“交锋”，道理越辩越清，政策越辩越明，旁听的群众从一开始的不解渐渐地明白过来。原来，8个自然人虽然是实际投资人，也签订了内部投资协议，但与对方公司存在法律关系的是弘历公司，经济活动中的主体也是该公司，8个人的协议并不能改变问题的实质。企业所得税的纳税主体是弘历公司，而个人所得税的纳税主体是8个自然人，两种税并不重复。

在现场，蔡政宏以本案为例，郑重地提醒大家，个人以别人的名义或别人以自己的名义进行投资等经济活动时，一定要谨慎行事，让大家在了解相关税收知识之余，学到了重要的一课。

庭审上的问题解开了，判决结果也出来了，案件尘埃落定，这一事件却余音未了。“说实话，我并不愿意跟纳税人对簿公堂。可是为什么检查人员宣讲、税务机关复议等环节，都没让纳税人转过弯儿来，要让纳税人最终选择寻求法律帮助?”庭审结束后，彭万众一直在反思。他分析，现在，虽然企业财务人员大多具备一定的税法知识，一些大中型企业还设置了专门的部门处理财税问题，但对于普通老百姓来说，税法知识仍然显得太过专业。他觉得，税务机关应该多用通俗易懂的语言、动漫等趣味的形式向老百姓做好税法宣传，尤其是一些税法常识的宣传，帮助老百姓培养出“纳税人意识”。

在庭审现场旁听的稽查科科长王宜胜的切身体会是，到企业去查账，面对纳税人不能单纯地就法条讲法条、就规定讲规定，而是要将法条的规则、目的和意义分析清楚，这样才能让纳税人心服口服。同时，办理案件时要更加认真细致，注重程序合法合规，高标准、严要求地办理每一个案件。

东北财经大学一位税务专家表示，现在，纳税人的自觉纳税意识和维权意识不断增强，税务局长出庭有很好的带动作用和社会效应。

“税务局长出庭应诉行政诉讼案件，推动了大连市的法治政府建设。这个案件在大连也形成了较好的示范效应。”大连市沙河口区法院行政法庭副庭长朱晓宇说。随后，沙河口区法院举办的座谈会上，大连市规划局、国土局的有关负责人表示，如果以后时间允许，发生类似法律纠纷时，他们也将及时积极到场应诉，更好地解决问题。

（发表于 2014 年 4 月 2 日《中国税务报》）

私企争相变个体，小利面前需思量

曾几何时，当上私营企业老总是多少个体工商户梦寐以求的成就。然而，风水逆转，一些行业的私企老总趋之若鹜地把自己的公司又赶回了个体的圈子，这与国家助推个体转私企的潮流背道而驰。

大连市国税局的调查显示，2013 年洗浴业、餐饮业和娱乐业中个体工商户、个人独资企业户数占总户数比例分别为 92.62%、87.79%和 80.36%。这一违背企业发展规律的现象背后，究竟隐藏了怎样的秘密？又当如何破解这个迷局？

变脸为哪般

中西合璧，富丽堂皇，一家投资 2 600 万元、经营面积 4 000 平方米、员工 240 人，在大连颇负盛名的餐饮娱乐有限公司在历时两年零三个月的红火经营后，突然出人意料地注销了私营企业执照，改为了个体工商业户。几乎同一时间，一些规模较大的从事餐饮、洗浴、娱乐业的私营公司，纷纷“纡尊降贵”，由公司变成了个体工商户或个人独资企业（非法人公司）。有的甚至在注册公司开业后还不到一周时间，就仿佛得到“高人”指点般“变脸”成个体。

此外，还有一些实际投资超过千万元，雇工百人以上，年营业额在百万元甚至千万元上的个体工商户，早已绝对是名副其实的“企业”规模。但从注册那天起，人家压根儿没打私企的主意，而是义无反顾地选择了个体工商户或个人独资企业的“身份”。大连一家某知名餐饮有限公司开办投资额高达 1.2 亿元，麾下拥有员工 450 人，可谓气势不凡，注册登记为个人独资企业，而 1.2 亿元的资金并不来源于一个人，大部分资金以借贷方式来源于隐形股东。

这些案例的发生，绝非偶然、个例，似乎有一种无形的力量在吸引着投资者从私营企业变身为个体工商户或独资企业。通过对比 2013 年大连市个体工商户、个人独资企业合计户数占行业比例最高的前 8 位的行业，发现上述案例所涉及的洗浴、餐饮和娱乐这 3 个行业赫然在列，分别以 92.62%、87.79%和 80.36%的高比例位列第 2、第 4 和第 6 位。

上述 3 个行业中，个体工商户加个人独资企业平均 86.92%的占比可谓“畸高”，这其中到底掺入了多少“水分”，混杂了多少“假个体”或“假独资”？至少可以确定的是，注册成个体工商户或个人独资企业在“三行业”中已成为一种带有倾向性的社会经济现象，而这种现象与国家助推个体转私企的潮流背道而驰。我们不禁要问，在这“诡异”的现象背后，究竟隐藏着怎样的利益链条，驱使着这“变脸”风潮的涌动？

税负有差异

企业身份总要比个体户显得尊贵、体面。然而，为何这些“高大上”的餐饮、洗浴、娱乐业老板却心甘情愿地委身于个体或个人独资的行列？大连市中山区国税局有关部门经过细致缜密的调查分析认为，关键还在一个“利”字上，而跟“利”紧密相连的正是税收因素。

个体工商户和个人独资企业的经营利润缴纳个人所得税不缴纳企业所得税，而私营企业的经营利润首先要缴纳企业所得税，向投资者分配时再缴纳个人所得税。下面通过实例来对比分析个体工商户、个人独资企业与私营企业的所得税税负差异。

有两家企业，分别为个人独资企业和私营企业，假设私营企业资产总额和人数上都符合小型微利企业认定条件，应纳税所得额在 10 万元以下时，可享受减半优惠，同时适用 20%税率；假设私营企业税后利润提取 10%的公积金后全部用于分配；假设私营企业应纳税所得额与会计利润相同，无调整项目。在不同的应纳税所得额下，二者缴纳的所得税如税负对比表见表 1。

通过对比显而易见，应纳税所得额在 20 000 元以下时，个人所得税的税负低于企业所得税的税负；应纳税所得额在 50 000 元以上时，个人所得税的税负高于企业所得税的税负。但如果考虑到分回利润应缴纳个人所得税，那么无论应纳税所得额处在哪个位置，私营企业的整体税负都高于个人独资企业的整体税负。

表 1

私营企业和个人独资企业所得税税负对比表　　单位：元

序号	应纳税所得额	私营企业			个人独资企业
		应纳企业所得税	分回利润应纳个人所得税	合计	应纳个人所得税
1	10 000	1 000	1 620	2 620	50
2	20 000	2 000	3 240	5 240	1 250
3	50 000	5 000	8 100	13 100	6 250
4	100 000	10 000	16 200	26 200	20 250
5	200 000	40 000	28 800	68 800	55 250
6	350 000	87 500	47 250	134 750	107 750

征管有区别

一位不愿意透露姓名的业内人士表示，个体工商户或个人独资企业，更容易被核定征收。定额征收的税负一般要比查账征收低，定率征收应税所得率的设定也要低于社会平均的净利率，一些纳税人正是利用这一点，选择注册为个体工商户或个人独资企业，模糊站位，以达到少缴税款的目的。除此之外，在账簿建立、管理、申报、后续稽查方面个体工商户也有着企业不能比拟的“优势”。事实上，餐饮、洗浴、娱乐三大行业的核定征收企业普遍存在着申报不实的问题。由于以现金收入为主，企业通常按开票金额而不是实际收入金额申报收入，个别纳税人会申报一定的未开票收入，但这部分收入仍然或多或少掺杂“水分”。此外，对个体工商户税收的稽查一直以来也只限于群众检举，由于未建账，缺乏经营资料，税务部门无法掌握有力的违法证据，处理力度不大，不能起到有效的警示规范作用。这诸多“政策和执法上的空隙”正是不少餐饮、洗浴、娱乐业“大佬”们对个体趋之若鹜的关键所在。

风险要防范

市场经济条件下，纳税人有权利选择注册类型。但是对于纳税人通过“运作”导致税收流失严重的现象，无论是从税收公平还是从社会公平的角度，税务部门都有责任会同其他社会管理者，通过完善政策，加强管理，引导纳税人的行为。对纳税人而言，要从企业长远发展考虑，只有做大做强才能获得更大的利益；要正视风险，莫为追求眼前的小利引来税收风险。

大连市国税局有关人士介绍，从 2014 年 3 月起，国家对公司制企业注册资本全面放开，给一定规模的个体工商户"升级"公司扫除了制度障碍。目前，北京、天津、重庆、甘肃、江西、上海等地先后出台了个体工商户转型升级为企业的登记管理办法。虽然各地在具体操作层面的规定各有不同，但都对从个体户转变为企业组织形式的登记延续性予以认可，也从本质上解决了个体工商户转企后资产延续、持续经营等问题。但国家层面目前尚未出台相关政策，应尽快研究制定、出台鼓励个体工商户转型升级为企业的政策。

鼓励规模个体工商户转企升级是潮流，在这种潮流下，已有专家建议，在新一轮税制改革中，应采取措施平衡不同组织类型的经济体的税负，消除税负差异，从制度上消除税收对纳税人组织形式选择的诱惑。

大连市国税局有关人士认为，抑制纳税人不当选择的有效措施之一就是税收管理的精细化。将具有一定规模的个体工商户纳入重点管理的视野是精细化最为重要的环节。以前，一些税务机关认为个体工商户税收没有太大的潜力而没有纳入税收征管重点。事实上，像大型的餐饮、娱乐、洗浴个体工商户，年营业额与利润额都具有相当的规模，也有很大的纳税能力。因此，应加大规模个体工商户的识别力度，把管理区域内一定规模的个体工商户的户数、经营情况了解准确，加强日常征管力量，督促其申报。

同时，还应当把规模个体工商户纳入税务稽查范畴。目前税务稽查的对象一般是企业性质的纳税人，对个体工商户缺少必要的监督机制，从而使得该群体少纳税、逃避纳税的面纱不易被揭开。

另外，要强化规模个体工商户、个人独资企业建账经营，对不建账的从高进行核定。现实中，规模个体工商户都有建账的能力，他们不建账的目的，就在于不给税务机关提供真实的经营资料，不想如实缴纳税收。税务机关不能听之任之，应当强化规模型个体工商户建账经营，对于已建账经营的个体工商户应认真审核账目是否真实合理。对于不建账经营的，应该从高核定税率或税额，从根源中扭转个体工商户"建账吃亏，不建账占便宜"的错误认知。对于出现税收违法行为的应依法严肃处理。

最后，还要在企业注销清算时多留意一番，把好这税收管理的最后一道关口。企业清算，既要对资产的增值纳税，也要对债务的豁免纳税，是对纳税人历年经营成果应纳税款的清理。对注销清算的严格把关，势必导致纳税人要权衡纳税成本和转变经营组织形式的潜在利益之间孰重孰轻，从而大大增加了纳税人转变组织方式的成本，遏制纳税人通过转换经营组织形式达到避税目的之冲动。

随着税务机关精细化管理的加强，纳税人通过转变组织方式获取税收利益的成本将增加，面临的税务风险也越来越大。日前，大连市中山区国税局在对一家餐饮娱乐有限公司的检查中发现，该纳税人账簿上记载的年收入仅为 302 万元，但是通过申报系统查询后发现，地税部门给该企业核定的营业额为 480 万元，显而易见，企业在国税部门申报所得税时的收入是含有一定“水分”的。按照规定，对营业税已实行核定征收的企业所得税纳税人，在核定企业所得税时，应纳税额原则上不得低于按营业税计税收入额计算的所得税额。因此，中山区国税局补征了该企业税款。

（发表于 2014 年 9 月 26 日《中国税务报》）

网店税收，税务局到底能不能算清？

当生意做到一定程度，有买家需要发票，但是没有税务登记，就不能领取发票，所以为了把生意做大，从网店转向实体店和网店兼营的情况并不少见。而有了实体店，也进入了监管。从这个角度看，网店税收也不是一笔糊涂账！

如果没有进行税务登记，网店是不会有正规发票的。

就在一年前，《网络商品交易及有关服务行为管理暂行办法》正式实施，国内网店进入“实名制”。当时业界猜测，这将是对网店征税的“前奏”，一时之间议论纷纷。

然而当议论声渐息，这一猜测却在武汉成为现实。近日，武汉市国税局开出国内首张个人网店税单——对淘宝女装网店“我的百分之一”征税 430 余万元。当全国各地是否对网店征税的态度尚不明朗之时，武汉此举是否会波及大连的卖家？对于网店税收，税务部门到底有没有一笔账？

实体店网上交易并非无从可查

此次事件主角——武汉网店“我的百分之一”，是淘宝网女装销售冠军，信用级别达到 3 个金皇冠，意味着累计有 200 万笔以上交易。数据显示，该店去年销售额超过 1 亿元，武汉市国税局征收其 2010 年增值税、企业所得税、滞纳金，共 430.79 万元。这也是目前披露的国内首例对个人网店征税。

对这次事件，大连市税务部门表态，网上交易肯定是要纳入税收征管范围。“无论在实体店交易，还是在网上交易，都属于货物销售。根据相关规定，都属于增值税适用范围。”

一位税务部门人士告诉记者，其实现在去实体店查税时，一般都会询问其是否还有网上交易，如果有网上交易就要一并纳入销售收入征税。

“那么实体店如果隐瞒了网上交易部分，是不是无从可查?”记者问。

“不能这样说。一般实体店的进货量与库存的差额，再与实体店的销售量进行比对，要是相差很大，就不排除网上交易等其他途径的可能。”这位人士透露。

网店税收不是一笔糊涂账

有实体店的网店也许处于被监管中，那么如果没有实体店，也未办理工商执照，是不是就无从监管了呢？昨天，当记者联系淘宝网时，有关人士答复，大连做网店生意的，从交易类别看，服装和电子产品排在前两位，但根据淘宝后台数据并不能查询到大连到底有多少家网店，那么这是否意味着网店税收是一笔虚拟的糊涂账呢?

有业内人士认为，其实从去年 7 月，网店就进入了“实名制”时代。“开始宣传实行实名制时，主要说法是如何既让必要的信息透明又保护当事人的合法利益，不过相关的细节恐怕还是要纳入监管的范畴。这确实是为下一步收税做准备。由网店发展历史来看，缴税是必然的，是不可避免的。几年前，上海检察机关曾以偷税罪，将通过淘宝网交易婴儿用品的张某公诉至法院。现如今，武汉这笔 430 余万元的税单更说明问题。”

此外，有税务部门人士透露，据他们掌握，就有原来开网店的市民，再办实体店的。“当生意做到一定程度，有买家需要发票，但是没有税务登记，就不能领取发票，所以为了把生意做大，从网店转向实体店和网店兼营的情况并不少见。而有了实体店，也进入了监管。从这个角度看，网店税收也不是一笔糊涂账!”

（发表于 2011 年 6 月 30 日《新商报》）

减少税负痛苦感，增加税收幸福感

如何才能增加税收带给公众的幸福感呢？笔者认为，关键还是要真正做到税收用之于民。一方面，政府公共收支应该规范化、阳光化，这不仅有利于增强国民的社会责任感提高幸福指数，还有利于促进政府改革提升公平效率，构建幸福和谐的社会经济环境。另一方面，要加大公共福利支出，多提供公共产品和准公共产品。

中国税负是轻还是重？这是一个在5年前就开始被热议的话题。原因是《福布斯》杂志5年来连续将中国列于税负痛苦指数排行榜的前3位。凡事都是一分为二的，既然有税负痛苦指数，是否也能寻找到一个税收幸福指数，让人们感受到税收带来的温暖阳光？

自从这个“税负痛苦指数排行榜”面世后，媒体和公众对税负的评论一直是没有间断过。每每在税负痛苦指数出炉的那几天，围绕这个话题，相关的论坛里总是跟帖不断，“人声鼎沸”。但是，还有相当一部分理性的人研究发现，其实中国的税负并没有《福布斯》杂志说的那样高，也没有媒体和公众热议的那么恐怖。这究竟是怎么回事呢？笔者认为，之所以出现这个真实税负与外在感觉上的矛盾，以下三个问题非常值得我们认真反思。

第一个问题是，我们的税制设计是否有问题？那本产自大洋彼岸的商业杂志《福布斯》，认为中国税负痛苦指数为159，这是以边际税率相加而得，仅次于欧洲某国。尽管这从技术上来说有失偏颇，但却一直成为人家诟病我国税负重的“把柄”。从理论上说，名义税率并不是实际税率，税率也不能代表宏观税负，税率高并不意味着真实的税负高。从征管实际来看，税务机关也做不到按照名义税率实现对所有税收的“应收尽收”。所以说，在最高边际税率对税收影响不大的前提下，我们是否应该考虑降低一下名义税率？

第二个问题是，我们是否应该通过“议程设置”来引导舆论？近年来，老百姓对税负轻重的评论热潮扑面而来，从车船税到房产税，从个税到日常生活的税赋支出，质疑之声不绝于耳。这从一个侧面反映出，老百姓关心税收，但对三个重要问题知之甚少：收来的税最后究竟都用在了哪些地方？税与费的区别有哪些？收多少税才是合理的？如果政府对这三个问题解释清楚了，让收税和用税的过程透明了，税负到底是轻还是重，老百姓心中自有一杆秤，不辩自明。

第三个问题是，我们能否进一步增强老百姓的权利意识？2009 年，国家税务总局曾经以公告的形式，明确纳税人在履行纳税义务过程中依法享有的 14 项权利和负有的 10 项义务。但在现实中，既要让纳税人“我的权利我知道”，又要让纳税人“我的权利我看见”，更要让纳税人“我的权利我保障”，税务机关还有很多的工作要做。唯有真正增强了老百姓的权利意识，纳税人充分享受权利才有可能。同时，从西方国家税收征管经验来看，纳税人的权利意识提高了，其纳税意识自然也会“水涨船高”。

既然有人能设计出税负痛苦指数，那么我们为什么不能设计一个税负幸福指数去衡量税收所带来的公共福利呢？当前，我国已经进入“税感时代”，税收这个天平一头是税负带来的痛苦，一头是财政支出带来的幸福，要想让公众最终的感受倾向于幸福，除了减少痛苦感，还要增加幸福感——在公共福利上增加更多的财政支出。而事实上，当前我国已积累了雄厚财力基础用于增加公共福利支出，2010 年 GDP 达到 39.7 万亿元，财政收入 8.3 万亿元，经济实力和综合国力与 10 年前不可同日而语。

那么如何才能增加税收带给公众的幸福感呢？笔者认为，关键还是要真正做到税收用之于民。一方面，政府公共收支应该规范化、阳光化，这不仅有利于增强国民的社会责任感提高幸福指数，还有利于促进政府改革提升公平效率，构建幸福和谐的社会经济环境。另一方面，要加大公共福利支出，多提供公共产品和准公共产品。从物质层面考虑，要加大公共医疗、社会救助、保障性住房等投入。从精神世界考虑，加大对人们心理健康辅导、道德信仰教育、非职业化教育、环境保护、国家安全和科学研究等方面的支出。同时，要强化税收程序正义理念，尊重纳税人的程序主体地位，维护其人格尊严和正当权益。这样才能满足纳税人的心理需要，增强其幸福感。

（发表于 2011 年 6 月 27 日《中国税务报》）

"走出去"企业：别让风险成为绊脚石

从现实看，"走出去"企业在面临境外无限商机的同时，也面临着如影随形的税务风险。这些税务风险轻则会给企业造成经济损失，重则导致公司形象严重受损，"走出去"之路难以为继，并有可能使相关责任人锒铛入狱。

国内企业实力倍增的表现之一，就是走出国门的企业越来越多，迈出国门的步伐越来越快。从现实看，"走出去"企业在面临境外无限商机的同时，也面临着如影随形的税务风险。这些税务风险轻则会给企业造成经济损失，重则导致公司形象严重受损，"走出去"之路难以为继，并有可能使相关责任人锒铛入狱。也就是说，对于企业而言，税务风险如果防范不当，将很有可能成为"走出去"路上的绊脚石。

对于"走出去"企业而言，少缴税款是产生税务风险的主要原因。目前，几乎每个国家都有本国的税收法律，不约而同地对偷漏税行为给予严厉处罚。"走出去"企业如果不了解投资国的税收政策，没有就来源于投资国的所得足额缴税，便存在着少缴税款而被处罚的风险，投资国税务机关还有可能对"走出去"企业进行反避税调查，由此带来的税务风险将更大。同时，还有一些企业在避税地设立公司，将利润留在避税地公司不进行分配，自认为这样就可以不用申报纳税。但是，我国《企业所得税法》有着明确的"受控外国公司"条款，即使境外公司不分回利润，也视同分回利润进行征税。

少缴税款有风险，因多缴税款而增加税收成本同样也是风险。如果不了解境内外税法，"走出去"企业既可能在投资国多缴税款，也可能在中国境内多缴税款。目前，我国"走出去"企业目前多是走向亚非拉国家，这些国家为吸引境外投资，往往都出台了不少税收优惠政策。如果"走出去"企业不知道或者知道但没有及时申请办理相关手续，该享受的优惠政策没有享受到，就可能在当地多缴税款。同时，我国为了鼓励企业“走出去”，也制定了许多优惠，如用实物对境外投资可以退税，对来自境外的所得可以按照税收协定的有关条款享受较低的税率，对境外所得征税的同时还可以抵免在境外缴纳的所得税，等等。如果“走出去”企业不熟悉这些税法规定，有可能多缴税款，增加不必要的税收成本，对“走出去”企业而言，同样也是一种风险。

此外，对于“走出去”企业而言，商务谈判同样是税务风险的重要来源。税收负担的高低直接影响着投资回报，企业在做商业决策时不得不考虑税收问题。特别是在谈判确定商品和劳务的价格时，税负轻重是一个谈判的筹码，谈判双方都可以将税负轻重作为提高或降低价格的理由。如果不了解税收政策，“走出去”企业就很有可能在不知情的情况下答应对方的不合理条件，独自承担相应的损失。

那么，“走出去”企业应该在哪些方面着手防范税务风险呢？

在制度层面，应该建立比防范财务风险更高标准的税务风险防范体系。在某种程度上，税务风险甚于财务风险。因为财务风险仅限于经济风险的范围内，而税务风险既是经济风险，也是法律风险，既可以造成经济损失，也可以造成人身和名誉损失。因此，应该按照比财务风险更高的标准，建立健全税务风险防范体系。现在有些国内“走出去”企业，主要是奔着境外的产品、市场或项目去的，很少有企业充分研究当地的市场、土地、环保、税收等各个方面的情况并作出是否适合投资的综合评估。如果企业能够建立高标准的税务风险防范体系，从组织架构、职权分配、业务流程、信息沟通等方面确定风险关键控制点，制定涉税业务应对策略和方法，就能在制度上有效防范很多税务风险。

在具体操作层面，应该重点防范双重纳税的风险。除了在制度层面做好防范税务风险的准备，“走出去”企业还应该把重点放在防范双重纳税风险上。据了解，现在很多“走出去”企业的大量业务其实还在境内，境外所得汇回国内后仍然要纳税。其实，“走出去”企业的境内业务与境外业务联系非常密切，防范境外税务风险和防范境内税务风险应同时进行，二者可以相互促进。如果重视一头，忽视另一头，就为风险产生和爆发提供了条件和通道。为了防范双重征税的风险，要充分了解税收协定中涉及避免双重征税的规定。截至 2011 年 3 月，我国已经与 96 个国家和地区签订了税收协定，来避免双重征税和防止偷漏税。但遗憾的是，这些税收协定多为国外企业利用，我国企业利用得非常少。因此，“走出去”企业应该多了解这些税收协定，并学会利用税收协定维护自身合法税收权益。必要时还可以提起税务协商程序，要求我国的税务部门帮助解决企业在境外遇到的税收问题。

（发表于2011年5月16日《中国税务报》）

延伸阅读

搏击海外，大企业"邂逅"政策困扰

截至目前，无论是税务机关、大企业还是涉税中介机构，都普遍达成了一个共识：大企业最需要的纳税服务是政策服务。对此，那些"走出去"的大企业感触最深。

近日，境内某大银行在盘点"十一五"期间国家扶持"走出去"企业的税收政策时，得出了这样一个结论："大"政策相当给力，"小"政策还需进一步细化和完善。"一些政策困扰往往是我们事先无法预料的，我们越来越希望能获得税务机关更加细致、深入的政策服务。"该银行有关负责人说。

为了鼓励和支持"走出去"企业发展，国务院和财政部、商务部、国家税务总局等部委近年来出台了包括税收支持政策在内的很多"大"政策。在这些"大"政策的鼓励和支持下，大企业"走出去"的形式日益多样化，所到国家和地区的数量越来越多，境外投资规模不断扩大，境外机构不断增多。然而，伴随着大企业"走出去"步伐的加快，一些细节性的"小"政策却未能随着大企业"走出去"而及时跟进和完善。

比如，一些"走出去"的大型企业，在境外的机构既有具有法人地位的子公司、孙公司，也有没有法人地位的分公司。这些"走出去"大企业的境外机构在开拓境外市场的同时，也会与境内发生业务往来，如何处理境外所得的纳税与抵免，就是困惑这些企业的一个问题。

上述境内某银行的有关负责人说，在实践中，境外分行常有可能向境内企业贷款并收取利息，按照国家税务总局发布的《关于加强非居民企业来源于我国利息所得扣缴企业所得税工作的通知》（国税函〔2008〕955号）和《关于境外分行取得来源于境内利息所得扣缴企业所得税问题的通知》（国税函〔2010〕266号）

两个文件的规定，境内企业在支付利息时，应按支付给非居民企业利息的处理方式，按照10%的税率扣缴预提所得税。但是，按照税收协定的有关规定，境外的分行属于境内总行的一部分，属于中国的居民企业，不能享受税收协定待遇，即不能按照较低的税率缴纳企业所得税，只能按最高税率纳税。如此，他们境外分行来自境内的利息，实际上受到了三重不公正待遇：一是取得利息收入时，尽管属于居民企业，却被当作非居民企业扣缴预提所得税；二是被扣缴预提所得税时，按非居民企业扣税，却又不能享受非居民应该享受的税收协定待遇，只能按最高税率纳税；三是利息收入计入所得纳税，来自境内的利息再次被征税，而且不得抵扣被扣缴的预提税。

据了解，除上述问题外，“走出去”的大企业遇到的政策难题还有很多。随着大企业“走出去”步伐的加快，“走出去”大企业数量的增加，“走出去”形式的日益多样化、复杂化，“走出去”大企业的政策诉求将会进一步加大。因此，有关专家建议税务部门，以“十二五”规划实施为契机，调研、梳理“走出去”大企业遇到的各种政策问题，力争梳理一批，解决一批，同时不断增强税收政策的前瞻性，并在政策辅导上下大力气，逐步扫除“走出去”大企业的税收政策障碍，使其能够放手搏击海外市场。

（发表于2010年12月6日《中国税务报》）

靠什么提高纳税人的税收遵从度？

税收征收管理的过程就是实现税收遵从的过程，实现税收遵从的过程也是税收征收管理的过程。认识到这一点很重要。它要求把税收的整个征收管理统一到税收遵从上来，即从税收遵从的要求出发，设计税收征收管理的全部过程和内容。离开了税收遵从，税收管理就没有任何意义。

什么是影响税收遵从的因素？大企业、小企业和个人的税收遵从有什么不同？如何提高纳税人的税收遵从度？6 月 27 日，在国家税务总局税收科学研究所主办、大连市国税局协办的中韩税收遵从国际研讨会上，与会中韩专家对这些问题进行了研讨。

提高纳税人税收遵从度的现实意义

提高税收遵从度有重要的现实意义。东北财经大学副校长马国强认为，税收遵从是税收征收管理的终极目的，或者说，税收遵从贯穿着税收征收管理的全过程，决定着税收征收管理的全部内容。从这个角度说，税收征收管理的过程就是实现税收遵从的过程，实现税收遵从的过程也是税收征收管理的过程。认识到这一点很重要。它要求把税收的整个征收管理统一到税收遵从上来，即从税收遵从的要求出发，设计税收征收管理的全部过程和内容。离开了税收遵从，税收管理就没有任何意义。

韩国国税厅法人税科事务官金运燮表示，税收行政工作的最终目标是：纳税人尽量在没有税收当局干涉的情况下准确记账、自行申报和自觉缴纳，诚实履行纳税义务，而税收当局则在纳税人对税收没有抵触情绪的基础之上有效确保国家的财政需求。

韩国租税研究院长期财政预测中心研究长朴明镐指出，2008 年由美国引发的国际金融危机导致全球经济陷入大萧条局面，为此世界各国采取膨胀性的财政政策加以应对。其结果虽使世界经济摆脱了陷入恐慌的困局，但却使各国财政状况急剧恶化。韩国的财政状况虽略好于其他经合组织成员国，但在全球性的经济危机中，与过去相比也有所恶化。对于韩国这样一个对外部冲击较为敏感的小规模开放型经济体来说，打造能够应对外部因素所致经济萧条的财政实力极为重要。他认为，打造一个国家的财政实力可以使用控制支出与增加税收等方式。在现在的财政状况之下，打造国家财政实力的最佳方案或者说最现实的选择是提高纳税人的税收遵从度。

提高税收遵从度是中韩两国共同面临的难题

研讨会上，中韩两国代表分别介绍了提高纳税人税收遵从度的做法及其难点。

韩国国税厅法人税科事务官金运燮说，韩国税务机关致力于提高企业自愿诚实申报水平。具体措施包括：

一是营造成熟的纳税文化。在每年 3 月 3 日“纳税人日”之际，评选模范纳税人。国税厅向模范纳税人提供宽缓税务稽查，免除纳税担保等优惠。

二是构建税收基础设施。2004 年国税厅引入企业所得税电子申报制度，推行国家税收一体化管理系统。2005 年起，针对以现金收入为主的医生、律师等高收入个体工商户收入金额难以掌握问题，国税厅推行现金发票使用制度。当消费者使用现金消费时，若出示银行卡（积分卡、信用卡等）、个人移动电话号码，加盟店便可通过现金发票开设装置为消费者开具现金发票，每个现金结算信息将实时自动通报国税厅。2000 年韩国制定并实施《有关课税资料提交与管理的法律》，规定国税厅可从国家机关、地方自治团体和公共机关等单位收集与税源有直接关系的预算执行过程交易证明、经营许可资料等 77 项数据。国税厅实施外部纳税调整申报制度。根据《法人税法》，要求纳税人申报企业所得税时必须附交纳税调整单据，超过一定规模的企业必须提交由税务师开具的纳税调整单据。

三是加大申报事后评估力度。国税厅自 2010 年起全面废除申报前纳税干涉活动，以保障纳税人在完全自由的环境中申报。但是当纳税人申报结束以后，国税厅会对纳税人申报的内容开展严格的事后评估。

四是自2012年起在全国范围内实施横向诚实申报纳税制度，即国税厅与企业签订诚信纳税执行合约，保证相互信赖与合作，及时解决企业税收困难。

通过推行上述制度，韩国纳税人纳税意识大有转变，税款少申报问题有所减少。据统计，2010年韩国国内税收达166万亿韩元，其中纳税人自行缴纳税额为152万亿韩元，占91.9%。自行缴纳税额比重2008年为92%、2009年为91.7%、2010年为91.9%。

然而，韩国依然存在严重的偷漏税现象。朴明镐介绍，由近5年企业所得税税务稽查结果可知，韩国企业法人的企业所得税漏报少报收入比例2006年为11.4%，2007年为15.9%，2008年为10.8%，2009年为11.7%，2010年为11.8%。其中，收入规模越小的企业，漏报少报收入比例越高。2005年12月以后针对高收入个体工商户实施的特别税务稽查结果显示，2005年12月至2011年上半年，高收入个体工商户平均漏报少报收入比例为45.6%。其中，2005年漏报少报收入比例为56.9%，2011年上半年漏报少报比例为36.6%。

中国国家税务总局大企业税收管理司副司长刘磊介绍了中国大企业税收遵从管理情况。他说，2008年国家税务总局成立大企业税收管理司以后，选择了45户企业集团作为国家税务总局首批定点联系企业。2011年，45户企业共缴纳税款2万多亿元，约占全国税收的1/4。45户定点联系企业涵盖金融、能源、烟草、化工和交通运输等多个行业，既包括国有企业，也包括外资企业和民营企业。

他指出，总体来讲，中国大企业的自我遵从愿望较强，与其他纳税人相比具有较高的税收遵从度。统计分析表明，从登记、申报和入库等税收征管各环节来看，大企业的正常登记户数比例、按户申报率和按户入库率均高于全国平均水平。

他说，3年多来，大企业税收管理司以促进税法遵从为目标，以税企合作为基础，以风险防控为重点，以纳税服务和风险管理为主要内容，以信息化建设和专业化人才团队的培养为保障，对大企业税收遵从管理开展了积极的探索和实践，初步形成了事先防范风险、事中管理风险、事后控制风险的大企业税收遵从管理工作体系。

首先，以服务为特色事先防范风险。一是搭建税企沟通互动机制。3年多来，先后对定点联系企业总部进行走访，牵头举办4期"雁栖税收论坛"，发放调查问卷，在国家税务总局门户网站开通《大企业服务》栏目。二是建立协调会议制度，积极解决企业诉求。三是创新个性化服务手段。建立定点联系企业工作小组制度。2011 年在对 12 户定点联系企业建立内控机制情况开展调研的基础上，提出改进税务风险管理的意见建议。四是开展企业培训。

其次，以监控为手段事中管理风险。一是开展税源分析，实施日常税源监控。建立定期和不定期的税收分析报告制度。二是探索行业税源监控，实施专业化管理。按行业组建工作团队，分别对石油石化、金融和烟草等行业的不同问题进行分析研究。

再次，以风险为导向事后控制风险。一是完善风险管理业务流程和技术手段。初步搭建大企业税收遵从风险管理框架和业务流程，组织开发定点联系企业税务风险管理信息系统。二是实施针对性管理。从 2009 年起，先后对 11 户内资企业集团、10 户外资企业集团进行风险测试和评估。

最后，加强各项保障工作。一是确立遵从管理的基本制度。2009 年和 2011 年，国家税务总局分别印发了《大企业税务风险管理指引（试行）》和《大企业税收服务和管理规程》，专业化管理制度框架基本确立。二是不断推动信息化建设。目前，已完成大企业税收管理信息系统过渡期网络环境的测试和大企业税收管理司内部试运行工作。三是努力打造专业化管理团队。

国家税务总局征管和科技发展司征管质量监控处处长司京民介绍了小微企业税收遵从风险管理情况。他认为，小微企业税收管理面临的主要风险是，第一，小微企业规模不大、数量众多，存在税收遵从意识较弱、收入不透明、大量现金交易不入账行为等风险，属于税收流失高风险纳税群体。第二，税务机关管理资源有限，存在人少户多的矛盾。税收征管一线从事税源管理的人员约 27.7 万人，多数地区人均管户 200 户左右，个别地区最高的达到 2 000 余户。第三，信息不对称，缺乏系统、全面、清晰和可操作性强的第三方信息。第四，缺乏配套的现金交易限制法律法规制度及与之配套的个人信用管理和支付制度等。

他指出，小微企业的税收遵从风险防范与应对一直是中国税收征管的重点和难点。面对数量众多的小微企业纳税人，根据有限的税收征管资源配置条件，税务机关主要采取以提高纳税人自我遵从为目的、扶持与规范并重、优化服务与强化管理相结合的应对策略。主要包括落实国家扶持小微企业的发展战略，优化对小微企业的税收征管服务，加强小微企业税收遵从风险管理，实行分类征收管理方式，加强涉税信息的管理与共享，开展对小微企业的纳税评估等。

最重要的是纳税人愿意诚信纳税的意识

近几十年来，许多国家把税收遵从作为一个重要的概念提出并开展系统的研究。国家税务总局税收科学研究所图书资料室主任黄立新介绍，税收遵从的理论研究和实证分析都取得了显著的进步，研究视野从经济学已扩展到心理学、行为学、政治学和社会学等领域。

与税收遵从相关的理论有预期效用理论、前景理论、税收遵从成本理论等。近年来，契约理论、公共产品理论被引入税收遵从的研究。另外，用社会心理学研究税收遵从问题是目前理论界的一大热点。

国家税务总局税收科研所副所长靳东升主张，税收遵从度是综合各种影响的结果，因此提高税收遵从度不是税务机关努力就能达到的，而是需要改善整个社会的氛围，政府、社会团体都应给税收遵从施加各种影响。影响税收遵从的因素很多，从宏观角度讲，涉及法律、制度、社会、历史、文化和心理等。从操作层面讲，涉及纳税申报、税率、税务检查和罚款等。

国家税务总局纳税服务司副司长郝军辉强调对小微企业和个体户提高税收遵从度的管理。他说，小微企业和个体户的发展现在仍然面临税收上的难题。小微企业和个体户虽然缴纳的税款相对少，但税收管理难度比较大。他建议中韩两国今后在以下方面加强合作：如何制定和完善小微企业和个体户税收政策，优化对小微企业和个体工商户的服务，借助中介机构和人员的力量开展对小微企业的服务，综合评价和科学衡量小微企业和个体工商户的税收遵从状况等。

大连市国税局总经济师谷兆春认为，提高税收遵从度必须税企双方共同努力，通过一系列卓有成效的战略措施来实现。他认为，韩国税务机关采取的刚柔相济、恩威并重的举措值得借鉴。

东北财经大学副校长马国强认为，从税收遵从的要求出发，税收征管要有“一体两翼”，一体就是税源监控，它是税收征管实现税收遵从的基础，税务机关应当把税收征管的主要精力放到税源监控上。两翼可以形象地比喻为“胡萝卜加大棒”。在“胡萝卜”方面，对遵从的纳税人要给予必要的表彰、奖励；在“大棒”方面，对不遵从的纳税人要严格稽查、严厉处罚。

韩国租税研究院客座教授金斗铉认为，提高纳税人税收遵从度，更重要的不是给予他们税收减免，而是要宣传自觉纳税，增强他们的纳税意识。税收遵从不是对税法的单纯服从，而是具备自觉纳税的意识。理论界的交换学说提出，政府给纳税人提供公共服务，纳税人为享受服务缴纳税款。基于这种理论可以认为，纳税人缴税并非出于遵从法律规定，而是出于主体需要。

国家税务总局税务干部进修学院科研中心主任彭骥鸣说，美国联邦收入局有关人士曾指出，税务机关首先是一家金融服务系统，其次才是收税机构。因此，在税收工作中既要注重效率，又要注重公平。要让逃税的人懂得世界其实很小，无论你把它藏在什么角落，终有一天会被税务机关发现；要让诚信纳税人相信，税法面前人人平等。这才是优化税收环境、提高税收遵从度的根本所在。

韩国租税研究院长期财政预测中心研究长朴明镐则通过实证研究提出，即便控制收入等外生变量，诚信纳税意识也是大于其他任何变量的影响力。换而言之，在税收遵从行为中，不管是积极地、正面地接受纳税义务，还是因担心被惩罚而做出的消极纳税行为，最重要的是纳税人愿意诚信纳税的意识。另外，实验研究与理论分析结果显示，如果能保证程序性民主，提高纳税人对税收工作的满意程度，那么税收遵从度便会有所上升。这表明构建偷逃税预防基础设施，提高偷逃税查获率，加大偷逃税处罚力度固然重要，但其他非金钱因素也是绝对不可以忽略的。

（发表于 2012 年 7 月 4 日《中国税务报》）

帕玛拉特祸起避税港

开曼，有旖旎的风光，更是避税的天堂。自2003年年底至今，意大利“牛奶巨头”帕玛拉特愈演愈烈的丑闻使得开曼再次成为世人注目的焦点。正是一条关于帕玛拉特开曼公司的消息，撕掉了这家巨型企业集团光彩夺目的假面具，并将其拖入了丑闻的泥沼。

15年前开始做假账

帕玛拉特的危机起源于去年12月19日。当日，美洲银行披露，Bonlat公司账户上的49亿美元现金和有价证券根本不存在，纯属伪造，而该公司是由帕玛拉特在开曼群岛注册的。这意味着帕玛拉特公司的账务存在巨大的黑洞。此消息顿时掀起轩然大波，不久后帕玛拉特即申请破产。

总部设在意大利帕尔马的帕玛拉特公司成立于1961年，主要生产乳品、果汁和水果蔬菜，是意大利最大的食品工业集团。它在全球近30个国家拥有分支机构，雇员达3.5万人。这家公司的年销售额达75亿欧元，是全球第五大乳制品公司，在中国该公司也拥有3家分公司。

1月16日，意大利国内银行和国外金融机构联合曝光了帕玛拉特食品集团资不抵债的情况，揭开了帕玛拉特资金黑洞的冰山全貌。短短几周内，帕玛拉特创始人、公司前董事长兼首席执行官卡利斯托·坦齐和一干高管相继被捕，涉及的财务黑洞数额日日翻新。1月26日，普华永道会计师事务所的审计员提交报告，称截至去年9月30日，帕玛拉特公司的负债额达143亿欧元（约合179亿美元），几乎是公司原先上报数字的8倍。

帕玛拉特曾以去年营业额 75 亿欧元在意大利企业中排名第七，如此惊人的负债是如何出现的？据曾担任帕玛拉特集团金融投资经理的法乌斯托·托纳交代，15 年前，为了应对资产评估部门和财务、税务部门的检查，帕玛拉特就已经开始做假账。

被称为“欧洲安然”的帕玛拉特金融丑闻案引起了全球的震惊，随着调查的进展，人们发现，这个曾被誉为“全球乳制品帝国”的大型跨国企业，竟然是个假账堆出来的巨人。

“开曼公司就是垃圾桶”

在帕玛拉特的假账生涯中，有“避税天堂”之称的开曼群岛扮演了一个关键的角色。该公司在开曼等地开设了一系列空壳公司，再将总公司的坏账转移到这些空壳公司的账面上。一位涉嫌参与做假账的帕玛拉特高层官员说：“这些开曼公司实际上就是个垃圾桶”。

Bonlat 是帕玛拉特 1999 年设在开曼群岛的分公司，也是这场危机的“漩涡”所在。与安然丑闻中复杂的关联交易和金融工具的运用相比，帕玛拉特作案手段的简单和“业余”更令人惊异。只是利用一台扫描仪和一台传真机，帕玛拉特便制造了美洲银行对 49 亿美元虚假账目的确认函。该公司的有关人员先从公司的旧文件上剪下一个美洲银行的徽记，用扫描仪扫描进电脑后打印出来，又将“印有”美洲银行徽记的文件来回传真多次，然后再扫上美洲银行职员的签名，尽管这位美洲银行的数据处理员根本不知道这回事。就凭这种“简便”方式制作出来的确认信函，Bonlat 的资产目录就“有”了高达 49 亿美元的存款。

Bonlat 另一个明目张胆的欺诈行为发生在去年 1 月。又一份伪造的确认函寄到了 Bonlat 公司，函上“记载”，古巴哈瓦那一家国营进出口公司向 Bonlat“购买”了总量 30 万吨、合同金额达 6.2 亿美元的奶粉。

在帕玛拉特丑闻中还有众多配角，就是帕玛拉特在开曼等避税地注册的投资基金。这些基金的“使命”一个是隐瞒公司因长期扩张而导致的严重财务亏空，另一个就是把资产从坦齐家族占股 51%的帕玛拉特，转移到该家族完全控股的其他公司里。几年来，坦齐共从帕玛拉特向他的家族企业转移了 6.29 亿美元的资金。以帕玛拉特注册于开曼的一家神秘的证券投资基金——Epicurum 为例，这家声称主要投资于休闲、旅游和食品业的基金于 2002 年夏成立。据知情人士透露，帕玛拉特在 Epicurum 基金的近 5 亿欧元投资只剩下 100 万欧元的可回收资产，几乎是颗粒无收。

如出一辙的是，帕玛拉特注册在荷属安德列斯群岛的两家分公司——Curcastle和Zilpa，也充当着转移资金的角色。帕玛拉特利用虚假证明文件将资金注入这两家公司，这两家公司再依据伪造的合同将“债务”支付给坦齐家族控制的公司。到1998年为止，这两家公司的虚假负债额达到19亿欧元。

无人能管的“真空地带”

开曼岛属于英国在加勒比海的自治领地，距离美国佛罗里达海岸600公里，是世界上著名的避税地之一。据统计，开曼的离岸银行拥有高达8 000亿美元的外来资产。离岸金融业务每年至少为开曼当局带来2 500万美元的收入，占其总收入的15%以上。

除了银行以外，保险公司和其他跨国投资企业也纷纷在开曼注册离岸公司。开曼群岛只有约3万常住人口，在岛上注册的公司却多达4万家。它以税收和地理上的优势吸引了大量投资者，成为逃税者的天堂。

开曼具有吸引外来资金的天然条件。开曼不征收任何所得税和财产税。对于外国投资者在岛上注册但不在岛上经营的豁免公司，开曼提供20年内不征收所得税的保证，而豁免信托公司可得到50年内不课征所得税的保证。除此之外，开曼的银行保密制度严格，该群岛在1966年就颁布了《银行和信托公司管理法》，规定了为客户保密的原则。1976年，开曼又制定了《保密关系法》，规定对泄密者最高可处以两年徒刑。开曼对汇出资金也不加任何限制。

帕玛拉特在开曼注册的Bonlat公司就是一家“空壳”公司，没有实际业务，只是充当投资及贸易媒介，以佣金为收入，其收入享受免税后再投资或转移出去。帕玛拉特注册这种公司的好处是可以合法地避开意大利税务机关的管制，还可长期免缴开曼税收，同时不受任何财务报告及资产估算制度的约束，便于暗箱操作，从而成为坦齐一系列欺诈行为的工具，最终也成为撕开帕玛拉特丑闻的口子。

像开曼这样的避税地，属于几乎无人能管的“真空地带”，既是跨国公司逃避税收增加盈利的理想选择之所，也成了野心家金融欺诈的好帮手。根据有关资料，由于避税地的存在，全世界每年避税及洗钱的金额超过6 000亿美元，使发展中国家遭受的财政损失每年高达500亿美元，几乎相当于西方国家援助发展计划的总和。

20世纪80年代以来，特别是在“9·11”事件后，联合国、经济合作与发展组织（OECD）和美欧等不断采取措施与洗钱行为斗争。事与愿违的是，无论是正常收入还是黑色收入仍源源不断地流向避税天堂。据罗马媒体报道，在去年12月27日坦齐被捕前不久，帕玛拉特名下数以百万计的资金，刚通过开曼一家银行转账到坦齐在卢森堡的账户上。开曼也曾被安然公司当作几十亿美元的中转站。

法国调查官员卢贝克对帕玛拉特事件发表评论说："跨国公司在开曼这样的避税地开设账户，已成为国际惯例。国际资金流向避税地的比例在几年间已从10%上升到50%。避税地最吸引人的地方是金融业务的暗箱操作，其动机一是可以骗过税务局，二是转换钱的原始来源即"洗钱"，三是用来进行腐败活动。"法国议会2002年4月的一份报告称，法国11家大银行都曾通过开曼进行资金调动。报告中还称，离岸银行和分公司、子公司的离岸经营，无论是为了逃税还是逃避金融监管，都是应该受到谴责的。卢贝克指出，目前国际上还没有采取严格措施来对付避税地，而有些国家仍然想利用避税地来达到它们见不得人的目的。

一位不愿透露姓名的前银行家指出，"尽管大家在不懈地努力，试图查清帕玛拉特失踪资金的走向，但避税地的国际网络不会因此有丝毫改变。帕玛拉特事件只影响了几个人，这个庞大的网络本身依旧岿然不动"。

（发表于2004年2月20日《中国税务报》）

延伸阅读

反避税工作应从哪里入手

目前，外商投资企业避税问题，对我国经济已造成了危害。这种危害，一是侵害了我国税收管辖权，严重侵蚀国家税收收入；二是外商投资企业利润实盈虚亏，给我国对外开放政策造成负面影响，使一些外商产生了在我国投资环境差和来我国投资无利可图的判断，影响其他外商来我国投资的信心，不利于我国吸引外资和先进技术；三是损害了参加合作的中方的利益；四是逃避了外汇管理，导致我国外汇流失。

面对具有丰富避税经验的跨国公司，怎样保障国家财政收入，维护税法尊严，大连市国税局反避税调查工作的做法，具有借鉴意义。

第一，科学选案，做好基础工作。一是多渠道、多方式积极搜集数据，整理、分析、共享各种经济信息资源，建立各部门、立体的信息联动工作机制。比如在日常工作中，注意搜集各类有价值的信息，尤其是在现场审计时搜集申报数据中没有的相关信息数据，发现一条，积累一条；与海关、进出口退税、银行、政府等部门进行沟通合作，利用互联网取得与被调查企业及其关联企业的相关资讯信息等。同时，对搜集的各类信息资源进行整合。

二是案头审计确保科学选案。对企业的历年财务数据进行趋势分析和结构分析，将企业的财务数据与其集团内部关联企业及集团合并财务指标对比分析，同时将企业的财务数据信息与可比企业的财务数据信息进行对比分析以确定是否异常。

三是利用量化指标，对企业进行有针对性的“诊断”。在对企业进行调查前，一般都要寻找可比物来对企业进行前期论证。随着反避税工作经验的积累，大连市国税局确定了“先确定标准，再选可比物”的原则，即先根据对拟调查对象的分析，从定量与定性两个方面确定选取可比物的标准，再具体实地分析被调查企业会计账簿、原始凭证、明细财务数据信息，确定企业的交易实质。最后得出企业的营运能力、经营效率、盈利能力、发展能力、承担的职能风险等结论后，与可比物进行比较，以确定下一步工作的实施方案。

第二，发扬团队精神。大连市国税局组建了一支高素质的专业反避税团队，其反避税专业水平和工作能力在全国同行中名列前茅。这支队伍团结协作打了几场“没有硝烟的漂亮仗”，从 2004 年至今，他们共调查了 7 户较大规模的企业，已结案 4 户，共调增应纳税所得额 11.5 亿元，补征外商投资企业所得税 9 708 万元。

据统计，现在大连市国税局已经拥有了一支由 51 名反避税专、兼职人员，20 名国际税收专职人员，700 名国际税收兼职人员和为数不少的外语人才组成的国际税收工作队伍。2007 年，各基层局的转让定价调查工作顺利开展，已经结案 10 件，共补税 190.8 万元。

据了解，目前，大连市国税局反避税工作形成了以专业人员为主，市局与基层局上下联动的良好工作机制。反避税工作从“一枝独秀”发展到“满园花开处处春”。各基层局对反避税工作进行了大胆的尝试，从以前的“不敢碰”到现在的“大胆碰”，并取得了较好的成效。

第三，借助专家力量，借鉴其他地方好的做法。在反避税调查过程中，大连市国税局反避税人员还经常借助专家的力量。他们向经济合作与发展组织（OECD）专家咨询，了解国际上通常采用的做法；通过及时向国家税务总局专家、其他地方转让定价专家的咨询，及时掌握我国在同类转让定价调查工作的进程和各地案例；根据转让定价调查的实际情况，针对转让定价调查中涉及的一些行业或产品，到相关的部门或企业请教相关的专家，了解该行业的发展特点、目前的状况及今后的发展前景等。

通过借助上述三方面的专家的力量，他们不仅能提高转让定价调查的准确度，还使得调查工作接近于国际上的通常做法，让外国投资者容易接受调整结果。据了解，到目前为止，在大连市国税局反避税调查并调整的转让定价案件中，没有一家企业提出异议或行政复议。

第四，不间断的业务培训。一位从事反避税工作7年的大连市国税干部告诉记者，自己常常被一种“本领恐慌”所折磨，转让定价业务、上市公司财务管理以及其他国际税收知识学无止境。幸运的是，大连市国税局为他们提供了不间断的培训机会。在经费有限的情况下，大连市国税局优先派出反避税干部到无锡税务学校进行为期3个月至半年的专业培训，派反避税干部到韩国、奥地利、土耳其参加由国家税务总局组织的OECD教育基地培训。此外，这些反避税人员平时也在不间断地“充电”，及时了解国际转让定价最新方法、OECD税收协定范本及注释的最新发展等。

（发表于2008年7月18日《中国税务报》）

第二章

税收经济

税收对经济的作用近年来日益被各级政府和企业所重视。一方面，税收作为国家宏观调控的重要手段，调控的着力点、作用面和时限等不同，对经济的影响也大不相同；另一方面，税收作为经济发展的“晴雨表”，能够直观反映一段时期、一个地区乃至一个国家的经济状况，而且比宏观统计数据更具有可信度，既是政府“以税资政”的重要依据，也是企业调整经营战略的重要参考。本章内容从大连市宏观经济、产业发展、高新技术、振兴东北等多个视角，揭示了税收与经济日益密切的联系……

大数据税收分析为政府经济工作会“定调”

大连市国税局先后完成了10余篇税收分析报告。报告充分运用大数据，有针对性地就大连市工业百强对本地经济的辐射拉动作用、小微企业发展瓶颈、出路以及税收与全市经济内在关系三个主题开展深入分析。报告引起了大连市委、市政府主要领导的高度关注。

“大连国税的分析报告有深度，对经济数字的分析有责任感，对于政府决策及全市的经济分析有很大的参考价值。”这是不久前大连市市长肖盛峰在市国税局呈报的税收经济分析报告上的批示。

近期，大连市国税局先后完成了10余篇税收分析报告，报告充分运用大数据，有针对性地就大连市工业百强对本地经济的辐射拉动作用、小微企业发展瓶颈、出路以及税收与全市经济内在关系三个主题开展深入分析。报告引起了大连市委、市政府主要领导的高度关注，他们不仅给出了“数据科学翔实、分析专业精准、文章服务大局”的积极评价，还将国税局对全市税收经济分析的判断结论确定为大连市经济工作会的总基调。

“大连市国税局大数据税收分析的‘大’字首先体现在从部分数据到整体数据上。”大连国税局收入规划核算处处长汤敏说。随着税收数据的不断积累，大连市国税局逐渐加大对税收数据的获取利用力度。税收分析报告对大连地区销售额排名前100位的工业企业近5年的采购发票信息加以分析，扫描完整数据、找出相关关系，评估该企业群体对本地经济的辐射和拉动效应。在对小微企业分析中，以全市有完整财务税收数据的小微企业为样本，同时，增加非结构化数据，提取40余项指标、100多万个数据条，从税收优惠效应、发展瓶颈和出路等多个方面展开分析，形成基本判断。在税收经济分析中，更是对占全市税收总量96%的工业、商业、金融业、营改增试点行业和房地产业五大行业企业的全部申报数据加以加工处理，进而做出对政府决策有重要参考价值的研判。

大数据税收分析的“大”字还体现在随时提取和优化底层结构上。据大连市国税局征管和科技发展处高级工程师刘文忠介绍，以小微企业分析为例，该局仅用3个小时就提取到了所有需要的数据。之所以快，源自对数据底层结构的事先优化和熟悉。据了解，为满足数据分析的需要，大连市国税局研发了税收分析系统，对CTAIS、防伪税控和出口退税3个主要系统的数据做到提前加工整理，建立数据档案，按字段等即可快速提取。正是由于数据完整、数据底层结构优化，使得大连市国税局在税收分析中实现了“样本＝总体”的目标。

大数据税收分析的“大”字同时体现在让数据增值上。大连市国税局通过分析办税行为特征为纳税人“画像”，对同一特征的纳税人提供有针对性的纳税服务和风险提示。通过对某一行业的数据分析，总结出该行业在税收征管方面的风险点进而加以应对。通过数据的可视化来判定办税人员流量，再通过人均办税量来测定工作强度，进而判断出容易出现问题的办税环节。通过让数据增值，该局找到了小微企业融资难点，与多家金融机构联合推广“税易贷”“税贷通”“税融通”产品，为诚信纳税的小微企业提供最高为3 000万元的信用贷款，目前已累计发放贷款12亿元。通过让数据增值，该局微信服务平台功能更加强大，纳税人通过手机能够实现发票查验、大厅流量查寻、微信预约和零申报等12项办税需求。

“真正实现数据的不断增值还有许多问题亟待解决。比如与第三方信息互通互联的缺失，数据信用问题等。”大连市国税局局长赵恒表示，“但我们要积极主动融入大数据时代，构建用数据说话、用数据决策、用数据管理和用数据创新的机制，运用大数据开展形势分析、问题研判、精细管理和服务创新。”

（发表于2015年9月14日《中国税务报》）

中国航母从这里启航

如果说航空母舰是现代科技的结晶和国家综合实力的体现，那么建造辽宁舰，拥有百年历史的大连船舶重工集团有限公司，就是中国造船业和现代中国的缩影。

“只有伟大的强国才能建造它。”黑海造船厂厂长马卡洛夫的话如同重锤，敲击着人们的心。当时，苏联解体已经数年，尚未完工的瓦良格号航母停在船台上，等待着自己未知的命运。

大家问厂长：“将它完工，工厂需要什么?”

马卡洛夫回答：“苏联。党中央。国家计划委员会。军事工业委员会和九个国防工业部。600 个相关专业和 8 000 家配套厂家。没有这些，瓦良格号不可能再完工了。”

多年之后，瓦良格号涅槃重生。焕然一新的辽宁舰入役中国人民解放军海军。“它使中国以海洋大国的身份进入新的序列。”美国海军战争学院专家埃里克森在博客上写道。

如果说航空母舰是现代科技的结晶和国家综合实力的体现，那么建造辽宁舰，拥有百年历史的大连船舶重工集团有限公司，就是中国造船业和现代中国的缩影。

积　淀

排水量 6 万吨的钢铁巨舰，以每小时近 60 公里的速度在大洋上逆风疾驶，喷涂着“八一”军徽、挂满武器的重型舰载机呼啸而起……这样的场景让无数中国人心潮激荡。建造辽宁舰的大船人，更是无比自豪。

“能够承担改建这一巨无霸的任务，是对我们能力的绝对信任。”大船重工集团负责人说。

从1898年的轮船修理工场至今，经过逾百年发展，大船重工现有船坞10座，码头10公里，各类厂房近80座，拥有2万余名员工及外协人员。自2005年以来，其主要经济指标持续保持每年20%以上的增速。2009年，实现工业总产值和销售收入“双超两百亿”。目前，他们已发展成为国内唯一汇聚军工、造船、海洋工程装备、修（拆）船和重工五大业务板块，资产总额上千亿元的装备制造企业集团。截至目前，大船重工集团手持合同订单已经排到2016年。

作为国内规模最大、建造产品最齐全，具有国际竞争力的现代化船舶总装厂，大船重工曾荣获亚洲最佳船厂奖。从中国第一艘万吨轮，第一艘出口船，第一艘30万吨超大型油船，第一座自升式深海钻井平台……大船重工不仅创造了中国造船史上60多个“第一”，更给快速发展的中国造船工业带来无数荣耀，被誉为“中国造船业的旗舰”。以大船重工为代表的中国造船业，连续多年让中国保持着世界第一造船大国的桂冠。

被誉为“海军舰艇的摇篮”的大船重工，新中国成立以来共建造了44个型号的825艘舰船。其中包括我国第一艘炮艇、第一艘导弹驱逐舰、第一艘导弹潜艇和第一艘油水补给船，是我国水面舰船研制生产实力最强、为海军建造舰船最多的船厂，承担了我国第一代到第四代导弹驱逐舰的研制生产。

历史的积淀让中国人有了信心，让大船重工在面对挑战的时候无所畏惧。

能　力

航空母舰是大国实力的象征，其建造、使用费用惊人。美国尼米兹级航母的最后两艘里根号和布什号，耗资分别为45亿美元和64亿美元，最新的福特级航母耗资更是高达100多亿美元。如果再加上舰载机，费用至少还要翻一番。

与美国借债也要造航母不同，在改革开放国策指引下的中国，经济不断发展，财政收入水平不断提高。中国国家统计局数据显示，中国GDP国内生产总值1956年突破1 000亿元，1986年突破1万亿元，1995年突破5万亿元，2001年超过10万亿元，2006年突破20万亿元，2012年突破50万亿元。2013年，中国 GDP 总量预计将超过 55 亿元，继续稳居世界第二位。另据国家税务总局统计，2012 年，我国税收收入完成 11 万亿元。这些，为中国航母的建造、起航打下了坚实的经济基础。

钱不是问题了，但光靠花钱买不来现代化。航空母舰的建造还需要坚实的工业实力。常年坚持的独立自主发展道路，也为中国发展自己的高端装备节省了大量成本。

航空母舰是一个复杂的“巨系统”，需要的关键技术非常多。一位资深造船人介绍，在全部 110 多个工业门类中，造船业涉及其中的 100 个以上。建造航空母舰这样的高端产品，对建造国的整体工业水平提出了更高的要求。据介绍，从 2004 年起，宝钢、鞍钢等企业陆续突破了特种钢材的制造工艺，为航母建造提供了可能。改造航母带来的挑战远不止于此。让瓦良格成为辽宁舰，涉及武器系统、动力系统、高端材料和信息系统等多方面的技术合力，所有为之付出心血的人组成的是一支规模庞大的航母团队。

对于中国第一艘航母，官方很少透露改造过程相关信息，这使无数为之奉献智慧和汗水的人们至今潜居幕后。事实上，大船重工拥有国内船厂实力最强的船舶设计研究机构，由中国工程院院士领衔、1 000 多名船舶设计专家组成，研发水平始终处于国际先进行列。他们的重工产品拥有国家知识专利 51 项，发明专利 25 项。他们的产品包括国际上鼎鼎大名的“大连型”船型，代表世界造船顶级水平的 LNG 船，为南海油气开采设计的新一代深水半潜式钻井平台“海洋石油 982”……

数不胜数的中国创造，全面、卓越的综合实力，支撑着中国航母、中国巨轮驶向大洋。

决　心

辽宁舰服役之前，联合国安理会五个常任理事国中，只有中国没有航空母舰。

“20 世纪 70 年代，我们一个模范班组一个星期就可以交一条快艇。船太小了。”一位老造船人说，“现在，我们是模块化建造几千吨到几十万吨的舰船。”大船人记忆犹新，习近平总书记亲临考察时指出，海洋事业关系民族生存发展状态，关系国家兴衰安危；他们难以忘怀，在航母建造的关键节点，一天同时有超过 5 000 人上船作业，昼夜不停。那是一种一往无前的决心和信念，不仅是一家船厂的，更是整个国家和民族的。

“航母改变中国海军的传统思维方式，为作战风格和结构带来质的改变。”海军军事学术研究所专家李杰说。中国已进入航母时代，从军方到民间，都在重新审视海洋和海军思维。

目前，大连船舶工业也提出了“十二五”期间的发展目标：加大自主创新和科技攻关力度，提升船舶制造的附加值，提高船用设备本地配套率，优先发展海洋工程装备，建设具有世界水平的造船和海洋工程产业基地，优化船舶工业布局，发挥船舶工业的集群效应。

“大连造船业取得的成就，与国家宏观政策、地方政府大力扶植，尤其是财政、税收政策上的倾斜密不可分。”大船重工集团财务部长秦先强说。

据介绍，该集团民用船舶领域的公司 2009 年获得高新技术企业资格，4 年来享受税收减免近 10 亿元。该公司同时是出口退税大户，2012 年累计获退税 20 多亿元，2013 年已退税 13 亿元。这家大连市国税局 3A 级纳税信用等级企业享受 24 小时内完成申报、审批和税款到账的服务。此外，该集团享受研发费用加计扣除优惠，每年扣减应纳税所得额上千万元。由于军工企业涉及众多保密方面的内容，无法按照规定提交相关材料，该集团军用船舶领域的公司一直未获得高新技术企业资质，而一般企业与高新技术企业之间的企业所得税率相差 10 个百分点。“我们会积极听取企业的呼声，在职权范围内做好相关工作，为企业发展保驾护航。”大连市国税局直属局副局长刘波说。一年前，一个被称为航母 style 的动作风靡全国；截至本报发稿，辽宁舰将完成在南海的首次军事演练。我们相信，不远的将来，更新、更先进的中国航母将驰骋大洋；更多像大船重工这样的企业航母，将代表中国纵横世界。

（发表于 2014 年 1 月 3 日《中国税务报》）

延伸阅读

造船业：为大连经济走强注入动力

不久前，备受瞩目的我国第一艘航空母舰辽宁舰按计划完成建造和试验试航工作，并在大连船舶重工集团有限公司（以下简称大船重工）正式交付给海军。这项光荣而艰巨任务的完成，也成为大连船舶制造业发展史上的一座重要里程碑。

中国第一艘万吨轮、第一艘导弹驱逐舰、第一艘出口船……大连曾创下中国造船业70多项“第一”。如今，这里已成为中国最大的造船基地，拥有一批像大船重工、STX大连集团和大连中远船务等国内一流、国际先进的大型现代化船舶制造企业，造船业已经强有力地擎起了大连经济的一极。2011年，大连市国税部门实现船舶制造业税收48亿元，比10年前的2002年增长47.1亿元，增长52倍。今年截至目前，大连船舶制造业已经完成税收18.6亿元。

从1898年的“轮船修理工场”、“造船工场”至今，大连造船业走过了100多年的风雨历程。业内人士介绍说，我国船舶行业起步晚，与国际造船业发达国家相比差距较大。改革开放后，特别是近10多年来，我国船舶工业呈现出强劲的增长势头，在技术、工艺、生产和管理上都有了很大的提升，产值、收入和利润逐年提高。2010年，在显示造船业竞争力的3大指标——接受订单量、未交付订货量和建造量上，我国首次超过韩国，位居世界第一。

中国造船业崛起的背后，有着以大船重工为代表的几代大连造船人的智慧和汗水。

十多年来，大连市政府一直致力于打造造船业产业集群，培育壮大主导产业，积极引进上下游关联项目，延伸产业链条，建设我国最大的造船基地。同时，推进港口扩建项目，加快交通枢纽建设，全面扩大港口业务范围，完善港口功能，投资建设海洋工程项目及船舶配套企业，推进东北亚航运中心建设。数据显示，近年来，大连市造船业产值年均增速都超过了30%。

2008年，面对国际金融危机的冲击，大连造船业沉着应对，加大科研开发和技术改造力度，推进散货船、油轮和集装箱船适应绿色、环保、安全要求的优化升级。在全行业遭遇危机的形势下，大连造船业实现了逆势接单。以大船重工为例，自2008年以来，该集团公司连续5年实现经济增速超过17%，连续3年销售收入突破200亿元，造船总量突破600万载重吨。

目前，大船重工是我国唯一有能力提供产品研发、设计、建造、维修、改装和拆解等全寿命周期服务的船舶企业集团，也是国内唯一汇聚军工、造船、海洋工程装备、修/拆船和重工五大业务板块的装备制造企业集团，资产总额近1 000亿元，年销售收入超过200亿元。

今年上半年，大船重工工业总产值同比增长17.5%，增加值同比增长15.1%，交工船舶19艘，累计承接6座海洋石油钻井平台/船的订单。STX大连造船有限公司交船15艘，交货值10亿美元。大连中远船务造船主要节点计划按时实现率为95%，达到行业先进水平；分段预装率为88.8%，高于行业先进水平……

"大连造船业取得的成就，与国家宏观政策、地方政府大力扶植，尤其是财政、税收政策上的倾斜密不可分。"一位造船企业负责人如是说。

据了解，按照现行政策，船舶出口在增值税方面实行的是"免抵退"税政策。2011年，在大连市国税局办理的100亿元直接出口退税中，造船业就获得了30亿元。大连市国税局相关负责人表示，从压缩退税审核时间，到高新技术企业认定，从政策宣传到纳税辅导，税务部门都给予了造船企业最大的支持。

根据大连市"十二五"规划纲要，"十二五"期间，大连船舶工业的发展目标是：加大自主创新和科技攻关力度，提升船舶制造的附加值，提高船用设备本地配套率，优先发展海洋工程装备，建设具有世界水平的造船和海洋工程产业基地，优化船舶工业布局，发挥船舶工业的集群效应。

面向浩瀚海洋，大连造船业正扬起风帆，不断追寻着蓝色的梦想。

（发表于2012年11月5日《中国税务报》）

经济下行压力挡不住 大连装备制造业逆势上扬

要想发展，必须技术创新，但创新需要资金投入。例如，近年来，瓦轴转盘一直享受高新技术企业所得税低税率和企业所得税研发费用加计扣除等多项税收优惠政策，从2012年到2014年共减免税款950万元，全都投入到新产品研发中。创新使它成为中国转盘轴承生产领域的领军企业。

增速放缓、产能过剩，东北经济正经历考验。然而，记者从市国税局的一组数据中看到暖意，今年前三季度该局共组织税收收入467.6亿元，同比增收73.8亿元，增长18.7%，在全国36个省级国税单位中排名第三。数据背后，是大连地区行业发展所带来的增长，一些装备制造企业在逆境中上扬，起到了支柱性作用。

主要从事大型风电转盘轴承和主轴轴承及装备类大型轴承制造和销售的瓦房店轴承集团精密转盘轴承有限责任公司，就是其中的代表。“我们很早之前就把目光瞄向海外市场。”瓦轴转盘负责人告诉记者，尽管这个过程充满了艰辛和曲折，但未雨绸缪、立足长远的战略，使企业得以逆境发展。2012年，经过3年多严格、严谨甚至严苛的审核认证，瓦轴转盘正式成为西门子战略合作伙伴，凭借过硬的产品质量和领先的技术水平，出口产品份额占西门子全球采购量65%以上。尽管国内装备制造业整体表现低迷，但瓦轴转盘向西门子公司提供的产品价格不降反升，实现价格主导。截至9月末该公司实现销售收入3.76亿元，同比增长37.7%，实现利润总额5 844万元，同比增长166.7%。

要想发展，必须技术创新，但创新需要资金投入。近年来，企业一直享受高新技术企业所得税低税率和企业所得税研发费用加计扣除等多项税收优惠政策，从2012年到2014年共减免税款950万元，全都投入到新产品研发中。创新使它成为中国转盘轴承生产领域的领军企业。

同样用技术和创新“说话”的，还有盘起工业（大连）有限公司，主要从事国际化模具标准件制造，在模具标准件、零部件制造领域位居全国第一，年销售收入10亿元。多年来，该企业与苹果手机代工厂商等大批世界知名企业合作，国内客户达8 000余家，遍布京津冀、长三角、珠三角等区域，涉及机械、电子、通讯、家电、汽车等十几个行业。从2011年以来，该企业享受的税收优惠全部用于研发费用投入。技术创新带来产品的高附加值，由于客户众多，且行业、地域分布广泛，所以给企业收入带来的影响呈现的是一条柔和的U形抛物线。截至9月底该企业销售收入与去年同期基本持平、略有增长，而利润率却同比增长2.2%。

大连第一互感器有限责任公司则“放下身段”，在服务好大型重点客户的同时，加强了对中小客户的关注，盘活资金链条，降低采购成本，前三季度销售收入达3.4亿元，同比增加近2 000万元，实现增值税2 259万元。

（发表于2015年11月15日《大连日报》）

营改增：振兴东北老工业基地的新动力

8月1日，东北地区即将迎来营改增试点，相关企业和人士非常看好这项改革，他们表示，这项重量级改革将为东北老工业基地振兴提供新的强大动力。

2004年，为实施东北地区老工业基地振兴战略，国家率先在东北地区的装备制造业、石油化工业等八大行业试行消费型增值税，此举对东北经济复苏作用明显。8月1日，东北地区即将迎来营改增试点，相关企业和人士非常看好这项改革，他们表示，这项重量级改革将为东北老工业基地振兴提供新的强大动力。

老工业基地掘金现代服务业

营改增可以消除重复征税，将第二、第三产业的抵扣链条打通，实现由“道道征收、全额征税”向“环环抵扣、增值征税”转变。制造业企业购买服务所纳增值税可以抵扣，大大激发了企业采购现代服务的积极性。因此，营改增为东北地区服务业带来了快速发展的大好时机。

“剥离出来成立的这个新公司每年能为集团降低检测成本900多万元，还面向社会提供第三方幕墙检验检测服务，年营业额可达到1 800万元。”沈阳科正建筑工程检测有限公司税务经理秦伟强说。

这家公司是沈阳远大集团将建筑幕墙检验检测职能与主体业务进行剥离后成立的，在为集团提供检验检测服务的同时，也面向国内外客户提供建筑幕墙产品物理性能检测服务。

在素以制造业闻名的辽宁省，生产型服务业等现代服务业正在迅速崛起，服务业这一新兴业态所占的比重越来越高：鞍钢集团分离出工程技术公司、矿业设计院以及国贸公司等 13 家服务业企业，拉动鞍山市服务业增加值增长 20 亿元，使服务业占地区生产总值的比重提高了 0.3 个百分点；特变电工沈变集团剥离物流业务，成立公司开展物流业务，对外提供一站式服务，代理采购、仓储配送、国际贸易和物流融资，实现了由国内市场向国内外两个市场、单机向成套工程总包和制造向制造服务业的三个转变，公司 2012 年的业务收入是 2011 年的 5 倍……

“现在集团成立的服务性公司也就算是‘墙外开花’，等到了 8 月 1 日，辽宁省实施营改增试点后，集团的服务性公司就有了大展拳脚的天地了。”秦伟强兴奋地说。

吉林天利税务师事务所有限公司注册税务师贾新宇表示，东北地区整个经济结构中，第二产业特别是工业所占比重较高，新兴产业比重低。产业结构性矛盾长期困扰着东北地区区域经济的发展，例如吉林省的汽车制造业、石化产业是支柱产业，重工业一直左右着全省经济的增长。而具有广阔市场前景和增长潜力的高新技术产业和第三产业总值规模小，比重低，缺乏对经济增长的整体带动作用，也难以发挥对传统产业的改造、提升作用，导致东北老工业基地增长缺乏后劲，第三产业发展更落后于全国水平。

“营改增为深化产业分工和加快现代服务业发展提供良好的制度支持。增值税可抵扣将改变东北地区规模企业‘事事亲力亲为’的状态，把部分高技能、高科技的第三产业、辅助产业外包将成为企业的理性选择，使东北地区围绕制造业、石油化工业、文化产业和现代物流产业等提供技术性、知识性服务的企业获得高速发展的良好机遇。”贾新宇说。

看淡税负增减 看重试点带来商机

营改增直接受益的是服务业，对多数制造企业而言，营改增所带来的直接减税不特别显著，这种情况在制造业高度集中的东北地区显得比较普遍。不过，受访的试点企业都对营改增给予积极评价，认为这项改革是重大的制度创新，企业的受益是多方面和长远的。

一汽大众有限公司财务部会计丛德辉表示：“一汽大众很看重营改增可以降低企业税务风险这一效应。营改增后，与我们有业务往来的企业开具的运费、服务业发票将进一步规范，这就降低了我们被动取得不规范发票的风险。”

简柏特（大连）有限公司主管财务工作的范女士表示，经测算，实行营改增后，公司的税负会提高1个～1.2个百分点。“公司经常购买的租摆用品难以得到增值税发票，无法抵扣。公司从事的保洁服务未被纳入到此次试点范围之内，人工费用又占企业全部支出的70%以上，这些都无法抵扣。”

虽然税负增加，但营改增可以给简柏特（大连）有限公司带来更多机会。范女士介绍，在境外采购方面，国外客户喜欢签净价合同，而因为有税款支出的顾虑，公司一直要求对方签订含税合同。当其他城市试点时，这部分客户在选择合作方时就向可以签订净价合同的上海市等城市倾斜。大连市试点营改增后，将为公司赢得与先行试点的公司同等竞争的机会。

相比之下，从事软件和服务外包的大连华信计算机技术股份有限公司就大大地受益于营改增。

据大连华信财务部经理张彦明介绍，大连华信的业务分为两大部分，其中对日业务占到70%，国内业务占到30%，年营业额15亿元左右。营改增对华信业务调整有很大帮助。一方面增加了行业的分工合作，另一方面对开拓业务有很大帮助。目前大连华信正在建设一个新中心，计划投资1亿元，其中6 000多万是硬件设备，购进设备的时间正好赶上大连市营改增试点，购进机器设备等所纳增值税可以抵扣销项税额，极大地帮助了企业的发展。

不但营改增试点纳税人的税收负担下降，原有一般纳税人由于取得试点企业的服务所纳增值税也可以抵扣销项税额，进项税额也大幅增加，税收负担也有所下降。

例如，营改增试点后，辽宁省预计登记试点纳税人87 585户，13个市全口径减税预计约22亿元左右，公共财政预算减税预计约14亿元左右。其中试点纳税人减税约9亿元；原有一般纳税人进项税额预计增加约13亿元，约占全部减税规模的59%。

上海通用（沈阳）北盛汽车有限公司自上海市营改增试点以来就享受到了供应商转移的部分利益，节约了成本费用，增加了增值税进项税额，税负降低。

“为我们公司提供会计审计、运输和计算机系统服务等方面的供应商有许多来自先期实施营改增试点的地区，营改增后，这些供应商的成本得以降低，经过重新签订合同，部分收益转移到我公司，而且我公司取得的增值税专用发票还能抵扣销项税额。经过测算，试点以来，我公司由此每年节省成本约1 500万元。2013 年 8 月 1 日，营改增试点将在全国推广，我公司在沈阳市的部分供应商也将纳入试点范围。届时，我公司的成本将进一步降低，节省的成本预计将达到 1 800 万元。”上海通用（沈阳）北盛汽车有限公司财务会计王鹏对记者说。

目前，在营改增的抵扣链条还未完全打通的背景下，部分交通运输业及会展业等相关企业税负略有增加等普遍性问题，在东北三省的企业界同样存在。

辽宁省大连市中海客轮有限公司主营山东省及天津市的客运航线，初步测算，营改增以后该公司相关税金将增加 500 万元。该公司财务负责人表示，自 2009 年以来航运业一直徘徊在低谷，船公司市场运力严重过剩，资金流短缺，通过更新设备来增加固定资产进项税额难以实现。“希望国家在充分考虑航运业目前的困境，在税收政策上给予一定的支持，比如增加可抵扣项目和允许存量资产进项税额抵扣。”

大连公交客运集团有限公司财务部负责人表示，目前公司采购方面主要以燃料和零部件为主。采购燃料时获取增值税发票问题不大，但采购零部件可能存在一定问题，好在这个市场处于供大于求的状态，所以企业还是有可选择的空间，希望国家完善上下游企业的抵扣链条，让试点企业的总体税负按理论设计进一步降低。

长春市某大型会展集团公司是全国较大的会展集团公司，其全资子公司分布在全国多个大城市。财务负责人张先生也表达了自己的担忧：营改增以后，作为会展项目最大费用支出的展馆租赁为不动产的租赁业务，并没有纳入营改增之中，也就意味着将没有进项税额抵扣。同时会展服务所涉及的酒店住宿、餐饮和旅游等行业基本上都没有纳入改革范围，无法提供增值税发票给会展企业用于抵扣进项税额，这将提高会展业的实际缴纳税率。

黑龙江省制造业领域的“三大动力”——哈尔滨锅炉厂、哈尔滨汽轮机厂和哈尔滨电机厂建议对非生产性服务取消小额纳税人和普通纳税人区分对待，统一适用 3%增值税税率计税，或给予一定的优惠政策减少税负；加快营改增的全面铺开，使之形成完整的抵扣链。

营改增是优化东北产业结构的良方

东北老工业基地曾是新中国工业的摇篮，奠定了中国工业化的初步基础。但从计划经济向市场经济转轨的过程中，东北老工业基地落伍了，东北一度成为的全国下岗职工最多、全国困难企业和城市困难居民最集中的地区。东北地区等老工业基地振兴战略实施以来，东北地区经济增速开始加快，逐步缩小了与全国的发展差距。但东北地区取得的成绩只是阶段性的，与全国特别是发达地区相比较还有较大差距，经济总量仍呈下降趋势，结构调整任务十分艰巨。

正因为如此，东北地区的企业和相关人士热切期盼营改增，他们认为营改增会给东北地区经济注入新的活力，是东北振兴新的历史机遇。

辽宁省国税局货物和劳务税处处长芦有林认为营改增对优化东北老工业基地产业结构有重要意义。“辽宁省作为老工业基地，第三产业不够发达，仅占国内生产总值的 37.5％左右，与上海 60％以上的比例相比非常落后，产业结构亟待调整。实施营改增能够从根本上解决企业多环节经营面临的重复征税问题，能够促进社会各界加大对服务业的投资，有利于提高服务业水平，提升生产力和经济发展水平。动态来看，实行营改增的行业大部分会得到减税支持，获得发展后劲。辽宁省必须抓住这个机遇才能在今后几年的发展上不输在起跑线上。”

贾新宇更指出，营改增除了有助于调整东北老工业基地产业结构性矛盾外，还有助于解决东北地区国有经济比重大、民营经济发展不足的问题。

“东北老工业基地中占有高比例的重、化工业大都具有资金密集的特征，客观上进入壁垒很高，新的所有制成分很难从产业内部独立地成长起来。单一体制与倚重产业的结合，更加限制了具有活力的市场经济成分的成长和发展壮大。从东北企业的组织结构看，‘大而全’、‘小而全’普遍存在，企业规模达不到合理的经济批量，企业之间的专业化协作水平低 ，上下游一体化程度差。以上多方面的弱势状况导致产业竞争能力继续下降，从根本上制约着东北老工业基地的发展。”

他认为，增值税和营业税税制二元化导致对企业重复征税，因而税负相对较重，使得增值税和营业税陷入“非中性”状态，而且对于产业结构产生了“逆向调整”效应。国家税制改革有助于解决以上两个问题。“可以说营改增对于东北地区的经济结构调整作用更加明显。”

他表示，对于工业企业来说，由于增值税抵扣范围的扩大，降低税负的作用明显，减轻了企业的货物和劳务税负担，增强了在市场上的竞争能力，东北地区的原增值税纳税人将受益匪浅，必定对其健康发展产生正影响，提供正能量。

“同时，营改增政策使地区经济从传统产业中解放出来，让很多新兴的产业、轻型的产业获得生长的土壤，可以适度改变东北地区国有经济一家独大的现状。此类产业属于知识密集、技术密集和人才密集的行业，不需要大量资金，民间资本容易进入，有利于发挥东北地区良好的工业基础和技术人才优势，将比较完善的基础设施充分利用起来，成为新兴的主导产业、支柱产业。”贾新宇说。

（发表于2013年7月19日《中国税务报》）

延伸阅读

营改增：大连传统制造业的新机遇

数据显示，8月、9月两个月，大连地区“东北老工业基地”允许扩抵的八大行业，因营改增增加抵扣范围而新增的进项税额达到7 700万元。“可以说，因为营改增的实施，企业减轻了税负7 700余万元”，大连市国税局总会计师崔金发介绍说，“从表面上看，营改增的直接受益者是现代服务业企业；对多数制造业企业来说，直接减税的效应不那么明显，但是营改增可以消除重复征税，制造业企业购买服务负担的增值税可以抵扣，从而将第二、第三产业的抵扣链条打通。”

近年来，大连加快推进“区域性金融中心”建设，第三产业得到迅猛发展，但在大连地区的经济结构中，第二产业特别是制造业一直占据着较高比重。有关研究人员表示，这样的产业结构，缺乏对经济增长的整体带动作用，传统产业的经济增长与结构调整方面显得动力不足。而营改增政策将促进经济发展方式产生深刻的变化，在此基础上带动产业分工、营造出巨大的“溢出效应”，将有力推动大连地区的制造业转型升级、创新发展。

据介绍，国家制定东北老工业基地振兴战略时提出要“以信息化带动工业化，以工业化促进信息化，走科技含量高、经济效益好、资源消耗低、环境污染少、人力资源优势得到充分发挥的路子”，营改增政策的落实恰恰契合这一总体发展目标。据了解，营改增后，增值税可抵扣范围扩大，企业将按集约化、专业化模式进行重组、联合和分工，培育支柱产业和优势产业。目前，制造业、石油化工业、现代物流产业等的部分企业开始选择把部分辅助产业外包，专心发展本企业的核心产品。这将会给本地区技术性、知识性服务见长的现代服务业企业带来前所未有的发展机遇。

企业技术改造是老工业基地调整改造的重要内容，也是振兴工作取得成效的一条重要经验。由于外购服务可以抵扣进项税额，这一政策促使传统产业积极加大企业技术改造力度。有着上百年历史的中国北车集团大连机车车辆有限公司拥有从废铁、生铁的冶炼到技术研发，再到火车制造的“全流程”生产线。公司总会计师高武清表示，今年8月1日，营改增改革推开后，企业生产链条环节的抵扣越来越充分，运输成本进一步降低，企业每年可以节约出500万元用于技术研发。目前，国内在铁路上跑的火车，有一半以上的火车头都是由这家企业制造出来的。

营改增客观上调整了大连地区拉动经济的产业结构，使地区经济从传统产业中解放出来，让更多新型的产业获得生长的土壤，使地区出现新的经济增长点。高武清说，他所接触到的一些地方铁路单位都有租车的意向，这是多重利好的事情，生产企业能够促进销售、提高市场占有率，下游企业用少量的资金付出就能够获得车辆的使用权，对租赁行业来说也是一次发展的良机。

由于得天独厚的地理位置，早在2003年党中央、国务院明确提出把大连建设成东北亚重要的国际航运中心。10年来，国际航运中心建设推动大连呈现“港口、临港产业和城市联动发展”的良好态势，今年大连的海港年货物吞吐量预计完成3.7亿吨，位居世界港口第八位。营改增后，引入了应税服务出口退税或者免税的政策，对大连相关企业带来了税收优惠措施，也带来了巨大的商机。

在体验到营改增所带来的结构转变效应的同时，不少受访企业人员表示，期望尽快扩大营改增试点范围，让在整个交易链条上的位于不同地区、不同行业的企业能够在同一个平台上竞争，使得处于各环节的企业均可以实现进项税抵扣。

（发表于2013年11月13日《中国税务报》）

存贷利差大，大连金融业所得税呈现高增长

面对金融业所得税的高增长，有人欢喜有人忧。据业内人士分析，货币政策的使用一直是一把双刃剑，紧缩的货币政策使贷款规模受限，资金价格上涨，虽然是银行业的利好，但对其他行业而言，却造成资金的使用成本加大，直接削弱了借款企业的盈利水平。

日前，大连市国税局最新一期税收快报出炉。数据显示，大连市金融业异军突起，税收连续3个季度均实现50%以上的高增长，且税收增幅呈现逐季提高态势，截至10月底，金融业企业所得税增幅达到64.9%，是全局税收增长最快的行业。

记者从大连市金融发展局了解到，截至今年9月末，大连市共有各类金融和融资服务类机构523家，其中金融机构235家（包括银行类机构59家，保险类机构41家，证券类机构57家，期货类机构78家），营业网点3 000余个，金融从业人员7万余人。大连市金融业在产业绩效、机构实力、市场规模、生态环境四大项指标排名中均位居东北地区首位。

来自大连市国税局的数据显示，截至今年10月底，金融业共实现企业所得税17.2亿元，占全局所得税收入的13.8%，税收比重比上年同期提高了2.9个百分点；税收增幅为64.9%，比全局所得税增幅高34.9个百分点；增收额为6.8亿元，占全局所得税增收额的23%。在大连金融业所得税的收入结构中，银行占78.3%，证券占7.9%，保险占2.8%，信托等其他金融机构占11%。从增长情况看，银行增长78.8%，证券增长21.6%，保险增长9.7%，信托等其他金融机构增长45.7%。银行业既是税收规模最大的行业，也是今年增长最快的行业。

分析大连金融业今年所得税高增长的原因，主要是受国家宏观经济政策影响，存贷款利差收入增幅较大。从金融行业中最主要的银行业收入结构来看，商业银行营业收入的来源包括存贷款利差收入、中间业务收入以及投资收益、汇兑收益等其他收入，其中存贷款利差收入是其最主要的收入来源。而影响存贷款利差收入的两个因素为贷款规模和存贷款利率差额。记者通过实地调研了解到，今年受国家货币政策影响，大连银行贷款规模虽然保持增长，但增幅不高，利差收入大幅增长的主要原因是存贷款利率差的增大。

央行加息后使存贷款利率差短时间内进一步放大。今年央行 3 次提高存贷款基准利率，由于存款利率提高相对贷款而言存在一定的滞后效应，会造成短时间内贷款利率提高而存款利率不变的现象，因此会使银行的存贷款利差在短时间内进一步加大。

从走访企业的具体数字看，大连银行前 3 个季度存款的平均成本为 2.04%，比上年提高了 0.41 个百分点，而贷款的收益率却达到 4.79%，比上年提高了 0.69 个百分点。民生银行前 3 个季度存款的平均成本为 1.96%，比上年提高了 0.33 个百分点，贷款收益率为 7.08%，比上年提高了 1.89 个百分点。贷款收益率的增幅高于存款成本的增幅，导致银行存贷款利差加大，利润大幅增长，进而使银行业所得税大幅提高。

面对金融业所得税的高增长，有人欢喜有人忧。据业内人士分析，货币政策的使用一直是一把双刃剑，紧缩的货币政策使贷款规模受限，资金价格上涨，虽然是银行业的利好，但对其他行业而言，却造成资金的使用成本加大，直接削弱了借款企业的盈利水平。特别是对大多数中小企业而言，由于难以满足银行贷款的抵押担保条件，且贷款风险较大，财务管理水平较低等多种原因，融资难已经成为目前普遍的社会现象。很多企业为了生存只能求助于民间资本，当前民间借贷市场异常活跃，且资金成本远高于银行贷款，这造成借款企业的大部分甚至全部的利润只能拱手让渡给贷款人，严重影响中小企业的发展。今年前 10 个月，大连市中小企业所得税增幅只有 13.4%，比大型企业 37.3%的增长速度慢 23.9 个百分点。

（发表于 2011 年 11 月 30 日《中国税务报》）

税收结构优化，印证大连经济转型成效

"高新技术企业优惠"是在调查中听到的高频词之一，新企业所得税法的一大变化就是将高新技术企业的优惠从区域延伸到整个产业。5 年前，大连高新技术企业只有 57 户，现在已经激增到 277 户，高新技术产品增加值年均增速在 30%以上。

今年，是新企业所得税法实施的第六个年头。5 年来，新企业所得税法运行得怎么样？国家的政策导向在现实中是否得到正向呼应？日前，辽宁省大连市国税局进行了调查。结果显示，税收这双有形的手，5 年来发挥了企业所得税内在稳定器的作用并折射出大连经济转型的"四大密码"：支柱产业注入科技含量、绿色经济蓬勃发展、小微企业方兴未艾和内外资企业竞争良性发展。

大连市国税局副局长吴杰介绍，"高新技术企业优惠"是在调查中听到的高频词之一，新企业所得税法的一大变化就是将高新技术企业的优惠从区域延伸到整个产业。5 年前，大连高新技术企业只有 57 户，现在已经激增到 277 户，高新技术产品增加值年均增速在 30%以上。

据悉，大连在经济转型结构调整中，将高新技术引入传统工业，船舶、石化、现代装备和电子信息四大行业去年实现国税收入 313 亿元，占大连国税总收入的 56.3%。

大连造船企业就是抓住新企业所得税实施的机遇，瞄准发展高端设备，企业取得跨越式发展。5 年前，仅有 7 家造船企业纳税额超千万元，而今扩充到 18 家，造船业税收由 5.8 亿元增长到 29 亿元，成为增长最快的支柱产业。

大连东泰有机废物处理有限公司的发展过程，很好地诠释了新企业所得税法中环保、节能节水等优惠的政策效应。该公司 2009 年 4 月投产运行，2010 年便享受免征企业所得税238万元，今年企业又扩大经营，将餐厨垃圾也列入处理行列，减少市民食用“地沟油”的风险。

吴杰表示，从2008年到2011年，大连市国税局累计为节能环保相关企业减免企业所得税2.4亿元，体现了国家节能减排的政策导向作用。大连经济目前已实现“绿色”转身。

企业所得税法首次将小微企业税收优惠提高到“法”的高度来规定。目前，中小企业占大连企业总户数的99%以上，吸纳就业人数占全市就业总数的75%，创造的增加值占地区生产总值近6成。“国税机关把优惠政策做到最足，并将税收政策以最快的速度送到小微企业手中。”仅2008—2011年，共有39 874户次的小微企业享受企业所得税减免9 294万元。

目前，大连市政府围绕小微企业资金不足的难题，已经连续3年实现小企业信贷投放增速不低于全部贷款增速，小微企业贷款余额达1 741亿元。在调查中，一家只有10多名员工的销售公司经理董文庆说：“作为小微企业的一分子，我看到了政府发出的鼓励和扶持的强烈信号，坚定了我把企业做下去的信心。”

此外，新企业所得法的另一大变化是取消了外资企业的特殊优惠。今年，5年优惠过渡期正式结束。那么，外资企业的反应如何?

在大连一家中德合资发动机生产企业，记者了解到，5年来，该企业享受企业所得税税收优惠4亿多元，可是随着新企业所得税法的实施，今年起不再享受外资生产企业15%的优惠税率。对此，企业财务人员则表示，企业已经做好准备，积极开始申请高新技术企业认定，公司这5年来用税收优惠的资金进行了产品自主研发，形成了专门的研发团队，今年就可享受高新技术企业优惠了，预计也能有上亿元的税收优惠。

大连开发区国税局局长汪润农介绍，外资企业税收曾经占据全市国税收入的半壁江山，尽管外资企业不再享受企业所得税上的超国民待遇，但是大连的外资企业数量并没有减少，5年来，新增外资企业2 043家，实际使用外资400亿美元，引进世界500强企业216家。

大连市国税局所得税处处长鲁庆年也表示，内外资企业相同的所得税税收待遇，在更高层次上促进经济结构调整。由于企业所得税税率从33%调低至25%，5年来，内资企业所得税减少近90亿元，内资企业所得税总体税负下降了3.7个百分点。

对此次典型调查结果，吴杰表示，大连经济结构转型的方向和目标与企业所得税法的变化趋势是大体一致的。5年来，全市地区生产总值年均增长14.2%，公共财政收入年均增长22.9%。

（发表于2013年4月5日《中国税务报》）

延伸阅读

税务局长称：企业创新发展，税收要在现场

6月28日上午，大连市十五届人大常委会第十一次会议专题询问会会场上，一场特殊的“考试”正在进行：15位人大常委会委员和1位人大代表，向市政府11个部门的主要负责人进行专题询问。大连市国税局局长赵恒和地税局局长王安栋，就税收优惠如何促进科技创新，回答了人大委员和代表的提问。

税收是每一位委员和代表都非常关心的话题。询问会上，人大常委会委员李锋首先发问：“大连每年享受研发费加计扣除减免税收政策的企业不多，数额不大，原因在哪里？如何落实好这一税收优惠政策，促进科技型企业更好地发展?”

大连市国税局局长赵恒向人大代表展示了一组数据：大连的高新技术企业总数为458户，在税务机关备案的只有144户。在国税局辖区内，2012年度共有92户企业享受了研发费加计扣除税收政策，可以加计扣除研发费金额为11.8亿元。全国的高新技术企业数量是2.9万户，大连只占到了1.58%，这说明大连的高新技术企业数量总体偏少。

至于大连市企业研发费用扣除额度为何不大？赵恒解释说，不是企业所有研发项目都可以加计扣除，只有属于“三新”即新技术、新产品、新工艺的研发项目才能享受加计扣除政策。此外，只有属于税法及政策列举范畴的研发费用支出才能享受加计扣除，由于税法严格要求研发费用单独列支，有的企业相关费用难以划分，也影响到了政策的享受。听罢赵恒细致的分析，人大代表频频点头。

如何解决这一问题？赵恒给出了建议：“在改革过程当中，除了成立领导小组之外，还应该成立指导小组。比如科技局、国税局和地税局就可以共同成立指导小组，每年为创新科技企业定期举办税法大讲堂，指导企业恰当运用政策，研发‘三新’项目，获取更多优惠。”他呼吁大连的企业家在经济结构调整的过程中，把创新驱动作为企业发展的重要方面，使大连的高新技术企业成

为城市的名片。

大连市地税局局长王安栋补充说，税务机关对于高新技术企业的认定采取的是备案制，管理较为宽松。数据显示，大连的企业在科技研发方面的投入，在国内是比较落后的。一方面企业要不断提高自主研发、科技创新的自觉性，另外也需要政府各有关部门，包括税务机关加大宣传力度，向企业宣传利用好这项政策。

两位税务局长数据翔实、见解深刻的发言，引发了人大代表的思考。大连市人大常委会副主任张军说，国家对于高新技术企业有统一的认定标准，但在实际工作中，各地贯彻落实的尺度是否一致，本地区是否存在把握过严的问题？由于政策把握不当，可能会把一些企业挡在门槛之外，使之未能享受到国家的优惠政策。同时，对于区域产业结构的不合理、高新技术产业的比重较低的问题，要政府牵头制定合理规划，提升思想认识，统筹各部门统一解决，为大连科技企业发展鼓劲加油。

大连市副市长刘岩也当场表态说，对于各位委员、代表提出的问题，我们今后要在工作中改进和落实。刚才有委员提出“围绕高新技术企业认定开展对比考察”的建议，我们会后立即组织工作小组加以落实。

大连市人大常委会主任里景瑞也表示，两位税务局长回答问题清楚，信息量大，提出的建议深刻到位。税收工作对城市创新驱动发展发挥着极大的推动作用。下一步，希望政府部门围绕税务局长提出的合理化建议，及时总结改正，推动工作取得新成效，为大连的经济社会发展贡献力量。

（发表于 2014 年 7 月 4 日《中国税务报》）

税收扶持：让高新区茁壮成长

2012 年是国家高新技术产业开发区建立 20 年。在前来参展的国家高新区以及园区内高新技术企业的相关负责人看来，这 20 年来的迅猛发展背后，离不开包括税收优惠在内的一系列国家政策的扶持与保障。

与能说会笑的仿人机器人来一场乒乓球大赛、在弧形的玻璃屏上玩“愤怒的小鸟”、用医保卡自助完成身高、体重、血压等身体指标的测试……这一个个令人惊奇的画面，可不是哪个科幻电影里的想象，而是记者在国家高新技术产业开发区建设 20 年成就展现场看到的真实场景。展览现场，来自全国 88 家高新区的创新产品和科技成果让不少参观者叹为观止。

今年是国家高新技术产业开发区建立 20 年。在前来参展的国家高新区以及园区内高新技术企业的相关负责人看来，这 20 年来的迅猛发展背后，离不开包括税收优惠在内的一系列国家政策的扶持与保障。

20 年成就展闭幕后，本报记者就税收政策扶持的话题采访了部分国家高新区及园区内的高新技术企业。受访人士普遍对 20 年来获得的税收优惠政策给予了高度评价。同时，结合园区和企业发展现状，他们对未来发展中的税收优惠政策提出了自己的期待。

一加一减，彰显税收扶持魅力

提及国家高新区 20 年的发展，任何时候都无法绕开北京的中关村，因为这里是中国高新区的源头。

早在 20 世纪 80 年代初，世界技术革命正如火如荼，我国也做出了推进科技体制改革、加快高新技术产业化的战略决策。在智力资源丰富的北京中关村，以陈春先、柳传志为代表的一批人开始“下海”创办科技企业，并逐渐形成了中关村电子一条街，成为中国高新技术产业集群的发祥地。几年内，北京中关村就开始刷新一系列中国科技地域标杆历史。

经过一系列的调研和讨论，1988 年 5 月，国务院批准建立北京市新技术产业开发试验区。这是我国第一个国家高新技术产业开发区，由此也拉开了国家高新区建设与发展的大幕。

“这是一个从几个创业者、一条电子街发展起来的‘中国坐标’。”一位亲历者回忆起中关村 20 多年的变化，至今感慨良多。从成立之初只有 527 家企业，年销售收入仅 14 亿元，到 2011 年末，发展到拥有 2 万余家高科技企业，其中收入过亿元企业 1 550 家，全年实现总收入 1.96 万亿元，同比增长 23.2%，中关村试验区的建立成为我国国家高新区辉煌 20 年的一个起点。

1991 年 3 月，在实施火炬计划和建设北京市新技术产业开发试验区的基础上，国务院批准建立了武汉东湖、南京、西安、天津、长春、深圳等 26 个国家高新区，并制定全国适用的扶持政策。转年，国家高新区的数量变为 52 个。经过 20 年的发展，目前国家高新区的数量已达 88 个，在全国形成了合理的布局。

20 年来，从城乡结合部曾经杂草丛生的荒地发展到今天经济繁荣、社会文明的科技新城，国家高新区在科技创新、产业发展、经济建设等方面都取得了显著的成就。统计数据显示，1991—2011 年，国家高新区营业总收入年均增长 45%；年均上缴税费由最初的 3.9 亿元增至 6 816.7 亿元，增加了 1 700 多倍。其中，2011 年，国家高新区实现营业总收入 133 425.1 亿元，占全国的 12.3%；实现净利润 8 484.2 亿元；实现工业增加值 27 151.9 亿元；园区生产总值 41 662.0 亿元，占全国 GDP 的 8.8%；出口创汇 3 180.6 亿美元，占全国外贸出口的 16.8%；平均万元 GDP 能耗为 0.5 吨标准煤，不到全国平均水平的一半。

回顾这 20 年的发展历程，税收优惠始终伴随其中。“税收优惠政策对国家高新区和园区内高新技术企业的形成与发展起到了至关重要的作用。”在谈到税收优惠政策所起的作用时，科技部火炬中心高新区管理处处长李志远如此评价。

根据科技部火炬高技术产业开发中心近日提供的数据：1996 年，国家高新区内企业享受的减免税总额为 19.99 亿元，2011 年，减免税总额增长至 753.14 亿元。其中，企业所得税减免额由 14.661 95 亿元增加至 498.593 59 亿元；增值税减免额由 3.844 96 亿元增加至 162.144 87 亿元；营业税减免额由 0.324 45 亿元增至 43.039 86 亿元。

对国家高新区的税收优惠政策最早依然可以追溯到北京中关村。1988 年在批准北京新技术产业开发试验区的同时，国务院发布《北京市新技术产业开发试验区暂行条例》（国函〔1988〕74 号），即通常所说的“十八条”。而“十八条”中，最使企业受惠且发挥作用最大、时间最长的条款就是税收优惠。这项政策随后也被推广到全国各地的国家高新区。

1991 年 3 月 6 日，国务院发出《关于批准国家高新技术产业开发区和有关政策规定的通知》（国发〔1991〕12 号），同时以附件的形式对园区内高新技术企业所享受的税收优惠政策做出规定，具体优惠政策主要包括，开发区企业从被认定之日起，减按 15%的税率征收企业所得税。

2008 年 1 月 1 日，企业所得税法及实施条例开始实施，税法规定对认定的高新技术企业按 15%的税率征收企业所得税。同年 4 月，科技部、财政部和国家税务总局制定了新的《高新企业认定管理办法》，该办法改变了过去只有国家高新区内认定的高新技术企业才能享受国家税收优惠的政策，不分区内区外，实行统一认定，共同享受国家税收优惠政策。

在李志远看来，如果没有国家给予的这些非常具有“含金量”的税收优惠减免，仅靠政府号召和改革推动，国家高新区不会发展得如此之快，也不会有那么多的企业争相进入园区创业发展。特别是在园区建设伊始，完全是“白手起家”，当时地方政府的财力也很紧张，无力给予园区及园区内的企业更多的扶持，而国家实施的税收优惠政策，一方面能够鼓励科技人员携带科研成果来园区开办企业，另一方面对高新区建设初期的原始积累起到了促进和保障的作用。

税收扶持，拓展企业发展无限空间

对于 20 年来国家税收优惠政策所带来的利好，最有发言权的还是国家高新区和园区内的高新技术企业。

7 月的武汉，是一座火热的城市。在坐落于此的东湖国家自主创新示范区内，火热转化成了激情与干劲。因为拥有我国第一家国家级的光电子产业基地，这个国家示范区也被形象地称为“中国光谷”。

“20 年来，‘光谷’发生了翻天覆地的变化，国家税收优惠政策的有效落实发挥了巨大的作用。”东湖示范区党工委副书记、管委会常务副主任但长春由衷地表示。据初步统计，1996 年以来，当地国税地税机关为企业办理各项减免税共计约 70 亿元。其中，2008 年以来区国税局累计落实税收减免近 40 亿元，包括企业所得税减免 24 亿元、增值税减免 6 亿元。

给力的税收优惠带来的是有形的效益："十一五"以来，东湖示范区主要经济指标均保持了 29%以上的增幅。2011 年，园区实现企业总收入 3 810 亿元，同比增长 30.2%；拥有纳税额超过 100 万元的企业 345 户，纳税千万元以上的 64 户，其中 4 户年缴纳国税超过亿元。

从武汉市向东 700 多公里，在浙江省杭州高新区的南部区块，正在上演一段从古老村庄到创意城的蝶变：经过 4 年多的开发建设，一座总建筑面积 25 万平方米的动漫广场取代了曾经的农田。这里就是杭州高新区发展战略性新兴产业的最新平台——白马湖生态创意城。

"自 2003 年成立以来，中南卡通已经享受税收优惠减免 2 829.22 万元。这些税收优惠减免，对于我们新兴的文化创意企业而言，既增强了公司发展后劲，也鼓舞了企业家的信心。"在白马湖生态创意城，浙江中南集团卡通影视有限公司财务经理蒋虎清言语中充满感激。

蒋虎清介绍，2008—2009 年，该公司享受高新技术企业所得税 15%的优惠税率，共减免企业所得税 1 076.43 万元；2011 年享受动漫企业"三免两减半"的优惠，享受 12.5%的优惠税率，减免企业所得税 933.08 万元。此外，公司享受了动漫企业减按 3%征收营业税共 618.61 万元的税收优惠；文化企业境外演出取得收入免征营业税共 201.1 万元。

太原高新区管委会主任赵伟东则为记者算了算整个园区企业获得的税收优惠这笔账。自 1994 年以来，太原高新区内的高新技术企业合计享受减免税优惠约 16.8 亿元。其中，2009—2011 年合计为 11 亿元，包括增值税征前减免 8 446 万元，"双软"企业政策扶持退税 7 040 万元，2008 年以来减免企业所得税81 640 万元，研发费用加计扣除 12 605 万元。

在地处改革开放最前沿的深圳高新区，海能达通信股份有限公司财务总监张钜将税收优惠形象地称为"及时雨"，这一"及时雨"贯穿了该公司从创立到发展壮大的每个阶段。创立初期，公司只是华强北通信市场的一个小工厂，是企业所得税优惠、地产地销产品增值税优惠等政策，帮企业渡过了最困难的起步阶段；发展中期，公司自主研发投入增多，成本负担加重，国家为鼓励企业加大研发投入而出台的研发费用加计扣除、软件业扶持政策等税收优惠，使公司能开足马力加大研发力度，增强了竞争力；拓展业务阶段，公司开始寻求向海外市场扩展，国家对出口产品的增值税退税政策等，则为公司的国际化插上了腾飞的翅膀。

“国家税收优惠政策为企业做大做强提供了强劲的动力，也造就了一大批成功的企业。”山东浪潮集团财务经理李鹏涛向记者表示。这家综合实力目前位居中国 IT 企业前两位的公司，也是济南高新区最早的入园企业。李鹏涛介绍，自进驻济南高新区以来，浪潮集团迄今累计享受各项退免税优惠近 10 亿元。正是在税收优惠政策的推动下，公司在国际金融危机时期也取得了较好的成绩，各项产业飞速发展，品牌效应也不断提升。

如果说对于起步早、实力强的大公司和集团企业，国家税收优惠政策是“锦上添花”，那么对于初创期和困难期的科技型中小企业而言，税收优惠政策更像是“雪中送炭”。智门科技（厦门）有限公司技术总监袁正勇等人都向记者表达了类似的看法。税收优惠扶持，也在一定程度上解决了这些中小企业的资金周转困难。

“有了好的土壤，企业才有信心朝着做大做强的方向发展。”袁正勇这样说。

筹划未来，期待更多扶持

正是这份信心使园区和企业对未来的发展多了一份底气。在智门科技（厦门）有限公司所在的福建厦门火炬高新区，未来的发展规划与战略性新兴产业的打造紧密相连。到“十二五”末，园区将实现“五个翻番”：经济规模翻一番，工业总产值超过 3 000 亿元；地区生产总值翻一番，达 600 亿元；财政收入翻一番，超过 65 亿元；出口创汇翻一番，达 220 亿元；高新技术产业产值翻一番，超过 2 400 亿元。

在长春高新区，未来 5 年的发展规划层层推进：打造成长春市产业升级主导区、吉林省高新高端产业集聚区、国家级自主创新示范区和东北亚高新技术合作区。

在济南高新区，今后一个时期则要瞄准“一个目标”，打好“五大战役”。具体来说，就是到 2015 年，全区 GDP 突破 1 000 亿元，地方财政一般预算收入达到 60 亿元，综合排名进入国家级高新区前 10 位。同时建设好济南综合保税区、“济南药谷”、汉峪金融商务中心、齐鲁外包城和孙村先进制造业聚集区五大区域。

要实现这些或远或近的发展目标，税收优惠政策依然是大家公认的“法宝”。也正因为如此，大家对已获得的税收优惠表示感恩的同时，也提出了一些自己的意见。他们同时希望，在下一步的发展中，国家能够根据实际情况，对税收优惠政策作出更加合理的调整。

“总体来说，目前国家给予高新技术企业的税收优惠力度还是不够，企业的总体税负仍然偏重。”深圳迈瑞生物医疗电子股份有限公司财务总监王列明的话，代表了记者采访到的大部分园区和企业负责人的心声。

王列明举例说，自 2011 年 1 月 1 日起，广东省开征地方教育费附加，进一步加重了企业负担，她建议，国家可以考虑对教育费附加采取缓征或财政返还、对地方教育费附加减免征收等形式，减轻企业负担。

“适当降低企业，特别是科技型中小企业的税负，可能比积极的财政政策来得更有效。”王列明表示。

西安瑞联近代电子材料有限责任公司税务主管辛芸认为，除了应该加大税收优惠的力度外，现行的某些税收优惠政策还应当根据新的情况优化。从增值税方面看，目前我国增值税优惠政策的优惠对象不够全面，主要集中在对软件产业、集成电路产业增值税的超税负实行即征即退和节能环保产业减免增值税。而在国务院提出的七大战略性新兴产业中，软件产业、集成电路产业只是其中的一部分，其他方面的优惠政策还是空白，这样可能影响到整个新兴产业的全面发展。从企业所得税方面看，她认为我国现行企业所得税优惠政策大部分是针对已经创办的新兴产业，缺乏鼓励创办新的新兴产业的税收优惠政策。

辛芸等人还表示，目前高新技术企业认定门槛过高，认定前期准备时间太久，认定审批环节过于烦琐，造成税收优惠政策运行效率低下，一些企业不能及时享受到国家的优惠政策扶持。大连三垒机器股份有限公司总经理金秉铎则提出，国家税收优惠政策一定要保持稳定性和连贯性，而不能只是一时之惠，如此企业才能可持续地发展，引起了许多人的共鸣。

此外，有不少园区和企业结合自身的发展实际，提出了有针对性的建议。苏州高新区相关负责人建议扩大享受税收优惠的新兴产业领域企业的覆盖面，一些政策可以让符合条件的新兴产业先试先用。青岛思锐科技有限公司财务部长张贵琳提出，现阶段，很多国外企业在国内成立公司，通过进口重大装备关键原材料来享受税收优惠，不利于国内企业自主研发和技术创新，也影响了市场公平竞争，希望国家有关部门予以关注。山西天能科技有限公司董事长秦海滨等人则表示，目前研发经费税前加计扣除，在有些地方落实得不好，特别是一些经济不发达的地区，希望加强这一块税收优惠落实的监管工作。

不过，对于未来国家税收优惠政策究竟该如何适应新情况，作出及时调整，继续成为国家高新区和园区内高新技术企业的助推器，西安高新技术产业开发区管理委员会副主任姜建春提出了一个值得思考的问题。

“2008 年园区内外税收优惠实施‘一刀切’，弱化了政策对国家高新区的扶持力度，园区对企业的吸引力正在降低。同时，不同园区享受的包括税收优惠在内的扶持政策差距还在加大。”姜建春提出了两点疑虑：国家高新区内的税收优惠政策是否应该“特起来”，帮助高新技术园区率先发展，最终实现带动发展；税收优惠政策的设计能否更多考虑区域的不同，特别要向中西部地区的高新区有目的地倾斜。

此前，李志远对记者表达了类似的看法：自 2008 年园区内外高新技术企业政策“拉平”后，税收优惠政策的作用有所下降。在相对落后的地区，如西部地区、二三线城市，税收优惠的扶持作用依然存在，但在发达省份这种作用变小了。他建议，在今后统筹国家高新区和地区协调发展的大战略中，国家也应该充分考虑到这些新变化、新情况。

未来，在进一步扶持国家高新区和园区内高新技术企业的发展中，这或许是我国税收优惠政策制定和执行者可以思考的一个问题。

（发表于 2012 年 7 月 25 日《中国税务报》）

税收优惠给力，大连企业逆风前行

全国第一家研发水泥窑余热发电项目的大连易世达新能源发展股份有限公司财务总监韩家厚说：“我公司被认定为高新技术企业5年来，累计减免税近4 000万元，相当于企业1年多的研发费用，节省的税款使公司有更充裕的资金投入产品研发和市场拓展。”

“2012年大连经济压力前所未有，辽宁省大连市国税局在这特殊时期为企业办理减免退税319亿元。这些真金白银实实在在揣进了纳税人的腰包，帮助企业渡过难关，更为企业注入了后劲。”日前，大连市市长李万才在走访大连市国税局时欣慰地说。

刚刚出炉的数据，展现了大连1年来经济形势的现实图景。2012年，大连市地区生产总值7 000亿元，增幅为11%，比2011年回落了2.5个百分点。大连市财政局负责人说：“大连市国税局为企业办理的减免退税达319亿元，大大超过了它们实现的111.7亿元地方级收入。短期来看确实减少了政府收入，长期来看却是涵养了税源，优化了产业结构，为未来取得更多的税收创造条件。”据了解，319亿元的“活水”支撑着企业在逆风中行进，引导着经济结构的悄然变化：2012年大连固定资产投资5 960亿元，增长20%；实际使用外资123.5亿美元，增长12%；外贸企业发展更为显著，自营出口实现336亿美元，逆势增长12%。

打开2012年大连市国税局减免税图表，高新技术和软件企业的减免税力度十分显眼，减免税额占行业应征税收比重过半。2012年软件业企业享受增值税减免8.2亿元，同比增长67%；集成电路企业享受所得税减免12.1亿元，增长117%；其他高新技术企业享受企业所得税减免10.8亿元，增长21.6%。全国第一家研发水泥窑余热发电项目的大连易世达新能源发展股份有限公司财务总监韩家厚说："我公司被认定为高新技术企业5年来，累计减免税近4 000万元，相当于企业1年多的研发费用，节省的税款使公司有更充裕的资金投入产品研发和市场拓展。"

税收优惠受益面最广的是小微企业。数据显示，大连市享受到小型微利企业减半征收所得税的企业数量扩大到了14 337户，占企业所得税减免总户数的9成多，减免企业所得税8 326万元，户均年减免税额6 000元。同时，免收小微企业发票工本费412.5万元。一家小型销售公司的经理董文庆告诉记者："以前我们企业的应纳税所得额高于3万元，不在小微企业税收优惠政策范围内。2012年政策范围放宽到了6万元，企业因此省了不少税。更重要的是，作为小微企业的一分子，我看到了政府发出的鼓励和扶持的强烈信号，坚定了我把企业做下去的信心。"

百姓感受最直接的，还是一系列惠民生的税收优惠政策。"我今年税这块省了1万多块钱，国家关心咱老百姓真是做到心坎上了！"蔬菜批发行老板娘孙淑凤高兴地对记者说。个体户销售货物增值税起征点调整、蔬菜流通环节免征增值税、鲜活肉蛋免征增值税，连续三个惠民生政策让老百姓最为直观地感受到税收的"让利于民"。据不完全统计，落实这三项优惠，大连市国税局2012年免征增值税4.5亿元。

除了关注老百姓的日常生活，税收扶持也把更多的目光投到弱势群体身上。鼓励就业创业，大学生、农民工、城镇就业困难群体和残疾人都是重点扶持对象。2012年，大连市国税局在保障和改善民生方面共办理减免税4.9亿元，同比增加1.4亿元，增长40%。

外贸出口备受关注，大连国税机关通过出口退税管理创新，努力帮助外贸企业盘活资金。2012年，该局共办理出口退免税179亿元，同比增长9%。其中直接退税历史性地达到了119亿元，增幅达到19%。在出口退税额连年创新高的同时，退税速度更是纳税人关心的焦点。大连船舶重工集团有限公司财务处长秦先强告诉记者，该企业能够享受到"一天内退税"的实惠，最近一次24小时内完成申报、审批和税款到账的退税款是1.7亿元。如此之大的流动资金对当下的企业经营而言无疑是雪中送炭。据了解，大连市出口退税企业已达10 330家，加快退税进度是这些企业的"刚需"。目前，大连国税局已创下了最快24小时退税的纪录。出口退税短信提醒服务用户也占到了全年发生出口业务企业的90%，可以让企业随时了解最新政策，及时准确掌握退税款入账情况，为企业防范退税风险、规划经营和调控资金周转提供了便利。

据了解，大连市国税局2012年办理的减免退税中，包括出口退税179亿元，直接减免税近90亿元，企业减计收入、加计扣除等其他减免近50亿元。大连市国税局局长赵恒说："越是在困难时期，越要坚决落实减免税政策；越是在困难时期，越要想办法为企业注入活力。只有这样，才会让优惠政策发挥出四两拨千斤的作用；只有这样，才会为全市经济的可持续增长、民生的可持续改善，作出实打实的贡献。"他强调，大连国税机关将加强减免税的后续管理，把减免税管理纳入税源监控范畴，实行跟踪制度，掌握纳税人享受减免税后的经济效益情况，保证减免税税款按国家的规定使用。

（发表于2013年1月9日《中国税务报》）

大连经济“绿色”转身，国税部门大有作为

大连的“绿色经济”已经具备了一定的基础。大连是我国风电设备最大的生产基地，软件和服务外包、生物医药、新能源汽车、光伏产业等绿色产业对全市经济增长的贡献率逐年提高、比重逐步加大。2010 年软件业实现税收比 2009 年增长 127%，医药制品业增长 32.8%，风电产业大户大连华锐股份公司增长 28.3%，核电产业代表一重大连加氢反应器制造有限公司增长 43.9%。

夏季达沃斯论坛已经在大连落下了帷幕，对“关注增长质量”这一理性又实际的主题的热议却还在延续。在全球各经济体努力寻求“绿色复苏”之际，大连已悄然开始“绿色”转身，追求有质量的增长。大连市国税局在新一轮经济发展中该承担怎样的社会责任？发挥怎样的职能作用？日前，记者带着这些问题采访了大连市国税局局长丁永安。

丁永安说，大连的“绿色经济”已经具备了一定的基础。大连是我国风电设备最大的生产基地，软件和服务外包、生物医药、新能源汽车、光伏产业等绿色产业对全市经济增长的贡献率逐年提高、比重逐步加大。2010 年软件业实现税收比 2009 年增长 127%，医药制品业增长 32.8%，风电产业大户大连华锐股份公司增长 28.3%，核电产业代表一重大连加氢反应器制造有限公司增长 43.9%。

从 2009 年起，大连市又有几个“大手笔”：与美国企业签订绿色能源合作协议，与加拿大企业签订木制房屋制造、风力发电设备制造和垃圾处理等绿色环保项目合作协议，香港金心集团投资 40 亿美元在大连长兴岛建设现代绿色建筑产业基地项目，大连丽昌新材料有限公司在花园口经济区投资 1.6 亿美元，建设成为全国 7 家国家级新材料产业基地之一。今年 8 月，大连装备发行 30 亿元短期融资券，为大连先进装备制造业的发展提供支持；9 月，国家现代服务业产业化

基地又在大连揭了牌。

丁永安说，这一系列举动更加折射出一个事实——大连市要抓住这轮绿色经济发展机遇，在参与全球产业发展竞争中赢得更大的主动。以提升创新力来发展传统的装备制造、石化、造船等优势产业，同时打造具有国际竞争力的世界级软件和服务外包业，重点发展新能源、新材料、生物医药、海洋工程装备与高技术船舶等新兴产业，以及相配套的现代服务业，从传统产业的“一枝独秀”到新兴产业、现代服务业的“双翼齐飞”。在这个过程中，国税部门也要承担社会责任，发挥积极作用。

一是通过落实税收政策的正向激励，助推绿色经济的发展。目前，我国对绿色产业给予了一些优惠政策，但却分散在不同的税种里面。我们需要做的是及时梳理政策，把涉及的优惠政策统一起来、汇编成册，通过各种渠道让企业真正了解这些政策，在经营中做到有的放矢。同时，建立起税收政策执行跟踪反馈机制，确保优惠政策落实到位，让减免税的“真金白银”在企业的口袋里落袋为安。

据统计，2010 年度大连市软件行业享受税收优惠为 6.36 亿元，资源综合利用、环保节水项目、环保节能、安全设备企业享受所得税优惠额为 4 309 万元，比 2008 年增长了 2 834 万元；销售再生水、翻新轮胎、特定建材产品等企业享受增值税即征即退和先征后退政策，减免税收入额达 87 751 万元，减免税额为 4 751 万元。

二是通过加强绿色产业的实地调研，反馈税收政策的效应。税收政策的制度安排在现实中到底会产生怎样的效应，需要一线的税务干部进行调查与反馈，为税收政策的进一步完善提供参考建议。在去年国家出台《关于加快推行合同能源管理促进节能服务产业意见》后，大连市国税局及时地派出工作组，走访有代表性的新能源企业宣讲新政策，今年又到高新产业园区的新能源企业调研。通过新能源产业的发展现状，发现了新能源产业税收政策尚待进一步完善的地方。如建议相关的税收政策要涉及新能源的投资、开发、生产、使用、废弃物处理等不同的环节，利用流转税、所得税、财产税、行为税等不同税种的调节功能，全方位地鼓励新能源产业的发展。

三是通过强化税收管理和纳税服务两个核心工作，解决企业的实际问题。在征管方面，我们在分类管理的基础上，要求税收管理员根据税源专业化管理规定，主动掌握“绿色产业”发展规划和企业投产信息，提前介入项目信息，跟踪进度，获取企业设备安装、调试、合同执行的主要数据，及早规范企业的财务核算，帮助企业降低涉税风险。在服务方面，将“绿色经济”的税务登记、增值税一般纳税人资格认定和发票发售手续，纳入“绿色通道”业务流程，提供预约服务、延时服务和限时办结服务。在全市范围内，逐步推广“全职能综合服务窗口”，进一步精简涉税资料，积极探索电子化的征管及服务系统，如开发电子档案管理系统、网上办理涉税申请、网上发票核销、网上抄税等网上办税功能。在出口退税电子化管理上，我们也一直在想办法、出实招，陆续开发了出口退税在线申报系统，出口退税税银库联网系统、出口收汇核销退税系统，使大连出口企业退税实现了“足不出户”“立即退付”及“无纸化”等。

丁永安表示，相信有了充分的准备和扎实的工作，大连的产业结构将进一步优化，绿色产业将在“十二五”期间乃至更长的时间内成为全市经济发展的重要引擎。

（发表于2011年10月10日《中国税务报》）

第三章

征管思路

既要抓住大企业税收、国际税收这些“大块头”，又要收到中小企业税收这些“芝麻粒”，还要监管到历史陈欠那些“死角区”，税务机关的征管思路也在随着税制改革的推进而不断调整。本章内容充分说明：这些调整凸显出三个显著特征：更加接轨国际经验，更加注重横向和纵向的力量整合，更加注重风险导向……

APA：化解税收争议引发示范效应

对于此次双边 APA 的达成，大连市国税局总经济师谷兆春说：“这标志着我们正由以反避税调查为主的强制管理方式，转向以 APA 为主的税企平等协商模式，将有效防范税收风险，化解税收争议。”

日前，大连某外商投资企业成功签署了预约定价安排（简称 APA），成为大连首家达成 APA 的企业。据测算，达成 APA 后，仅此一项将为该企业消除双重征税过亿元。

对于此次双边 APA 的达成，大连市国税局总经济师谷兆春说：“这标志着我们正由以反避税调查为主的强制管理方式，转向以 APA 为主的税企平等协商模式，将有效防范税收风险，化解税收争议。”

为使本次 APA 顺利达成，大连市国税局成立了由分管局长带队的 9 人工作团队。在经过预备会谈，搜集整理企业经营信息后，大连市国税局最终确定企业符合 APA 的各项条件，并随后将企业的预约申请上报国家税务总局。在国家税务总局和对方国税机关磋商过程中，大连市国税局及时提供了尽可能详尽的资料和测算，为 APA 的顺利签约打下坚实基础。

大连市国税局大企业税收管理处处长李时经历了 2013 年至今的 4 次全部磋商。她告诉记者，磋商的过程充满艰辛，仅今年最后一轮磋商就历时 2 天半、近 10 个来回才最终确定方案。根据方案，两国税务机关最终确定了企业 2007 年至今应当补缴的税款额度、未来 3 年企业关联交易的定价原则和利润率。根据方案，对方国家将就我国调增的税款予以相应退税。

对 APA 的最终达成，该公司财务总监十分欣喜。他告诉记者，一方面，APA 避免了两国税务机关对企业进行双重征税的风险，为企业减轻 1 亿多元的税收负担；另一方面，依托 APA 确定的利润率，企业得以科学制定经营计划，消除税收风险，由此可顺利启动设备转型升级的战略部署。“未来 3 年，公司的总经营收入将达到 100 亿元，超过过去 7 年的总和。APA 的达成为我们企业下一步的跨越式发展，创造了稳固和谐的外部环境。”这位财务总监说。

据大连市国税局国际税务管理处处长王永辉介绍，新常态下，跨国公司在华企业面临着激烈的市场竞争，如果再隐藏税务风险，经营上会处于十分不利的地位。而税务机关如果仅凭借反避税调查，不仅手段单一，还可能使跨国公司遭受资金和名誉上的损失。达成 APA 后，以往跨国公司靠转移利润获取竞争优势的做法将不会再出现，企业经营的确定性增强，有利于其发展壮大，并对一个城市、一个地区的经济发展，有着更好的影响和带动作用。

据悉，首例 APA 安排促成后，已经引发了强烈的示范效应。目前，已有 4 家跨国企业向大连市国税局提出 APA 申请，某著名跨国百货公司等 2 家企业已经进入正式磋商程序。大连市国税局正在依据各企业实际情况，分别制定预案。据测算，首例 APA 企业，每年将缴纳税款 2 000 万元至 3 000 万元；如果接续跟进的 4 户企业完成磋商，将全口径增加税收收入 3 亿多元，地方级收入近 8 000 万元。

（发表于 2015 年 6 月 22 日《中国税务报》）

疏密有致，破解非居民税收管理难题

2010 年，40 余户来大连承包工程或者提供劳务的非居民企业办理了税务登记，大连市国税局全年入库非居民税款 4.8 亿元，同比增长 20.4%。

目前，大连市国税局对非居民税收管理形成了一系列行之有效的“发现、追踪、监管税源”制度。该局排查隐患、锁定问题，使非居民税源管理中的“发现难”问题得以解决。去年，40 余户来大连承包工程或者提供劳务的非居民企业办理了税务登记，该局全年入库非居民税款 4.8 亿元，同比增长 20.4%。

非居民税源的流动性、隐蔽性较强，有可能随着向境外采购一项设备、支付一笔货款或者境外派人提供一项劳务，税款便产生在设备价款、采购货款等款项的往来中。而非居民企业的所得税税源离不开居民企业，大连市国税局把握这一特点，通过网络、报刊宣传，走访约谈等方式，加强对居民企业的宣传和政策辅导，增强其对非居民税收的敏感度。在政策执行上，该局对企业提出的支付申请进行核实，对申请免税的重点进行实地调查。

与此同时，大连市国税局及时调整管理思路，转变原来对非居民纳税人“坐等上门纳税”的方式，建立健全与外经委、地税局、海关、外汇管理局等部门的信息交换机制，注重对重大工程项目、技术进出口合同、外商投资企业股权变动等涉税信息的定期收集、筛选、分析和调查，从源头把握非居民企业纳税情况，实现对跨国税源的立体控管。

一次，大连外汇管理局向大连市国税局提供一条线索：一家公司多次向境内汇款，且无法提供境外公司与境内公司的合同，涉嫌逃税。后经查实，该公司通过虚假交易，转移利润，逃避缴纳税款义务，行为已经违法。

目前，大连市国税局同相关部门的信息共享合作已经形成一种经常机制，纳入到日常征管工作中。根据某部门提供的 719 条信息，该局对涉及的 583 户企业进行了专项检查，检查中摸清了部分大连企业在离岸账户上的纳税状况和逃税情形，相关案件还在进一步审理中。

大连市国税局还从上到下建立健全了一支精锐的非居民税收管理队伍，充实进一批具有专业知识和工作经验的人员。该局还建立多层次的培训机制，通过国内外的税收理论专家讲解、身边的税收管理员实际案例分析，不断提高非居民税收管理的理论水平和执行水平。

大连市国税局稽查人员在对某居民企业进行纳税检查时，发现该企业从境外引进了专利技术，立即联想到特许权使用费涉及的非居民税收问题。经过查阅合同，审核企业成本、费用的列支内容，最终确认该企业对当期计提的费用没有及时扣缴预提所得税的事实，查补预提所得税 162 万元。正是有了平时的训练，稽查人员才有了敏感的意识和追踪能力。

大连市国税局国际税务管理处的负责人介绍说，非居民企业税款一旦流失就很难追回，因此，从源头上发现苗头，及时跟进非常重要。对在国外上市的大连某公司，税务干部平时便将与股息红利有关的非居民所得税政策宣传到位，增强企业自觉纳税意识，争取企业的配合。经过了解，该企业通常在每年 6 月份召开董事会，投票表决派发股息决议案。于是，每到 6 月份，税务干部开始定期登录该公司网站，及时查询该公司的董事会决议公告。董事会公告后，又认真核实该企业派发股息明细。经过税务干部的持续“跟踪”，该企业近两年上缴非居民企业所得税 3 000 多万元。

（发表于 2011 年 3 月 9 日《中国税务报》）

矩阵管理解大企业管理难题

“我们从专业局（大企业税收管理局）和基层局两个维度，以项目组为主要载体，以审计式测试为主要方法，以风险管控为主要目标，通过专业局与基层局纵向互动管理、基层局与基层局之间横向联动管理相结合，探索了矩阵管理模式。这个模式从2013年开始正式运行，效果显著。”大连市国税局局长赵恒说。

“我们只有48小时！时间一过，必须改变生产计划和流程，损失之大难以估量。”中石油大连石化公司财务处副处长王晓光提起刚刚发生的这起突发事件，还难免有些激动，“税务机关的态度，是能否避免损失的关键！”

“当时企业由于生产设备运行波动，生产的6 000余吨产品，纯度比国标低了0.14个百分点。根据相关规定，企业申请税务机关认定该批产品不征消费税。”辽宁省大连市国税局大企业税收管理局舒雪梅说，“税企马上召开了紧急联席会议。考虑到问题的特殊性，事实又比较清楚，我们报告了国家税务总局，同意了企业的要求。”

税务机关对企业需求的这种快速反应能力，是基于日常工作中对他们的充分了解。虽然类似大连石化公司这样的大型企业生产、经营活动十分复杂，但科学、高效的机制，让大连市国税局在大企业税收管理上掌握了主动。

“我们从专业局（大企业税收管理局）和基层局两个维度，以项目组为主要载体，以审计式测试为主要方法，以风险管控为主要目标，通过专业局与基层局纵向互动管理、基层局与基层局之间横向联动管理相结合，探索了矩阵管理模式。这个模式从今年开始正式运行，效果显著。”大连市国税局局长赵恒说。

事实上，原来的大企业管理模式，在实际工作中面临许多在现行体制下很难解决的矛盾。比如，大企业虽然往往占区域内税源的80%～90%，但在管理人员编制上很难有大的增加；如果把全部大企业都纳入更高级次的管理，地方财政和下一级税务机关的收入会受到极大的影响，产生一系列问题。“新的大企业管理模式，收入级次没有改变，维护了地方政府和基层税务机关组织收入的积极性。好的管理经验和做法，还促进了收入的增长。”大连高新园区财政局局长马振西说。

所谓矩阵管理，其基本“元素”是项目组。大连市国税局大企业管理机关把所辖企业进行了分类，通过系统性梳理，构建了一套完整的管理架构体系。在市局层面集中大企业重大事项、复杂事项管理权，下放基础事项、日常征管事项管理权，通过矩阵式结构形成跨部门（区域管理局）的行业项目组，完成相应工作职能：国家税务总局和大连市国税局交办事项统一由大企业局通过发起工作任务得以实现；日常基础性工作由工作组中的基层属地管理人员自动处理，使矩阵中的工作人员自动承担相应管理角色，解决了管理权变化造成盲区的问题。目前，大连市大企业局通过对其内部6个税源管理科管辖的540户企业的跨科室调整，已经按照行业和税收业务设立了石油炼化组、船舶制造组、火力发电组、银行组和通用设备制造组等11个项目组。同时，两个基层局建立了4个与大企业局的石油炼化组、通用设备制造组等产业链条关联关系的项目组，跨区域开展工作。

“通过成立项目组，产生了一种类似‘云计算’的效果。我们的大企业局有33人具体参与实施管理工作，但两个先期组建项目组的基层局，就有25名业务骨干参与4个项目组工作，这相当于额外增加了76%的人力。下一步，我们将在更多的基层局成立项目组，实现全局范围内人才资源的优化组合，有效化解大企业管理户多与人才不够的问题。同时，通过相互学习、促进和提高，初步形成专家型团队，确保大企业管理能力和水平的整体跃升。”大连市国税局总经济师谷兆春说。

不仅如此，新的管理模式还实现了管理过程链条化，促进了各基层局更主动地配合市局或直接开展大企业税收管理工作。大连市国税局大企业税收管理局局长王善信说：“管理到位的直接体现，就是相关企业税收的增加。但更重要的是，我们建立了完整的企业电子信息档案，形成了对不同企业有效的管理方法，而且这些好的经验和做法有了借鉴、传承的载体，为今后的工作打下了坚实的基础。”

以新的管理模式为牵引，大连市国税局的大企业管理在组织、管理、考核和信息化等方面上了一个台阶。更可喜的是，众多大企业以此为契机，进一步完善内控机制，提高了税法遵从度。多家企业改进了生产、核算，甚至补缴了相当数量的税款；一家正在筹备上市的金融企业，更是把筹备工作直接与税务机关的大企业管理对接，力求从源头上防控涉税风险。

“不同的管理方式差异十分明显。中石油集团公司不久前召集片区企业了解行业新税收政策出台后的情况，别的企业一反映问题都是一二百项，我们作为区内规模最大、产品线最全的企业，只谈了四五分钟，基本没什么问题。”王晓光说，“好的管理方式，让我们这些大企业有一种归属感。我认为，税务机关的做法是对我们的支持。”

（发表于2013年5月6日《中国税务报》）

风险管控牵住大企业管理“牛鼻子”

大企业数据库和风险管理项目组是大企业风险管理的两大“利器”。依托这两大“利器”，大连市国税局按照内控调查评价改进、风险分析识别排序、风险事项应对等业务流程对大企业进行全流程风险管理，采取根据风险管理结果制定决策并向大企业提供个性化、差别化服务的举措，将纳税服务和税收管理的环节前移。

大连市国税局将税收风险引入企业生产经营过程中，通过牵住风险管控“牛鼻子”，实现全系统不足10%的人力资源，管理着全市2%的企业，创造了80%以上税收的大企业管理新格局。

今年以来，大连某大型生产企业在经济态势处于下行压力的情况下逆势而上，捷报频传。前7个月，公司税收同比增幅达到了114.1%。这一利好性变化正是得益于大连市国税局对其内控机制的优化。

据了解，大连市国税局通过综合评定发现，这家企业出现税收风险的主要原因并非主观故意偷逃税款，而是税收风险观念不强，税收方面管理力量较薄弱。该公司拥有一整套现代化的经营管理内控机制，但涉及税收风险控制的内容只有寥寥数笔，对产购销等各环节都有明确规定，却忽视了税收风险可能对企业产生的重大影响。

“针对这种问题，我们把税收风险管理引入到企业的生产经营过程中，采取‘督促＋介入’的应对措施，帮助企业建立独立完整的税收内控机制。”大连市国税局直属分局局长刘毅告诉记者。该局组建了由征管、税政和纳服等专业人才组成的风险管理团队，在深入研讨企业生产经营流程的基础上，帮助企业在各个流程节点标注税收管理要求及税收政策备注，将税收风险防控最大限度地渗透到企业经营活动中，引导并帮助企业完善税收机制。

同时，大连市国税局直属税务分局专门编制了《行业涉税风险系列指标》，定期抽取税务端和企业端数据，批量计算比对指标值与峰值，并将比对结果向企业公开，确保发生较大偏离时能够立刻预警，以便税企同步进行风险排查。去年10月，预警显示该企业非经营性流入资金挂账时间的指标异常，企业即刻进行自查，并主动申报缴纳所得税逾千万元，税收风险第一时间被遏止在源头。

“现在每个月做生产经营预测计划的同时，我们会一并作出税收预测，并在第一时间与直属分局直接对话。单凭一己之力防控税收风险已成为过去时，取而代之的是‘税务＋企业’双保险防控模式，让我们更安心、更放心。”该企业财务负责人表示。

不仅如此，大连市国税局在对企业税收风险管控取得成效的同时，针对企业所在行业的税收风险管控项目组也硕果累累。目前，该局已基本汇总掌握了企业所在行业的税收风险点，行业风险管理模型呼之欲出。

大连市国税局总经济师谷兆春表示：“大连市国税局的风险管控要像一把‘达摩克利斯之剑’一样，时刻提醒企业遵守税收法纪。”而这把“达摩克利斯之剑”的锻造，需要大企业的专业化管理、及时准确的数据、现代化的管理思维和一流的人才队伍。

据了解，大企业数据库和风险管理项目组是大企业风险管理的两大“利器”。依托这两大“利器”，大连市国税局按照内控调查评价改进、风险分析识别排序、风险事项应对等业务流程对大企业进行全流程风险管理，采取根据风险管理结果制定决策并向大企业提供个性化、差别化服务的举措，将纳税服务和税收管理的环节前移。

大连市国税局局长赵恒表示：“大企业是税收收入的重要来源，我们务必要把主要精力、优质兵力、最优资源放置到最能创造价值的集群，全力打造大连国税的‘航母战斗群’，让大连国税的‘航母’真正形成战力、破浪远航。”

（发表于2015年8月3日《中国税务报》）

加强“安检”：将税收风险挡在门外

企业表面上看是正常经营，暗中却是虚开发票。从劳务市场雇“法人代表”，也是为了掩护真正的幕后老板。花园口区国税局通过一次纳税辅导，就让这种“稻草人”企业露出了马脚。

商业批发企业是代开、虚开发票的高发地，大连市花园口区国税局针对不同税收风险类型，制定了系列税收风险防范管理实施方案，坚决打击企业中出现的“稻草人”、“打时间差”等新的违法行为。

税收辅导揪出“稻草人”企业

“作为一家注册资金 5 000 万元企业的法定代表人，问他跟哪些企业签订过合同，企业经营形势如何等诸如此类问题，却一概不知，甚至说不出自己的手机号码，还要看手上的小纸条……”花园口区国税局税务人员回忆说。在花园口区国税局的一次税收辅导中，一家煤炭企业的法定代表人引起了税务人员的注意。

经该局调查发现，这家企业的法定代表人竟然是从劳务市场雇来的。而这家企业表面上看是正常经营，暗中却是虚开发票。从劳务市场雇“法人代表”，也是为了掩护真正的幕后老板。花园口区国税局通过一次纳税辅导，就让这种“稻草人”企业露出了马脚。

为此，花园口区国税局建立与企业管理平台的定期沟通机制，不定期召开企业管理平台负责人及财务负责人会议，通报近期虚开发票的案件情况，对其所代理的企业进行风险等级评定，并对平台管理的企业进行定期辅导和开票情况抽查。

先认证后作废，逃税打了“时间差”

几个月前，花园口区国税局收到系统通知，经核实发现上海某企业开具给该局辖区内一家商业批发企业的两张作废发票已被辖区内这家企业认证通过，且进行了抵扣。当税务人员试图电话联系这两家企业时，却均提示为空号。两家企业同时失联，并非偶然，而是串通逃税。

这种逃税手段完全打了一个“时间差”——利用抵扣税款和缴纳税款的一个月时间间隔，受票企业通过认证完成抵扣，开票企业得到通知后立即作废已认证的大额发票，而这种情况只能到次月在总局系统中才能比对发现。

为防止纳税人利用政策漏洞偷逃税款，花园口区国税局制定了《商业批发企业税收管理规范》，根据商业批发企业日常纳税信用情况，确定可直接供票企业名单和重点控票不予供票的企业名单，并加强与各单位、各部门的联系，实现共同控管。

“认证假发票”暴露企业虚开行为

今年 2 月，花园口经济区进驻了一家煤炭批发企业，该企业银行往来账、增值税进项发票等手续都一应俱全，第一个月购买增值税发票数额便达到了 5 000 万元以上，并按时缴清了税款。不久，该企业向花园口区国税局提出了增值税专用发票增至百万元版的申请。

该企业当月增值税销项税数额较大，进项发票却没有认证，且已临近本月抵扣期限。考虑到企业将承担不小的纳税负担，花园口区国税局人员决定将其增值税进项发票进行认证，却发现无法验证通过。企业虚开发票获取非法收益的行为由此暴露。

对此，花园口区国税局在《税收风险防范管理实施方案》中要求，对超过六个月（含六个月）发票未交验的企业，要到户调查了解，核实原因，督促其到税务机关接受交验处理，对经督促仍未交验的企业应对其停供发票。同时，在增值税发票增量增版的流程中，不仅要求企业需进行进项认证，还要对企业进行实地考察，最大限度避免类似情况的发生。

（发表于 2015 年 12 月 29 日《中国税务报》）

利用第三方信息清理欠税

“企业欠税都是出于什么原因，目前实际经营状况如何？这是我们首先要做实的内容。”中山区国税局税源管理四科科长迟萍告诉记者。

记者近日在辽宁省大连市国税局采访时了解到，该局将清缴欠税作为净化税收环境的重点工作之一，通过深入分析每户欠税企业的具体情况，掌握企业第一手信息，同时，与多方协作，利用第三方信息，制订清缴欠税方案，不断压缩欠税规模。得力的措施使该局清缴欠税工作取得了阶段性的突破。据统计，2012年，该局共清理陈欠税款 1 781 万元。

加大实地核查力度，掌握企业第一手资料

“企业欠税都是出于什么原因，目前实际经营状况如何？这是我们首先要做实的内容。”中山区国税局税源管理四科科长迟萍告诉记者。据迟萍介绍，为掌握企业第一手资料，大连市国税局要求各基层局加大实地核查力度，对欠税企业的基本情况、欠税成因、欠税纳税人目前实际状态、有无可执行资产等情况进行实地核实和统计，填报《欠税统计表》、《欠税企业实地核实情况表》进行分类汇总，将工作重点放在欠税大户上面。

在准确掌握企业相关信息的基础上，大连市国税局要求各基层局不定期召开欠税清理专题会议，针对欠税企业的特点，研究制定清欠工作具体方案，具体分析清欠工作中遇到的问题，做到对症下药。在摸清企业家底后，税务人员积极向企业相关负责人宣传政策法规，与企业共同制订还款计划，每月跟进督办，及时清除各种障碍，为税款的按计划入库开辟了一条绿色通道。

引入第三方信息，加强对企业的日常监控

大连市国税局征管和科技发展处副处长方铭辉表示，该局在清缴欠税工作中引入第三方信息，加强对企业的日常监控，从信息上抢占先机。

前不久，瓦房店市国税局一笔欠缴 6 年的 500 万元税款顺利入库。据了解，这家水泥生产企业几年来处于停产状态，上千万元的欠缴税款久拖未缴。不久前，该局领导从国土部门了解到，将对这家企业征用的土地进行补偿，首期补偿款 500 万元。获此消息后，该局立即抓住让企业缴纳欠税的大好时机，成立专项清欠小组，最终将这笔税款收归国库。

大连市开发区国税局建立了欠税人报告制度，要求欠税户定期向主管税务机关报告生产经营、资金往来、债权债务、投资和欠税原因、清欠计划等情况，同时要求在处分大额资产、解散、撤销、破产、合并分立、出境前履行报告义务。掌握企业的诸多信息之后，许多收获不期而至。例如，在了解到一户房地产欠税企业利用节日开展促销活动的信息后，该局即时跟进，最终清缴欠税 100 万元。在对新办企业登记信息审核中，该局发现投资方为某停产欠税企业法人，通过后续跟进调查，掌握了欠税企业与新办企业两个法人为父子关系的信息，失踪的欠税法人在税务机关的强大压力下不得不及时缴清了欠税。

与公安、法院等部门合作，加大清欠力度

据了解，由于欠缴税款行为已经涉嫌违反税收征管法，有时候税务机关“单打独斗”难免显得势单力薄，大连市国税局与公安、法院等部门沟通协作，多管齐下，对欠税行为进行清理。

瓦房店市国税局结合当地因陈欠税款数额较大、影响地区正常税收秩序的局面，与公安机关经济犯罪侦查部门沟通，制定清欠协作工作方案，选取部门业务骨干组成联合清欠小组，确定欠税钉子户，有针对性地开展工作。

金州区国税局辖区某服装企业 87 万元的税款未能按期入库，该局在两次下达限期缴纳税款通知书无效后，采取强制执行措施，对其生产经营的厂房进行强制执行。在执行过程中得知，企业厂房之前已抵押给一家信用社，正着手进行拍

卖。在无法采取其他强制执行措施的情况下，该局将情况通报金州区法院，申请法院协助追缴此笔税款。金州区法院受理了申请并予以立案。

大连市国税局有关负责人表示，将继续加强与公安、法院的协作力度，充分依托区域协税护税网络，拓宽欠税企业信息来源渠道，加强欠税企业监控。

（发表于2013年2月20日《中国税务报》）

利用风险特征库，避税线索大家找

对税务机关而言，反避税工作中最难的事情，莫过于发现企业避税的线索了。业内人士常用“稍纵即逝”来形容其难度。然而，自从有了风险特征库，大连市国税局国际税务管理处处长叶卿渐渐发现，企业避税线索“多得都查不过来了”。

在辽宁省大连市国税局，每个税收管理员都有一本“小人书”。靠着这本通俗易懂的“小人书”，税收管理员在日常工作中很轻松地就能发现很多有关企业避税的线索。这本“小人书”就是该局最新研发的国际税收风险特征库。在这个特征库中，税收风险分为多种类型，每一种类型的税收风险的风险点在哪里，税务机关的监控点是什么，相关的典型案例是什么，都清清楚楚地写在上面。正因为如此，这个风险特征库被大家形象地称为“文字版的国际税收管理‘小人书’”。

近年来，企业，特别是跨国企业在避税方面的手段不断翻新，加之中介机构的参谋，企业的避税行为愈加隐蔽。对税务机关而言，反避税工作中最难的事情，莫过于发现企业避税的线索了。业内人士常用“稍纵即逝”来形容其难度。然而，自从有了风险特征库，大连市国税局国际税务管理处处长叶卿渐渐发现，企业避税线索“多得都查不过来了”。

借助风险特征库，一线的税收管理员仿佛都有了发现企业避税的“慧眼”，原来“踏破铁鞋无觅处”的企业避税线索，渐渐“得来全不费工夫”了，就连原来觉得陌生而又艰涩难懂的法律条款，似乎也变得好理解了。基于此，越来越多的基层税务人员会在日常工作中借助风险特征库中的风险点提示和监控点提示，结合典型案例主动发现线索。这些线索汇总到市局国际处并经过分析处理后，会被反馈到相关基层分局，然后市局国际处和基层分局一起核实信息，查补税款，彻底改变了以往反避税工作“单兵作战、分散出击”的局面。

比如，为了方便一线税收管理人员及时、准确地发现企业利用股权转让避税，风险特征库中详细列明了企业直接转让、间接转让、境外转让、关联转让和滥用税收协定等多种可能存在避税情形的风险点和监控点，每个情形后面都附有典型案例。前不久，大连市国税局国际税务管理处将一线税收管理人员据此发现的众多线索经过处理后，转给稽查局和各相关分局。稽查局在很短的时间内便查实了一家企业利用股权转让避税的事实，查补税款1 400多万元，查办时间之短、质量之高，前所未有。

相较于居民企业避税，非居民企业避税因其隐蔽性更强而让很多税收管理员望而却步。有些税收管理员甚至一听“非居民”三个字，第一反应就是“管不了”。“但在深入了解风险特征库后，很多税收管理员觉得非居民税收管理其实并不是想象中的那么难。加之大连市国税局举办了多次相关的观念转换班和业务知识梯级培训班，税收管理员原有的惯性思维被打破，畏难情绪因此大为改变。”大连市开发区国税局税政处副处长苏玲说。

据介绍，税收管理员平时管理的大多是一般涉税事项，即便发现企业的一些问题，多数情况下查补的税款只有几万元。而自从有了风险特征库，税收管理员的脑海里都有了非居民税收管理这根“弦”，不仅能及时发现非居民企业及其扣缴义务人的问题，而且能协助税政处查办，查补的税款额都是几十万元、几百万元甚至上千万元。“做税收管理员这么久了，从来没有这样的成就感。”一位税收管理员自豪地说。

大连市国税局总经济师谷兆春表示，风险特征库是大连市国税局建立的国际税收风险管理模型中的一个重要板块。它的建立极大地调动了全局税务人员管理国际税收的积极性，也大大提高了大家的参与度，使国际税收管理从一个单一的专业领域延伸到了日常税收管理的各个层面和各个环节，收到了“四两拨千斤”的良好效果。

国家税务总局国际税务司有关人士表示，运用风险管理理念管理国际税收，是一个成本效益比较高的做法。大连市国税局借鉴国外先进做法，结合当地跨境税源现状研究开发的国际税收风险特征库，对于防范国际税收流失风险具有重要的现实意义，既提高了税收管理质量和效率，也使纳税人在处理上的确定性大大增强，是个一举两得的良策。

（发表于2012年6月18日《中国税务报》）

税务部门向钢材交易市场“反常现象”开刀

吉林通钢国际贸易有限公司大连分公司孙庆武总经理表示：“一段时间以来，钢材市场受到下游企业影响，非常不景气。一部分私营企业借机进行不正当竞争，导致像我们这样的国企举步维艰。现在有这么多政府部门为我们撑腰，相信我们钢材企业会走出逆境，迎来春天。”

近年来，我市钢材交易市场发展迅猛，利润可观，但税务部门发现，甘井子区钢材经销企业中竟有54%账面上处于“亏损状态”，有的企业甚至连续三年以上“经营亏损”，却一直在正常经营，而且日子过得“有滋有味”，业内人士戏称这些企业为“长亏不倒”。究其原因，这些钢材经销企业低税负申报现象十分普遍，增值税户均税负和企业所得税户均贡献率分别低于全市平均值。

针对不应有的“反常现象”，日前，甘井子区国税局联合区政府、地税、工商、质检、公安、边防等六部门，面向甘井子区40多家钢材经销企业代表及市场主办方举办了一场政策辅导会，向相关钢材企业敲响“警钟”。会议同时宣布：加强钢材经销企业税收管理，启动钢材经销企业税收专项清理行动。政策辅导会上，税务人员将清理行动实施意见及税收政策向辖区内的相关企业广而告之。吉林通钢国际贸易有限公司大连分公司孙庆武总经理表示：“一段时间以来，钢材市场受到下游企业影响，非常不景气。一部分私营企业借机进行不正当竞争，导致像我们这样的国企举步维艰。现在有这么多政府部门为我们撑腰，相信我们钢材企业会走出逆境，迎来春天。”

据了解，从即日起至6月30日，钢材经销企业“一人多户”、“长亏不倒”和“虚开串开”三种涉税现象将成为此次税收专项清理重点，清理步骤分为“辅导自查”和“评估检查”两个阶段。对当前一人多户、多地区登记，未按《税务登记管理办法》规定办理属地管辖登记的钢材经销企业，要求限期改正；逾期不改正的，将依照税收征管法进行处罚。对各项指标异常，且上报《钢材经销企业自查表》无问题的企业，将进行选案分析并开展纳税评估和税务检查。对连续三年以上经营亏损的，现仍正常经营的“长亏不倒”企业，而且在辅导自查阶段又无正当理由的，将依据国家税务总局发布的《企业所得税核定征收管理办法》的有关规定，对其进行核定征收。

（发表于 2012 年 3 月 6 日《大连日报》）

大连国税：从人人评估到专业评估

多年来，“人人评估”这种评估方式虽然取得了阶段性成果，但也出现了一些新问题，比如税收管理员既要管户又要评估，涉税信息采集不足，质量不高，影响了评估的效果。

最近，大连市保税区国税局管理三科副科长郭弘卿的岗位职责里又多了一条：风险评估。这需要他经常运用综合征管系统和税收管理员系统进行深入分析，确立评估对象并制做分析报告，指出疑点和应核查的事项，交由管理员开展约谈或实地调查等下一步工作。

这是大连市国税局目前开展专业化评估带来的一个变化。该局自2005年底正式启动纳税评估工作以来，从“人人评估”到专业化评估，走出一条不断创新、完善、提高的发展之路。

据了解，在“十一五”时期，大连市国税局便推行了“人人评估”，要求每名税收管理员都掌握评估的本领，能够“独当一面”。多年来，这种评估方式虽然取得了阶段性成果，但也出现了一些新问题，比如税收管理员既要管户又要评估，涉税信息采集不足，质量不高，影响了评估的效果。

不仅如此，尽管大连市国税局在2005年就开发了纳税评估系统，协助税收管理员进行案头分析，但许多税收管理员还是习惯于到企业查账，很少有人真正去研究纳税评估系统中的各种提示指标，通过分析企业的财务数据来发现疑点。该局征管和科技发展处负责人认为，这种重实地检查而轻指标分析的方式虽然也能达到评估补税的目的，但很难实现通过评估发现问题、提高管理效率以达到事前防范的目的，也使评估指标体系失去意义。

针对这一系列的问题，大连市国税局陆续推出了一系列举措，将“人人评估”与专业化评估紧密结合起来。

2011年，大连市国税局推出新的《纳税评估工作职责及流程》，全力打造专业化评估队伍。该局在各税源管理部门设置专门的风险评估岗和调查核实岗，确立“确定评估对象——案头分析——约谈和实地调查——评估审核——评定处理——归档处理——总结提炼”的工作流程，推行集体合议制等评估体制改革。“我们在专业化评估中，一方面是精选出案头分析人员，负责评估工作中最关键、最困难的风险识别和疑点分析；另一方面加强对整个评估过程的管控，促进市局各处室、基层局各部门的横向互动。”该局征管和科技发展处负责人介绍说。

2011年9月初，瓦房店市国税局的15名专业化评估人员有针对性地选取果品收购行业、轴承制造等典型行业进行疑点分析，目前已经下达低税负企业纳税评估任务169户，涉及税款2 000万元。该局相关负责人表示：“专业化评估改变了‘人人评估’时单兵作战的习惯，从根本上扭转了以前税收管理员自行选户评估力量不足、覆盖面不广的局面，在一定程度上解决了评估的瓶颈问题。”

与此同时，大连市中山区国税局、开发区国税局、瓦房店市国税局等基层局也都建立了评估合议制度，不定期地召开由局长、相关业务科室负责人、评估人员共同参与的审理会议，以保证评估案件定性准确、处理恰当，防止主观臆断、随意定性、处理畸轻畸重等现象发生。大连市国税局还逐步建立起复评机制，组成纳税评估复评组对纳税评估已结案件进行复核审查，确保评估质量。

在专业化评估中，大连市国税局坚持“评估一个行业，认真分析该行业规律，制定加强行业管理措施”的做法。目前，该局评估工作已经涉及74个大类行业，对33个行业形成了评估管理办法，其中17个大类行业年平均评估纳税人80户以上。在国家税务总局组织的3次全国优秀案例和行业模型评比活动中，大连市国税局均名列前茅。

2011年，大连市国税局评估归档纳税人4 197户，评估补税25 007万元。其中，增值税11 910万元，占补税额合计48%；所得税11 870万元，占补税额合计47%；消费税1 227万元，占补税额合计5%。大连市国税局副局长王义平说：“专业化评估和‘人人评估’的有机结合，优化了征管资源的配置，将理论业务通过基层实践达成了应用，提高了评估的质量和效率。”

2011年，大连市保税区国税局针对纳税人在政策把握上存在风险的点上选取案源，目前已经完成了对煤炭销售行业的选案，对汽车销售企业、集装箱仓储企业、苯板生产企业开展了评估，并逐步探索各行业的评估管理办法。该局完成了近百户纳税人的评估，查补税款近500万元。该局管理三科副科长郭弘卿表示，专业化评估开展后，案头分析质量大大提高，税收管理员的调查也更加有的放矢。

在中山区国税局，专业化评估同样得到了很好的应用。2011 年，该局共召开 12 次纳税评估合议会，累计合议评估案件 251 户次，合议案件涉及评估税款合计 862.75 万元。合议会制度的推行，为评估人员提供了一个交流评估技巧的平台，取长补短，博采众长，同时也屏蔽了评估过程中的“杂音”，进一步规范了纳税评估执法行为。

大连市国税局副局长王义平表示：“专业化在解决纳税评估的瓶颈方面进行了有益的探索，取得了一定的成效。但要让评估工作发挥更大的作用，减轻税务人员的压力、提高评估人员的素质是亟待克服的一道关卡，是我们接下来需要凝神聚力解决的关键问题。”

（发表于 2012 年 1 月 11 日《中国税务报》）

合议制：有效提升纳税评估质量

瓦房店市国税局副局长卢文涛在接受记者采访时说："月平均工作量提升11倍，纳税评估合议会功不可没。"

大连瓦房店市国税局纳税评估合议制度实行半年来，已经先后举行了12场合议会。从第一次的合议通过率的55%到最后一次的100%，合议标准没有变，变的是税务人员纳税评估的本领。以2011年9月实施纳税评估合议制度为分水岭，前8个月该局评估纳税人49户，月平均评估6户；后4个月评估284户，月平均评估达到71户。瓦房店市国税局副局长卢文涛在接受记者采访时说："月平均工作量提升11倍，纳税评估合议会功不可没。"

防范纳税评估的说情风

纳税评估工作实施以来，因为其具有约谈的性质，无形中助长了说情之风。如何从根本上抵御"人情税"之风？瓦房店市国税局推出合议制并规定，所有的评估案源由分管局长亲自选取，局长办公会审议后下达任务，让企图"走后门"的人望而却步，也让税务人员没有后顾之忧地据实开展纳税评估。

所谓纳税评估合议制度，就是由分管局长根据全局纳税评估思路选户下达评估任务，评估人员经案头分析后列出疑点，由税收管理员实施调查评估，结论提交合议委员会集体合议，对于仍存在疑点的评估任务，返回重新补充调查，等待二次上会合议。征管科科长张东杰向记者出示了该局自制的《纳税评估合议情况表》和《纳税评估合议汇总表》。他解释说:“每次召开合议会前,主管局长和合议会成员都要逐户分析本次需要合议的企业财务数据,找出疑点后在合议会上向调查人员提出质疑,调查人员当场解答清楚、内容属实的,予以通过;如果调查人员未能解答,疑点就会记录在《汇总表》中,发回重新调查,下次合议会针对记录在案的疑点逐一质询。”

在合议会上吸取评估好经验

瓦房店市国税局局长孔庆国介绍说:“纳税评估实施以来,我们的评估工作是摸着石头过河,试探着前行,现在日渐走到一个瓶颈期。税务人员的普遍老龄化、积极性不高导致了评估流于形式,评估没有含金量,大家也丧失了工作成就感,从而进入了一个恶性循环。为了打破这个瓶颈,我们研究出台了纳税评估合议制度。在此基础上我们还结合实际,把水平参差不齐的干部划分为三大类,逐类攻克。有能力没动力的,我们鞭策激发斗志;肯努力但业务不精的,我们提供交流学习平台;业务零基础的,我们手把手从头教起。”

征管科科长张东杰告诉记者,过去,一些税收管理员即便没有真才实学,滥竽充数也能蒙混过关。实行合议制度后,“南郭先生”就现了原形。

谢屯税务所的杜心庆已经 48 岁了,在税收一线工作多年,面对上合议会去接受检验内心十分忐忑:“最初实行合议制度,看到好多同事的评估都被领导驳了回来,我也跟着胆战心惊起来。但后来在几次合议会上听了一些好的评估案例之后,我拓宽了思路,很快在工作中找到了评估的突破口。”前不久,杜心庆负责评估一户买卖越做越大却越做越亏损的机械厂。没人会做赔本的买卖,该厂是否存在关联企业转移利润呢?他以此为突破口,在实地评估调查中,查出该厂与一家大客户产品交易价格明显偏低,远远低于无关联交易的利润率。在有力的数据面前,企业补缴增值税 2 万元。

于静是共济税务所副所长,税收专业出身的她,却一直做着内勤的工作,没有机会在评估工作中大展拳脚。在纳税评估合议制度实施后,她被吸纳为专业化评估人员,加入纳税评估队伍。起初,拥有理论基础的她也遇到了关卡。因为没有实际经验,她虽能发现疑点却查不出症结所在,心里特别没底。受到合议会上其他案例思路的启发,于静通过调阅企业申报表、财务报表等数据资料比对,发现一户 3 年都没有收入的企业,却在连年增加固定资产这一异常情况。通过约谈举证、实地调查，她发现企业购进的固定资产早就挪给了关联企业使用，存货盘点表上100多万元的存货也早就卖给了那个关联企业，未计收入。至此，真相大白，不仅补征了该企业78万元的税款，也追缴了关联企业10万元的增值税。

（发表于2015年5月7日《中国税务报》）

数据再加工：为分类征管奠定信息基础

通过执行数据报告制度，开展精细化数据分析，提高了税收征管效率。目前，辽宁省大连经济技术开发区国税局已累计发布数据报告 552 期，通过数据分析开展纳税评估和税务稽查，2012 年截至 10 月底已评估补税 5 700 万元，查补税款 3 652 万元。

“数据报告是我们税收工作的指南针。通过每一期的数据分析，税务人员能够发现工作中的薄弱点，及时完善工作措施，使税收征管做到有的放矢。”辽宁省大连经济技术开发区国税局局长汪润农说。

记者了解到，该局近来通过执行数据报告制度，开展精细化数据分析，提高了税收征管效率。目前，该局已累计发布数据报告 552 期，通过数据分析开展纳税评估和税务稽查，今年截至 10 月底已评估补税 5 700 万元，查补税款 3 652 万元。

定期发布征管数据报告

据了解，根据该局数据报告会议制度规定，数据报告分析会于每月征期过后第二天召开，信息中心、征管、收入核算、进出口和办税服务厅等部门共同参加，分析上月该局各部门工作开展情况。会后由税政、征管等九个职能部门对汇集起来的信息数据进行汇总、分析和比较，找出税收风险点和存在的问题，并据此决定下阶段该局 39 个大项、116 个小项的工作方向。

该局数据报告的数据采集有两种途径：其一是综合征管系统、税收管理员系统、防伪税控系统、出口退税审核系统等应用软件系统，税务人员主要从中采集税收征管一线数据；其二是税务人员的手工台账，主要包括纳税证明开具、税收票证数据及非居民享受税收协定待遇备案事项等信息。

为确保数据报告能及时反映工作中的问题，该局对各项数据的提取时间做了规定，如每月初要求征管部门从税收监控分析层级管理系统中提取全市横向比较数据；每月8日前从各应用软件系统中提取税收征管基础性数据，每月申报期的最后一天提取其他与申报有关的动态化数据。

目前，以数据报告为载体，该局数据信息采集已实现了制度化、常态化，数据信息已成为各部门工作开展的指南。

不久前，数据报告显示，该局税收增长趋缓，该局积极应对，对大企业采取“服务型管理”，由该局领导带队定期到大企业走访，出台大型企业联系服务制度，制作了大型企业行业税源分析报告模板，明确大型企业风险管理重点，开展风险评估管理，收到了良好效果。

根据数据报告中显示的小规模纳税人无收入、收入少但有购票信息的情况，该局加强小规模纳税人监控管理，根据小规模纳税人的经营范围，结合纳税人购票量与申报数据进行比对，对购票量大但申报无收入、收入少的纳税人加强监控，降低了管理风险。

同时，根据数据报告的各项税收征管数据，该局还利用信息化手段加强中型企业税收监控，加强企业生产数据信息的采集，结合财务指标、销售额和税负变动情况，对税负、企业产出比等指标异常企业开展评估核查。

数据分类处理分类使用

该局副局长曲明说：“数据报告制度目前已覆盖大连开发区国税局所有部门。计统等部门作为数据预警、监控的职能部门，在数据信息管理中负有总体部署、监督协调的责任，而税源管理部门和稽查部门则是各项征管数据分析结果的应用者。”

该局明确，应用软件系统中的信息数据由相关部门分类整理，并负责对原始数据进行“深加工”，通过比较、分析并将数据研究结果在数据报告会上进行交流，实现数据的全局共享。这样做的好处在于，既提高了数据共享能力，同时也将在此过程中发现的问题曝了光，不仅降低了管理部门的工作负担，而且提高了部门间的沟通能力，形成了数据分析应用全员参与、人人监督的局面。

汪润农介绍说，为了增强数据报告落实的执行力，开发区国税局根据辖区管户分布的特点，在属地管辖原则的基础上，实行重点税源管理和分类、分行业集中管理。税源管理三处重点管理注册资本超过 5 000 万元的制造业企业、纳税额 500 万元以上的 188 户重点税源企业。税源管理五处则对有进出口业务的 674 户企业实施管理。这样，在各个税源管理部门工作重点明确、分工明确的基础上，结合数据报告的指向性分析，税收管理的指向性和目的性就得到了大幅提升。

不久前，数据报告显示某房地产企业欠缴税款 2 000 多万元。当月数据报告会后，该局立即责成征管部门委派专人负责该项税款的追缴与入库工作，经过税务人员努力，企业欠缴税款最终顺利入库。

数据分析降低执法风险

大连开发区国税局副局长刘志刚介绍说，数据报告制度的实施使数据监控工作由简单的“事后发现纠正”向“事前分析预警”转变，在提高税收预警能力的同时，降低了执法风险。

该局定期对数据报告中各项数据指标进行通报，并对已出现及以后可能出现的税收问题开展针对性分析，查找问题源头。同时，在实际管理中，要求管理指标超标前三位的部门负责人说明超标原因，以此做到及时预警提前防范，将问题解决在萌芽状态。

据介绍，数据分析报告中的各项数据除能全面反映该局工作流程和工作制度执行情况，还可显示税收工作中存在的不规范执法行为。

不久前，征管数据报告显示，税源管理二处管辖的企业中，有 98 户存在零申报但有发票结存。数据报告会后，税源管理二处负责人要求税收管理员逐一到户核查，以防止出现企业带票走逃或者虚假申报情况发生。经过开展专项管理活动，税源管理二处零申报户数量下降为 20 户，同比下降了 80%。在当期税源管理二处提交的数据报告中，税务人员即对有问题数据整改情况、本期有问题数据，以及本期重点工作进行了详细说明，并及时提醒相关部门注意工作重点，降低因工作失误产生的执法风险。

刘志刚说，通过数据横向分析和纵向比较，税务人员能够对征管态势进行预测，并及时查找征管问题产生的原因，不仅使征管监控模式实现了转变，同时提高了税收管理效率。

（发表于 2012 年 11 月 28 日《中国税务报》）

出口退税想打“擦边球”？没门！

针对新形势下出现的新问题，市国税局积极应对，采取预警防控措施，从7月份起在全国税务系统内率先推出《出口退税预警防控管理办法（试行）》，税务人员提前介入出口业务监管，在企业申报出口以前，直接对出口业务进行监督检查，从被动查骗转为主动防骗，以保障退税款的准确退付，给意图钻税法监管空子、骗取国家出口退税的不法分子加上了一道“紧箍”。

记者日前从市国税局获悉，目前，我市出口骗税呈现新动向，主要表现在申报单证合法化、骗税手段隐蔽化和作案方式专业化上。市国税局提醒出口企业切莫心怀侥幸，打“擦边球”。

动向：打起“擦边球”骗税更隐蔽专业

2009年，北京、上海、浙江等地公安机关连续侦办数起利用虚假出口计算机中央处理器（CPU）实施骗取出口退税犯罪的案件，轰动全国，我市有5家企业因涉嫌其中，被国家税务总局列入了黑名单。出口骗税在我市初露苗头。最近，市国税局在稽查中又发现，大连某贸易有限公司累计出口干贝丁近500吨，已退税款3 000多万元；但该公司从其关联企业收购的干贝丁，收购价格远高于我市水产品行业龙头企业的收购价格，涉嫌虚开金额骗取出口退税，涉税额达300多万元。

市国税局有关负责人告诉记者：“这起干贝丁出口涉嫌骗税案，加上之前的CPU骗税案，说明我市的出口退税骗税案呈现出了新特点。国家为了扶持出口企业发展，自去年上半年起先后7次提高了出口商品退税率，在给出口企业带来生机的同时，也使个别企业在出口边缘性商品上试图打起‘擦边球’，主要表现在申报单证合法化、骗税手段隐蔽化和作案方式专业化上。”

应对：新形势下新对策，骗税企业被套牢

出口骗税的发生，源于利益的巨大诱惑和不法分子“歪打正着”的侥幸心理。针对新形势下出现的新问题，市国税局积极应对，采取预警防控措施，从7月份起在全国税务系统内率先推出《出口退税预警防控管理办法（试行）》，税务人员提前介入出口业务监管，在企业申报出口以前，直接对出口业务进行监督检查，从被动查骗转为主动防骗，以保障退税款的准确退付，给意图钻税法监管空子、骗取国家出口退税的不法分子加上了一道“紧箍咒”。

提醒：出口企业要守法，“擦边”总有犯事时

我市拥有众多的外贸企业，新形势下对国家出口退税政策的准确掌握是一堂必修课。市国税局提醒出口企业：商品报关出口前要存放在企业的指定地点、自有或租赁的仓库，留存好仓库租赁维护协议、商品出入库单、质量认证证书、产地证明、国内采购合同、出口合同或订单等一系列凭证资料；具备生产能力的出口生产企业，请务必保存好企业账簿、电费单据、工资单、劳动合同等资料备查，生产产品的种类、等级、品牌、规格型号等方面也要与实际出口商品相符，切勿偷梁换柱，企图“擦边”。对确实有偷税、骗取出口退税行为嫌疑的，将移交稽查部门查处。

（发表于2011年7月22日《大连日报》）

第四章

信息手段

从某种意义上说，税制改革的过程，类似于一个血管不断伸展的过程，即使在一些比较“偏僻”的领域，税收政策都会逐步像毛细血管一样不断衍生、覆盖。与之相适应，税务机关又该作何选择？本章内容给出的答案是：面对日益复杂的税收政策和日益悬殊的征纳数量，突破这一困局的唯一出路，就是利用现代化的信息手段……

大连国税即时发布征管状况“气象云图”

征管监控分析系统每月将各局重点指标与全市平均值进行比较，按照超标指标的数量多少，确定各征收局的重点关注级别，在地图上用不同的颜色标示。重点关注级别共分为5级，分别用绿、深绿、黄绿、橘黄、红5种颜色代表，每个月的指标完成情况一目了然，效果非常直观。

最近，在大连市国税局内网上，一款很像地图的软件正受到热捧。在简化版的大连辖区图上，16个征收局的区域范围被涂满了5种颜色。这款被大家亲切地称为征管状况的“气象云图”的软件，就是该局从8月份起正式应用的征管状况监控分析系统。

“大连企业多，经济总量大，税收征管任务较重。全局一线征管干部共有874人。其中，企业税收管理员707人，人均管户131户，最多的管户493户；个体户税收管理员337人，人均管户293户，最多的管户1 624户；既管企业又管个体户的税收管理员有170人。如何准确及时掌握16.8万户纳税人的动态税源变化情况，一直是我们不断思索解决的难题。目前，国家税务总局每月发布的重点关注状况分析表，涉及4大类10张分析表16个重点指标，这是我们日常征管工作的重点防线。我们的征管‘气象云图’就是根据这道防线形象地显示出各区域的‘阴晴云雨’。另外，我们每月发布的数据信息量很大，这款软件可以让各级领导有针对性地应用数据，直观突出工作重点，抓住征管实际的‘牛鼻子’。”大连市国税局领导说。

登录到征管状况监控分析系统，可以清晰地从地域和时间两个维度进行检索。主页面中有一个征管状况树形结构，从上至下分为状况系列表、重点关注系列表和重点关注提示指标3部分。状况系列表包含税务登记户申报户缴款户总体情况、户籍登记管理环节情况、申报管理环节情况和缴款入库管理环节情况4项；重点关注系列表涵盖非正常户分析、增值税长期零申报分析、应缴款而未缴款分析等 8 项；重点关注提示指标包括本期非正常户增长率等 13 项，构成了一个环环相扣的立体式监控体系。

据介绍，征管监控分析系统每月将各局重点指标与全市平均值进行比较，按照超标指标的数量多少，确定各征收局的重点关注级别，在地图上用不同的颜色标示。重点关注级别共分为 5 级，分别用绿、深绿、黄绿、橘黄、红 5 种颜色代表，每个月的指标完成情况一目了然，效果非常直观。征管树形结构的每个项目都可以直接点击进入，自动生成统计表格，便于比较查看。在状况表上点击右键，查阅子报表；点击重点关注指标，系统先提示各月是否超标，随后从 CTAIS 系统里调取的各项基础数据生成的统计表格，继续查看，可以具体深究至负有责任的单位和个人。点击各征收局的地图区域，树形结构将显示出该区域的各项列表与指标，并将本局超全市平均值的重点关注指标用红颜色标示。“红色比较显眼，关注度高，倘若分局确实存在征管问题，我们就要对其亮红牌，责令限期整改。”监控系统还将大连的征管情况与全国、计划单列市平均水平比较，同时将各征收局的情况与大连的平均水平比较，并将重点关注问题逐级逐层分析到各局、科所、管理员及具体纳税人，形成面、线、点有机联系、逐级递进的分析机制，便于工作中查找深层次原因，发现征管漏洞，有针对性地采取措施。

征管状况监控分析系统的开发应用，是大连市国税局近年来实现信息管税思路的又一创新。目前，多套征管系统已形成联合作战的态势。各级领导可以从监控分析系统中看到各项重点指标的完成情况，对重点单位和重点项目进行“盯防”，从层级管理系统中签批意见、反馈情况、监督考核，而一线管理员则从税收管理员系统中完成纳税评估、短信发布等工作，并掌握各项信息提示，有序开展工作。

大连市国税局局长丁永安说：“过去，各级领导普遍听取报告、下户调研，一个地区一个地区地走访，去了解实际情况，这是重要的工作方式，但往往了解得还不够全面、透彻，而且工作量很大，费时费力。有了这样强大的监控分析系统，将使我们的工作更主动、便捷，利于查找、发现、研究工作中出现的问题，指导改进工作，有利于各级领导带着问题到基层去调研，提高科学管理水平和执行力。更重要的是，这也有利于我们实现以风险管理为导向的信息管税。用 5 种颜色将每项征管指标在各个单位所达到的程度表现出来，而且哪个单位、哪个指标、哪个科所、哪个管理员、哪户企业都显示得清清楚楚，使许多的征管信息得到了直观的应用，这给税收征管怎么管提供了很好的抓手。”

（发表于 2010 年 8 月 25 日《中国税务报》）

大连国税建成企业所得税管理大平台

受信息化措施的影响，2010 年前 8 个月，大连市国税局就评估补征企业所得税 5 045 万元，调增应纳税所得额 22 288 万元，弥补亏损 17 480 万元，征收滞纳金 518 万元。2010 年前 7 个月已入库企业所得税 72.39 亿元，超过上年全年 70.97 亿元的收入总额，创历史新高。

“企业所得税申报不能做假了，我们这儿的企业现在都知道。”大连某房地产开发公司财务人员小王日前告诉记者。据了解，大连市国税局推出了一系列针对企业所得税的信息化措施，有针对性地堵住了企业所得税管理的漏洞。受这些信息化措施的影响，今年前 8 个月，大连市国税局就评估补征企业所得税 5 045 万元，调增应纳税所得额 22 288 万元，弥补亏损 17 480 万元，征收滞纳金 518 万元。今年前 7 个月已入库企业所得税 72.39 亿元，超过 2009 年全年 70.97 亿元的收入总额，创历史新高。

建立拓展企业所得税税源数据库

“数据是‘信息管税’的基础，没有准确充分的数据支持，任何高科技分析手段都发挥不了作用，企业所得税信息化管理要从建数据库开始。”大连市国税局有关负责人说。

遵循这个思路，大连市国税局从几年前便开始推动企业进行所得税网络申报，尽力提供各种软硬件上的支持，大规模采集整理辖区企业的涉税数据。同时注重考查涉税数据的真实性、实用性，拓展涉税数据量，积累信息资源，为涉税数据分析打基础。以纳入重点管理的房地产企业为例，该局建立了专门的动态数据监控体系，动态监控采集房地产企业的各种涉税信息。

从去年开始，该局还针对房地产企业设计出了附报电子报表，要求企业每次进行所得税申报时，还要报送《房地产开发企业成本费用表》、《房地产开发企业基本情况表》、《建筑安装工程费统计表》等逻辑关系严密的电子报表，通过将企业所得税申报表与其财务报表的数据捆绑，实现了对企业所得税信息资料的更完整采集，以及随时对相关数据进行横向分析比对。

所得税数据与流转税数据自动比对

在建立企业所得税数据库的同时，大连市国税局还将目光盯上了跨部门的横向数据比对。

据了解，企业在进行所得税年度申报时，由于涉及报表种类多，计算过程复杂，申报数据质量往往不高。而如果所得税年度申报全部采用强制校验，又会导致正常差异无法进行申报。为解决这个问题，该局对所得税征管软件和网络申报端进行维护完善后，通过协调从地税部门取得有关企业营业税的数据，并引入数据比对工作机制，同时研发出了具有提示功能的系统模块，以提示性窗口的形式对申报表填报进行全程提示。当纳税人申报的企业所得税营业收入少于增值税收入和营业税收入之和时，网上申报系统会自动提示问题项，并列出相关数据便于纳税人核对。当纳税人申报的企业所得税申报表利润总额与利润表申报利润总额不符时，系统同样会要求企业修改相应报表，重新申报。

在此基础上，该局又开发运行了企业所得税报表审核系统。该系统具有数据审核、任务发布、信息反馈和统计分析的功能，能按照收入是否相符、费用列支是否超标等 15 个指标对所得税申报表自动进行数据审核。审核出疑点后，该系统每隔 15 日自动筛选生成《企业所得税汇算清缴数据重点项目统计表》，并生成检查任务，按照企业所属范围，通过税收管理员系统自动下发至相关税收管理员名下。税收管理员接到任务后，要在规定时限内核实检查并反馈核查结果。各级领导可通过层级管理系统监控相关核查任务的派发及执行情况。

所得税评估软件自动拦截异常申报

与此同时，该局将所得税评估软件镶嵌在税收管理员系统中，使基层税务人员可以随时对企业涉税数据进行分析，发现异常申报。

所得税评估软件可以对企业涉税数据分 4 个预警指标进行核查，4 个预警指标分别为“连续亏损 2 年”、“主营业务利润率”、“资本收益率”和“利润总额变动率”，其中任一项超过标准的企业，都会被所得税评估软件列入待评估企业名单。将这些企业的名称输入所得税评估软件，相对应的企业趋势分析指标体系、结构比率分析指标体系、财务分析指标体系便自动生成，其中指标与行业平均值的差异度会在图表上清楚地显示出来。根据评估疑点，评估人员可以有针对性地对企业展开实地调查和约谈，快速查明问题。

记者了解到，通过实践，这些所得税信息化管理举措已显现出巨大威力。截至目前，大连市国税局管辖的 61 675 户企业所得税纳税人中，已有 58 559 户实现了网络申报，网络申报率达到了 95%，所得税评估数据库中已涵盖包括企业所得税登记数据、申报数据、97%以上纳税人连续 4 年的财务数据和房地产开发企业 1 年多的基本数据，实现了纳税人 100%的企业所得税自动汇算清缴审核。通过数据比对分析和纳税评估，该局已使 60 户重点餐饮娱乐企业所得税税源增长了 35%以上，使房地产开发企业入库所得税税款同比大幅增长了 176%。

（发表于 2010 年 9 月 29 日《中国税务报》）

电子监控：税收征管质量状况一目了然，尽收眼底

目前，在大连市国税局，税收征管状况电子监控分析系统被税务干部形象地称为显示辖区征管状态的“气象云图”。与中央电视台的天气预报不同，这个“气象云图”显示的不是刮风和下雨的天气信息，而是大连市国税局系统内各单位的税收征管情况。

眼下，大连市国税局干部只要打开电脑，登录税收征管状况电子监控分析系统，就会看见系统中“大连市地图”上覆盖的那一片很“养眼”的嫩绿色。大连市国税局副局长王义平对此有个说法：“‘东风吹来满眼绿’。这片绿色是大连市国税局借助电子监控系统，提高征管质量最直观的反映。”

据了解，大连市国税局自应用税收征管状况电子监控分析系统后，征管质量得到了明显提升。有关统计数据显示，系统应用后，2010 年 12 月与 6 月相比较，该局新增非正常户中欠票、欠税或稽查在案户数的比例已由 29.6%下降为 9.3%；长期零申报中有购票记录的或有发票结存的户数比例已由 16.83%下降为 5.3%。

“气象云图”显示征管状态

目前，在大连市国税局，税收征管状况电子监控分析系统被税务干部形象地称为显示辖区征管状态的“气象云图”。与中央电视台的天气预报不同，这个“气象云图”显示的不是刮风和下雨的天气信息，而是大连市国税局系统内各单位的税收征管情况。

据了解，大连市国税局应用的税收征管状况电子监控分析系统中收纳了 16

项税收征管重点提示指标，并将重点指标体系与电子地图等技术进行了结合。系统可定期将大连市国税局各征管单位的工作指标，与重点指标体系中的平均值进行比较，对超指标的数值，在系统的电子地图上用不同的颜色加以标示。标示的颜色级别由红到绿共分为五级，颜色越偏近红色，则说明该局征管异常指标数越多。利用该系统的异常指标项目详查功能，该局的征管部门还可以直接在系统中查找到与异常指标相关的基层分局、征管所乃至具体的税收管理员。

大连市国税局征管和科技发展处副处长方铭辉介绍说，征管状况电子监控分析系统这个征管状态“气象云图”应用以后，有效地促进了各基层局征管状况分析工作的程序化、规范化，使各区、县局征管异常状态分析、征管状况检查实现了常态化，为提高全系统征管工作的质量和效率奠定了技术基础。

据统计，税收征管状况电子监控分析系统应用后，大连市国税局目前“已申报占应申报户数比例”已由之前的99.79%提高到99.98%；“已缴款占应缴款户数比例”由99.97%提高到100%。2010年8—12月，大连市国税局共清理欠税1.16亿元。由于各区、县局根据系统提示加大了日常征管工作力度，提高了工作细致程度，因此各局的重点关注级别也均有了明显变化，关注级别上升为优质一级和优良二级的区、县局明显增多。“这说明系统上线以后，在大连市国税局和各基层局的努力下，税收征管工作得到了加强，系统应用工作取得了明显成效。”方铭辉说。

“按图索骥”寻找工作症结

据介绍，征管状况电子监控分析系统之所以在应用后立竿见影、收效甚快，是因为利用该系统，税务干部不仅可以了解到自己所在单位的征管整体状态，而且通过细查系统中异常指标的相关数据，能够直观地发现工作中存在的风险点。这样，在日常征管工作中税务干部就可以“按图索骥”迅速找出工作症结，针对“病灶”部位开展征管工作。

方铭辉介绍说，为了督促税务干部及时解决征管中存在的问题，许多基层局以监控系统的应用为契机专门对考核体系进行了完善，并制定了工作责任追究制度。“监控系统现在让各个基层局的工作状况变得更加直观，并显示出更强的可比性。同样都是干工作，如果电子地图上别人辖区的颜色都是绿莹莹的，唯独你的管片是红颜色，会是什么感受？这比直接挨批评更让人没面子。”方铭辉说。

大连市沙河口区国税局征管科科长许健说，征管状况电子监控分析系统上线后，最初一段时间沙河口区国税局辖区在电子地图上连续呈现预警黄色。沙河口区国税局的主管领导为此非常着急，要求征管干部“仔细寻找原因，排除万难也要让指标变绿”。

沙河口区国税局征管干部仔细对系统指标进行了分析和研究，发现只要在“准期申报”和“准期入库”两类关键指标上下功夫，就能控制住每月13项指标中的9项，并以此为突破口提高征管质量。为此，沙河口区国税局加强了干部责任意识教育，并制定了《税收征管状况监控考核责任追究管理办法》，在征管中严格控制未申报户、新欠税户的数量。与此同时，该局加大征管核查力度，与地税、公安、街道等部门和单位密切配合，开展了大范围、常态化的调查核查工作。通过实施一系列具有较强针对性的征管措施，目前在“气象云图”上，沙河口区国税局的辖区已经连续三个月都是“养眼”的嫩绿色。

许健说：“现在日常征管工作中，每名税收管理员都特别关注‘气象云图’的颜色状态，并认真想办法解决各种征管问题，‘气象云图’不仅成为指示征管方向的指南针，而且还是工作成效的显示器。”

大连市国税局局长丁永安说，为了使大连市国税系统每名征管干部都能熟练地使用征管状况电子监控分析系统，实时了解辖区征管状态，明确自己工作方向，该局举办了4期针对性培训。从目前的应用情况来看，系统已发挥了最初预想的作用。未来结合实际征管工作，大连市国税局将继续对该系统有关功能进行完善，以进一步提高征管工作效率。

（发表于2011年1月19日《中国税务报》）

大连国税局上线业务操作指南平台

在“降低执法风险、简并清理审批、优化业务流程、明晰征纳责任”理念指导下，大连市国税局征管科技处、纳税服务处等9个业务处室花费两个月时间，共同梳理和修订了新的《征管业务操作指南》，并研发了征管业务操作指南电子平台。

“现在日常处理业务时，如果有什么不明白的地方，大家都会不约而同地到业务操作电子指南平台上找答案。这款软件现在已经成为我们日常工作手头不可或缺的‘电子工具书’。”大连市花园口经济开发区国税局税务人员王袅说。

记者从大连市国税局了解到，该局近来通过上线应用征管业务操作指南电子平台，增强了业务流程管理能力，税务人员日常办理审批等涉税事务的行为也因此变得更为规范高效。

编制业务流程电子指南

据了解，近年来，大连市国税局按照“流程再造”的工作思路，将全局业务规程进行了统一，并编制完成了共计62.4万字的《征管业务流程》，以文件形式下发到各区县局机关。《征管业务流程》的编制，对规范征管和纳税服务工作起到了促进作用。

大连市国税局副局长王义平介绍说，近几年，随着行政审批制度改革的不断开展，征管模式的变化以及征管改革的深入，该局以前制订的征管业务流程和与之配套的下发查询方式，无法满足大连市国税局的日常工作需要。一些业务流程出现涉及环节太多，各环节征纳双方责任划分不清等问题。纳税人在办税时也存在报送资料多，办理时间过长等不足。此外，传统的纸质流程文件在日常查询和学习上也存在不便利、不快捷和内容更新不方便等问题。

为此，在“降低执法风险、简并清理审批、优化业务流程、明晰征纳责任”理念指导下，大连市国税局征管科技处、纳税服务处等9个业务处室花费两个月时间，共同梳理和修订了新的《征管业务操作指南》，并研发了征管业务操作指南电子平台。

工作标准与流程一目了然

在大连市国税局内部办公网的页面上，有一个淡绿色方框，这就是征管业务操作指南电子平台的操作按键。点击登录平台后，操作页面的顶端有“表证单书”、“CTAIS操作说明”和“征管问题交流”等几个板块。页面左侧的“业务事项”栏目中则设立了“纳税人发起类”和“税务机关发起类”两个项目，其中收纳了大连市国税局征管业务中除进出口和稽查业务外的210项业务流程。

“征管业务流程在电子平台上以树形结构进行分类展示。按照申请办理和职权分类两个标准，技术人员将征管业务划分为‘纳税人发起’和‘税务机关发起’两类，其下又划分为登记类、发票类、征收类、申报类等18类业务。这样，所有征管业务不仅分类清晰，而且易于查找。”该局征管和科技发展处副处长方铭辉说。

大连市花园口经济开发区国税局税务人员王袅为记者演示了平台的查阅方法。点击打开平台中的“一般纳税人认定（新办企业)”业务后，只见电脑页面上随即标示出业务代码、业务名称、业务分类和业务处室等业务办理的各项具体内容。

王袅介绍说，征管业务操作指南平台上会显示“一般纳税人认定（新办企业)”这项业务在办理时共有三个环节：“办税服务厅受理”“税源管理部门实地查验”和“办税服务厅涉税事项受理送达”。平台会对每一环节的工作标准及要求、环节设立依据、信息系统操作细则和纳税服务规范等要素进行详细说明。

例如在“税源管理部门实地查验”环节，征管业务操作指南对纳税服务就有这样的要求：“对纳税人咨询的问题，履行一次性告知义务”，“对不予办理事项，告知纳税人政策依据，指出纳税人存在问题及改正建议，并耐心做好宣传解释工作”。

大连市国税局征管和科技发展处税务人员张鹏介绍说，征管业务操作指南平台不仅明确了业务操作流程，同时对涉税事务办理所涉及岗位的工作标准、要求以及工作时限都进行了设定。此外，平台对相关业务还设立了“税收执法风险”条目，对一些可能会带来税收执法风险的操作进行警示。

记者在平台界面上看到，在“税款退还”业务的“税政部门负责人审核”环节中，平台“税收执法风险”项目这样提示税务人员：纳税人存在欠税而未先抵后退的须承担相应责任；未按规定期限办理退税的应承担相应责任。

业务流程做到随需而变

“征管业务操作指南平台对每项业务的流程描述都非常清楚，并突出显示各项业务的工作标准和要求，告诉我们哪个环节需要怎么做，做到什么程度，如不按照规范处理会带来什么样的税收执法风险，这让我们办理业务做到了心中有数。”瓦房店市国税局人员张东杰说。

据了解，征管业务操作指南电子平台上线后，很快受到了大连市国税局税务人员的喜爱。

“以前的征管流程是以文件形式下发的，经过逐级转发和解释说明，容易在执行过程中产生政策执行不统一、工作标准不规范等问题。采用网络电子平台模式后，不仅规范，而且查阅速度快，一线操作人员点击平台就能够根据需要了解到各项业务的操作要求，十分方便。”王袅说。

大连市国税局征管和科技发展处副处长方铭辉说，平台上线以前，由于国家税务总局下发的新政策无法及时增补到相关的征管流程中，因此一线管理人员无法在工作中迅速将新政策与管理流程结合起来。为了贯彻落实新政策，有时会出现流程增补文件和最新政策文件一同下发的情况。有了征管业务操作指南平台后，当税收政策发生变化时，平台软件可按照最新政策对业务流程实时进行修订，使一线税收征管人员做到以最快的速度落实税收政策，以最规范的方式执法和服务。

（发表于2013年7月3日《中国税务报》）

内外信息网唤醒“沉睡”涉税数据

近年来，随着经济发展，瓦房店市纳税人不断增多，而税务人员相对有限，导致征纳双方信息不对称的局面日益突出。

“如果没有协税护税网络，我们对砂石行业的评估入库税款可能是零，而不是950万元。”辽宁省瓦房店市国税局负责人日前告诉笔者。据了解，瓦房店市国税局近期通过多角度编织内外信息网络，让大量“沉睡”的涉税数据“苏醒”过来，成为税务人员日常征管工作的利器，在定额核定、纳税评估、税务稽查等方面发挥“指引”的作用。

优化辅助系统，让沉积的内部数据得到应用

瓦房店市国税局负责人表示，近年来，随着经济发展，瓦房店市纳税人不断增多，而税务人员相对有限，导致征纳双方信息不对称的局面日益突出。为改变这种状况，避免税款流失，瓦房店市国税局自今年初开始探索从内外两方面挖掘、利用数据信息资源。

该局通过深入调研发现，一方面，税务机关难以全面、动态地了解纳税人的真实经营信息；另一方面，在目前全局运行的各大征管信息系统中都沉淀了大量涉税数据信息，这些信息杂乱地散落在各系统中，仿佛根本不存在，没有被一个管理环节应用过。“面对这个矛盾，我们决定立足于内部，将各系统中的‘沉睡’数据提取出来，有目的、有方向地进行筛选、过滤、分析，建立起内在的逻辑性联系，使这些数据可以为纳税评估、税务稽查、个体定额核定等工作提供有效的切入点。”该局负责人说。

以此为出发点，该局以目前全局运行的各大信息系统为基础，打破各系统使用权限上的设置，有目的地多角度挖掘、提取并清分数据，实现数据资源整合和共享。具体来说，该局根据税务人员的业务需求，在自行研发并经过多次升级的税收征管辅助系统中新增“征管辅助查询”模块。利用该模块，该局对增值税防伪税控系统、车购税业务系统中的信息数据进行了提取，在“第三方信息”模块中发布了2012年百万元以上车购税、2012年中石油增值税发票金额汇总表和2011—2012年用电金额比对表。有了这些信息数据，该局基层税务人员在日常征管工作中遇到的很多问题迎刃而解。

据介绍，该局园区税务所就运用用电量信息作为辅助手段开展纳税评估，迫使企业体外循环账款现身。某制造矿渣微粉企业2012年账面显示为成本倒挂，税负2.6%，低于行业税负3.93%。评估人员第一次实地核查发现，该企业多转销售成本50万元，调减后亏损16万元。第二次核查时评估人员根据征管辅助系统中“第三方信息”模块提供的该企业2012年度用电信息，倒推出其应产出量比账面多10 258吨。经过约谈，企业承认存在两笔体外循环销售业务，最终依法补缴税款55万元。

在对某户使用废旧物资企业开展评估前，该局先通过辅助系统获取大连市从事废旧物资行业的纳税人名单及相关企业2009年—2012年的财务信息，再以行业横向与个体纵向相结合方式分析这4年相关企业的收入、税负等信息，寻找行业共性和企业个性间的差异，并结合案头分析定位疑点信息。根据相关疑点信息，税务人员通过实地核查，从该企业的电脑资料中发现了隐藏的账外账，经评估对该企业补征税款200多万元。

携手社会部门，借第三方信息化解征管困局

在盘活系统内数据信息的同时，瓦房店市国税局不断扩大与第三方机构的合作，与市地税局、工商局、电业局、财政局、法院、物业公司、河道管理处等单位定期交换信息，强化第三方信息资源的采集与分析，建立第三方信息资源储备库，利用相关信息化解清理欠税、纳税评估、税务稽查等工作的困局，取得了显著成效。

该局祝华税务所辖区内有家水泥厂，拖欠税款上千万元，目前已濒临破产。该企业只在2011年清缴欠税200万元，之后便无下文了。前不久，祝华税务所利用第三方信息得知该企业几年前曾因工业用地转为商业用地获得了财政补贴。

经过多方协调，该企业最终用财政补贴款缴纳了500万元的欠税。

法院受理的经济案件中往往涉及大量涉税信息。该局通过与法院建立信息交换机制，定期采集并整理、分析涉税信息，将其转化为有价值的案源信息，为稽查工作提供有力的证据。前不久，存在纳税疑点的某轴承厂将欠其货款的一家企业告上法庭，并向法院出具了欠条、供销合同、出库证明等证据，法院判决两企业存在供销关系，销售货物事实成立。税务稽查人员获得这一信息后立即对该轴承厂立案稽查。最终该轴承厂负责人承认这笔销售收入没有申报纳税，依法补缴税款、罚款及滞纳金共计10余万元。截至目前，该局已从法院采集近千条信息，其中涉税信息120条，有14条被用于稽查选案，160条被用于纳税评估，通过稽查评估入库税款196.4万元。

在对某房地产企业进行税务稽查时，稽查人员先从城建部门采集了该企业的房屋开发面积和销售面积信息，但从中未发现任何问题。稽查人员接着从该企业外包的物业公司采集业主入住、缴纳物业费等信息，并将相关信息与该企业的楼盘销控表、购房合同进行比对。通过比对，稽查人员发现，该企业至少隐瞒了29笔房屋销售收入，最终依法对该企业补征所得税141万元。

同样是利用第三方信息，该局对管理难点——砂石行业的纳税评估工作也打开了局面。利用与河道路管理处、砂石办公室等部门搭建的协税护税网，该局目前已对砂石行业评估入库税款950万元。

（发表于2013年12月26日《新商报》）

两大系统护航，大连出口退税提速

大连市国税局自行研发并运行了出口退税监督考核系统和出口退税税库联网系统，实现了出口退税款电子化退付，以及出口退税工作电子化考核，不仅大幅提高了出口退税的速度和质量，促进了出口企业的发展，而且显著降低了税务机关办理出口退税业务的工作成本。

“现在，我们获得出口退税款非常快，当日提出申请，当日就能审结，退税款确定后，最慢 24 小时内就会退到我们账户上。”大连东芝电视有限公司财务科的邹科长日前兴奋地告诉记者。据了解，大连市国税局自行研发并运行了出口退税监督考核系统和出口退税税库联网系统，实现了出口退税款电子化退付，以及出口退税工作电子化考核，不仅大幅提高了出口退税的速度和质量，促进了出口企业的发展，而且显著降低了税务机关办理出口退税业务的工作成本。

监督考核系统剑指出口退税审核的及时性

据大连市国税局进出口税收管理处副处长尹宏介绍，对于出口企业来说，最关心的税事是何时能收到退税款，因为这直接影响到企业的流动资金链。为加快出口退税审核的速度，大连市国税局几年前就研发并运行了出口退税审核系统，实现了出口退税审核的电子化。但由于出口退税审核系统中没有考核功能模块，拖延退税审核的情况时有发生，影响了退税的速度。为解决这个问题，进一步规范退税工作，大连市国税局从 2007 年起便开始研究设定出口退税工作考核模块。经过多次调整，技术人员以“出口退税审核签批及时率”为主要指标，依托出口退税审核系统，设定考核模块，研发出了出口退税监督考核系统。该系统可以从出口退税审核系统中取得相关数据，根据考核指标进行运算。

出口退税监督考核系统设定了“审核签批时限”，即对纳税人提交审核信息齐全的，要在平均20个工作日内完成审核、调查核实及签批，对A类以上纳税人则要在平均10个工作日内完成相关工作。判定一名税务人员的“出口退税审核签批及时率”如何，用其“审核签批时限”除以其“平均审核签批天数”即可。“平均审核签批天数”要通过计算得出，需要将税务人员一段时期内（目前设定为半年）对每一条退税数据的审核签批时间累加，再除以总条数。

根据这些指标，大连市国税局管理部门可以清晰地掌握全局出口退税审核签批工作的进行情况，及时发现哪个岗位存在问题。

“国家税务总局对于退税进度并没有明确的时限要求，我们之所以这么做，是考虑到大连出口企业多，我们的出口退税工作已实现流程化、制度化，有能力提高出口退税的速度。”尹宏说。

据透露，通过系统计算相关指标并将指标在全系统公布，根据指标进行评比，目前大连市国税局16个基层征收局的“出口退税审核签批及时率”已全部超过100%。以2011年为例，全市“出口退税审核签批及时率”最高的征收局这一数字已达到1 415%，最低的征收局也达到了128%，均达到了相关考核指标的要求。

税库联网系统实现出口退税款电子化退付

在提高退税审核签批及时性的基础上，大连市国税局又联合中国人民银行大连中心支行和中国银行辽宁省分行，充分利用网络及数据签名等先进成熟的技术手段，研发了出口退税税库联网系统，实现了出口退税款电子化退付。

尹宏告诉记者，之前，大连市国税局采取人工方式办理出口退税款退付，工作人员每月平均需要办理3 000笔左右出口退税款退付业务，需要打印3 000份税收退还书，加盖4万个印章，国库方面则需要将相关信息逐一录入退税系统，存在退税周期长、流程复杂、工作量大、风险环节多等问题，不仅直接影响了退税业务的办理进度，导致出口退税成本高，而且多个业务环节存在管理风险，影响了税款退付的质量。为解决这个问题，大连市国税局联合银行部门研发并运行了出口退税税库联网系统。

借助该系统，大连市国税局可以利用互联网，将审核通过的企业出口退税电子数据专线传输给银行国库方面，国库方面瞬间即可完成数据交接，将税款退付给相关企业，从而实现退税款网上即时退付。从实际来看，从国税机关提交审核签批后的退税单算起，退税款最慢也会在 24 小时内退付到相关企业的账户上。而在以往，这个退税到账时间一般需要 5～7 个工作日。

出口退税税库联网系统不仅大幅提升了税款退付的效率，由于其支持退税数据直接通过网络自动传输，也使国税机关配合运行电子安全签章系统，实现了退库过程自动化管理，不需要再印制、使用税收退还书等纸质凭证，从而保障了退库数据的准确与安全，节省了大量的管理成本。据测算，仅取消出口退税业务纸质凭证一项，全局一年就可节省税单 4 万余份，少盖十几万个印章。

快捷退税不妨碍防范和打击出口骗税行为

“运行两大系统以来，我们局的出口退税工作走向无纸化管理，质量和效率均大幅提升，出口企业享受到了快捷退税。”大连市国税局总会计师崔金发告诉记者。

据介绍，借助出口退税监督考核系统和出口退税税库联网系统，大连国税系统 2011 年共审核签批 AA 类和 A 类出口企业出口申报数据 22 万条，平均每条的审核时间仅为 2.63 个工作日；审核签批 B 类和 C 类企业申报数据 20 万条，平均每条的审核时间为 6.16 个工作日。在 2012 年 1 月春节前短短的 14 个工作日中，大连市国税局累计为纳税人办理 16.8 亿元出口退税，平均每天办理 1.2 亿元，刷新了该局历史同期的最高纪录。截至目前，大连市国税局已通过出口退税税库联网系统传输数据 75 465 条，退付企业税款 261.56 亿元。

谈及电子退税，大连东芝电视有限公司财务科的邹科长大加赞赏。他告诉记者，自己所在的公司主要向日本出口整机电视，向东南亚、欧美等地出口电视组装机板，通常每个月都要提交 150 多条退税申请，申报出口退税额 2 000 万元左右。由于数额巨大，这些退税款到账是否及时，直接影响到企业的生产。“几年前，我们要一两个月时间才能等来一笔出口退税款，现在只要在每月 15 日前申报，税款当月就能退到账上，有效地缓解了我们流动资金紧张的局面。”邹科长说。据介绍，公司所属的大连开发区国税局为提高退税速度，就出口退税审核办公区直接设在办税服务厅，实施“当日申请，当日审结”制度，让出口企业享受到了更多的实惠。

“大幅提高退税进度，是否放松了对出口骗税行为的防范和打击?”面对记者的疑问，大连市国税局进出口税收管理处副处长尹宏明确表示：“退税提速绝不能与依法退税相冲突。事实上，我们在提高退税速度的同时，还针对出口退税工作实际专门出台了《出口退税预警防控管理办法》，特别加强了退税评估工作。”据介绍，2011 年大连市国税局通过加强退税评估，已暂扣出口退税款 5 000 多万元，追回退税款 2 000 多万元，有力地防范和打击了骗取出口退税行为。

（发表于 2012 年 3 月 21 日《中国税务报》）

软件产品退税评估系统上线

软件产品退税评估系统既能缩短退税工作时限，又能保证对申请退税的企业及时进行评估，还能加大对软件退税工作的事前监管力度，降低执法风险。新系统一经亮相，便在办理软件产品退税方面显出威力。

日前，大连市某软件企业财务人员查询银行账户时，意外地发现此前申请的1.44亿元软件产品退税提前7天已经到账了。这位财务人员打电话到高新园区国税局税政科了解原因，才知道该局依托新开发的软件产品退税评估系统，缩短了软件产品增值税即征即退工作的审批时间。这位财务人员兴奋地说："别看就缩短这几天，对于我们公司来说，银行利息就是几十万元!"

去年11月，大连高新园区国税局与一家计算机技术公司合作开发了软件产品退税评估系统。今年3月，该系统正式在大连市国税局上线运行。据介绍，该系统既能缩短退税工作时限，又能保证对申请退税的企业及时进行评估，还能加大对软件退税工作的事前监管力度，降低执法风险。新系统一经亮相，便在办理软件产品退税方面显出威力。

开发退税评估系统解决管理难题

近几年，大连软件产业发展迅猛，其中90%以上的软件企业都集中在高新园区。2006—2011年，经大连市经信委认定的软件产品2 483个，其中在高新园区国税局管辖企业认定的软件产品1 926个，占全市的77.6%。2006—2011年，高新园区国税局办理的软件产品退税占全大连市软件产品退税额的98%。今年1—3月，该局办理软件产品退税9.1亿元，占全大连市软件产品退税额的99%。

作为软件企业税收优惠政策的具体执行部门，该局想尽办法落实软件产品退税政策，为企业争取最大的效益。

过去，办结一项软件产品退税申请，按流程规定最快也要 16 天。由于综合征管信息系统没有单独针对软件产品退税进行管理的模块，企业申请办理退税需要提供应退税所属月份增值税纳税申报表复印件、应退税所属月份税收通用缴款书复印件、软件产品登记证书或文件的复印件、软件产品销售合同复印件等 7 项资料，既增加了纳税人的办税成本，又增加了征管资料归档的工作量。并且，税务人员在审核软件产品退税申请时，常常遇到企业提交的资料不全或有误，影响退税工作的情况。税务人员还发现，由于受到软件产品开发过程中一些不确定因素的影响，企业实际纳税时间经常存在滞后现象，导致企业在办理退税时涂改合同、甚至提供虚假合同，逃避税务机关检查的事情时有发生。

“有问题就要马上解决。”这是高新园区国税局领导的行事准则。2011 年 8 月，该局成立了以税政科牵头的软件产品退税评估专项工作小组。通过半年的专项评估，该局形成了《软件行业评估管理办法》。在此基础上，该局联合一家计算机技术公司开发了软件产品退税评估系统。

让软件产品税收管理“进退自如”

据高新园区国税局副局长孔庆伟介绍，该系统包括合同备案、退税评估、证书管理等多个模块，将软件产品退税环节的退税率、纳税义务发生时间、发票开具情况、嵌入式软件的硬件成本利润率的核算等数据作为关键控制点，使软件产品退税评估工作有重点、有目的。该系统投入使用后，该局软件产品退税工作审批效率大幅提高，工作时限大大缩短，退税审批时间由原来的 16 天缩短为 10 天。

现在，依托该系统，该局的软件产品退税工作形成了先备案、再退税、后评估的管理模式。先备案是指企业签订合同后定期提供原件、复印件和《软件产品销售合同信息表》，到主管税务机关进行合同备案；再退税是指对提出申请退税的纳税人根据相关规定办理退税手续；后评估是指对已办理退税的纳税人，主管税务机关根据其报送的退税资料和事先备案的合同信息，对退税实施纳税评估工作。

这种先备案、再退税、后评估的管理模式，保证了主管税务机关及时掌握企业生产经营情况，能够及时开展纳税宣传和辅导，同时，为纳税评估工作提供了

"风险波动指标"，减少了退税环节审核时间。

据了解，该系统在高新园区国税局试运行 1 个多月，就初显威力，共评估补税两万余元，平均每笔退税缩短审核时限 3 天。一家软件企业的财务人员表示："有了软件产品退税评估系统，高新园区国税局将过去的事后检查变为事前辅导，让我们提前了解税法有关规定和退税的流程，在办理退税的时候方便了很多，节省了很多时间。"

一位软件企业老总深有感触地说："软件产品退税政策已经让我们这些软件企业得到实惠，而借助软件产品退税评估系统，高新园区国税局建起了通往优惠政策的'高速路'，一笔退税申请只需 10 个工作日即可办结。这样，企业可以有更多资金投入到产品开发当中，更好地参与市场竞争，这真是帮了企业大忙。"

新系统为征纳双方同时减负减压

软件产品退税评估系统上线应用后，为纳税人减轻了不少负担，被许多纳税人称赞为"贴心"的服务。

该系统将大连市认定软件产品证书的信息全部导入软件产品证书管理模块，有了软件产品证书信息，企业在申请退税时就不需要重复提供证书的复印件。同时，依托该系统，该局建立软件产品销售合同信息库，企业申请退税时不需要重复提供产品销售合同复印件。

现在，纳税人每笔合同只需备案一次，合同执行完毕后将合同和每次退税资料一次装订归档，然后该系统会根据企业备案的软件产品销售信息生成《软件产品增值税退税申请审批表》，列明企业当期软件产品收入的明细，以及根据企业申报情况系统计算出的应退税额。

说起该系统带来的好处，许多企业财务人员都竖起了大拇指。瀚闻资讯的一位财务人员说："上周五，我像往常一样带着相关资料来办理软件产品退税。窗口人员告诉我，企业的软件产品证书信息和产品销售合同信息已经导入到软件退税管理系统，以后申请软件产品退税，不需要再提供产品证书和产品销售合同的复印件了。我听到后非常高兴，以前我们来办退税，需要提供一大堆材料，有时忘记了还得跑第二趟，现在轻松多了。"

该系统不仅为纳税人减轻了负担，也让税务人员的工作压力减轻许多。

企业在申报缴税后即可申请软件产品退税。该系统能够定期导入综合征管信息系统中企业的申报数据，根据企业取得软件产品证书的情况和产品销售合同和备案信息，以及企业申报的软件产品销售额和税款入库情况，自动计算出应退税额，减少税收管理员的工作量。

对于退税率小于14%的退税企业，该系统会自动提示管理人员重点核实软件产品收入抵扣的进项税额是否为当期软件产品可抵扣进项税额。一次，一户企业软、硬件核算不清，硬件产品收入参与软件产品退税。这户企业取得软件产品证书、开具发票和签订合同都体现为自行开发的软件产品，其一般货物劳务申报一直没有收入，但是却有较大进项税额留抵。经疑点提示，税务人员进行查验并审核发现该产品有硬件产品，涉及退税额98万元。

同时，依托该系统，该局加强了对软件产品退税工作的事前监管。利用该系统中的有关信息，该局建立起形成软件产品销售合同数据库，对产品销售合同进行管理，避免企业在退税时涂改合同甚至提供虚假合同，降低了税收执法风险。

（发表于2012年5月30日《中国税务报》）

数据从申报到提交仅用两分钟

一条数据从申报到提交只需两分钟，比过去节约大量时间。这也是目前全国国税系统首个真正实现征退申报合一、全程电子化申报的系统。

从下个月开始，大连市国税局出口退税在线申报系统正式上线，大连中小出口企业办理退税将真正实现大提速。一条数据从申报到提交只需两分钟，比过去节约大量时间。这也是目前全国国税系统首个真正实现征退申报合一、全程电子化申报的系统。

在大连，出口退税有效认定户数为 9 300 户，其中有退（免）税业务的出口企业户数为 5 056 户，当年实际办理退（免）税额小于 500 万元的出口企业有 4 848 户，占有退（免）税业务户数的 95.9%。“出口退税申报数据采集与申报是出口退税业务链条中的基础环节，是必须要由企业来完成的。而出口退税申报的专业性很强，多数中小企业缺乏专业的相关财务人员，造成了申报错误、不及时，耽搁了退税时间，影响了企业的资金运转。这次出口退税在线申报系统的应用，意味着大连近 5 000 户中小企业从此将不再需要为出口退税业务配备专业计算机管理人员及高配置的计算机硬件，“只要登录到指定的网站就能够轻松地进行申报了。”大连市国税局进出口税收管理处处长杜继国表示。

“这真是一个好消息！记得最早时，我们要完全进行手工填表和纸质申报，而且往返税务局和海关多次，办理退税要很长时间，后来虽然也实现了网络申报，但每次申报都要重新下载数据，一次下载需要两三个小时，有时一条数据从申报到提交可能用上半个小时，甚至更久，而每次我们要报几条数据，所以感觉不太方便。但这回新的申报系统上线后，只要能登录市国税局网站，就可以进行申报了！”大连一家出口企业的财务人员听说出口退税申报大提速后，高兴地说道。

事实上，大连市国税局在出口退税电子化管理上，已经实现了多项全国第一。比如“出口退税远程申报系统”使大连出口企业退税实现了足不出户“出口退税联网系统”使退库工作实现了“一秒退付”以及出口收汇核销退税实现了“无纸化”等。此外，市国税局还定期将企业出口退税进度等情况以短信形式发给出口企业的高管和办税人员，这项提醒服务项目已经被国家税务总局列入全国推广项目之一。

（发表于2011年5月23日《新商报》）

综合查询系统：
税收征管数据实现“随心查”

打开电脑，桌面上一个醒目的鲜黄色“五角星”图标映入记者眼帘，这就是综合查询系统的标识。登录后，菜单式页面清晰明了，税源分析、征管指标、综合查询、纳税评估、数据报告和系统工具六大模块一字排开，内含销售额及税额分析、申报率统计、入库率统计、认定查询、发票发售查询、评估指标、税收优惠明细等20个详尽的子菜单。

日前，大连高新技术产业园区国税局自主研发的综合查询系统完成了最新一次升级和数据更新。从投入使用以来，该系统“蹿红”速度惊人，已经成为该局税务人员使用频率最高的一款软件，被大家亲切地称为“五角星”。

“五角星”何以如此风靡？“方便、实用、功能强大。”该局征管科科长孟文给出了这样的答案。据介绍，综合查询系统是基于税收征管信息系统中的数据资源，开发的一款以查询、统计、分析为主的多项目综合查询软件，能够及时、直观地体现各项征管工作数据和完成情况。

利用软件解决税收优惠企业数据查询难题

大连高新技术产业园区国税局管辖企业5 230户，2011年实现税收收入16.9亿元，落实税收优惠9.76亿元。2006—2011年，大连市经信委认定软件企业242户，其中隶属于该局管辖的有154户，占全市软件企业的64%；认定软件产品2 483个，其中属该局管辖企业生产的软件产品1 926个，占全部认定软件产品的78%；2006—2011年，该局累计办理软件产品退税13.4亿元，占大连市软件产品退税额的98%，几乎囊括了全市的软件产品退税业务。除了增值税优惠，该局日常落实的所得税优惠更是“类别多、项目细”，该局所辖企业的所得税优惠涵盖了八成减免类别，税务人员日常工作中需要查询的企业资料、数据格外多。税务机关如何才能对这些享受税收优惠的企业了解到位、服务到位，成为该局急需解决的一大难题。

“税收征管信息系统解决了基础数据的采集问题，储备了各个企业的大量申报数据，为我们的税源管理工作提供了详尽的‘数据档案库’。可与此同时，庞大的数据无疑增加了调阅的难度。特别是对于年纪稍长一些、计算机应用不熟练的税务人员，查找数据时更是焦头烂额。我们局享受税收优惠的企业特别多，税收管理员查询企业数据、资料的工作量特别大。之前，我每天都会接到大量咨询电话，问我如何在税收征管信息系统中查找数据。操作一次之后，过阵子不用，复杂的流程大伙又记不住了，只好再打电话问我。”该系统研发人员生东军说。于是，生东军决定研发一款辅助查询软件，弥补税收征管信息系统缺乏整体统计，不能横向比较的缺点，让税务人员能够轻轻松松地调阅企业数据，快速及时地为企业办理税收减免，让税源情况一目了然。

六大模块 20 子项涵盖日常所需全部数据

打开电脑，桌面上一个醒目的鲜黄色“五角星”图标映入记者眼帘，这就是综合查询系统的标识。登录后，菜单式页面清晰明了，税源分析、征管指标、综合查询、纳税评估、数据报告和系统工具六大模块一字排开，内含销售额及税额分析、申报率统计、入库率统计、认定查询、发票发售查询、评估指标、税收优惠明细等 20 个详尽的子菜单。

准确、及时掌握税源变动情况，对于税收管理员来说是第一要务。“五角星”中的销售额及税额分析功能，可以实时统计所有管户的销售额及税款缴纳情况，税收管理员、科长、局长可以根据各自不同的查阅对象需求，任意选择组合条件，查询多个企业任何属期以及该属期的往年同期收入及税款，通过清晰的表格对比，准确、及时掌握各税源的变动情况。

该功能使税收管理员可以实时了解管户的情况，分析和监控企业，特别是重点税源企业的税源变动，还能及时发现管理中存在的风险，加强辅导。同时，该软件出具的表格能反映出企业应退税款情况，税收管理员可以据此提醒企业及时办理退税事宜。

“像这些销售额和税额的数据，税收征管信息系统里都有，但是只能进行单户查询，没有与过去数据直接对比功能，也没有分行业对比功能，这使得我们在重点税源管理、行业分析、税收统计等方面很难发挥数据的真正作用。综合查询系统弥补了这个缺憾，现在，不管是做科里的计划分析还是行业分析，对数据利用都得心应手了。”税源管理四科科长姚贺笑着说。

发票管理是现在日常征管工作的一项重要内容。在“五角星”的综合查询模块下，企业从税务登记、资格认定、减免税文书到发票发售、税控系统、海关完税证等相关信息一应俱全。特别是在发票发售项目里，不管是普通发票还是增值税专用发票，它的发售情况、每月用量、交验、结存情况都有清楚的记录。这给税务人员提供了切实的依据，做到对需要增量、升版、抑或是核定征收的企业心中有数。“过去，每个月一到征期，就特别担心有带票走逃的情况。现在，综合查询系统能够将未按期申报和未及时缴纳税款的企业的发票领购情况及其联系方式自动显示出来，方便我们第一时间联系到相关企业，扫除了征管盲点，促进了收入增长。”该局税收管理员蔡亚楠说。

唤醒“沉睡”数据受到税务人员一致好评

“老张，你有一户新开业户街道没维护，另外有一户没申报，赶紧催报。”内勤王岩已经 52 岁了，认真负责的她会不时地提醒科里的同事一些事务性工作。“以前登录税收征管信息系统，想一次性查询清楚多个问题，很困难。我这么大岁数了，计算机掌握得不熟练，常常是干着急也记不起来该查什么数据，该进哪个模块。现在好了，一个‘五角星’就能解决所有的问题，想查啥查啥，鼠标轻轻一点，问题一目了然。现在哪天不登录上去看看，还不习惯呢。”王岩说。现在，查询数据资料就找“五角星”已经成为该局税务人员的“习惯动作”。

于新鹏是大连市国税系统最年轻的一名“纳税评估能手”。他对记者说：“‘五角星’给我日常的税源管理、纳税评估工作提供了特别多的方便，很多别的征管软件不具备的功能它都能实现。记得我第一次评估的时候，给纳税人算滞纳金，算得头都大了。好几笔不同时间段的税款，得分头计算，天数也容易出错。后来我用‘五角星’里面的滞纳金计算功能，结果一下子就出来了，又快又准确。”

现在，该局的综合查询系统在大连国税局系统内已经小有名气，并且逐渐演变成了一个资源共享的平台。不久前，大连市国税局稽查分局的同事特意来到该局借鉴学习该系统的使用方法，用以查询各类财务分析指标，为更便捷地开展稽查选案工作提供可靠的数据依据。用他们的话说，“五角星”唤醒了很多“沉睡”状态的数据，让这些数据都能高效、快捷地为工作所用。

据介绍，综合查询系统为税务人员提供便捷、高效的个性化需求查询的同时，满足了无纸化办公的需求，各税收管理员、管理科需要提交的月度、年度税收计划等数据报告全部可以通过该系统提交上级部门。

（发表于2012年9月12日《中国税务报》）

大连国税推行大企业税收服务与管理系统

面对大企业通常经营规模大、电算化程度高、业务复杂等特点，大连市国税局最近专门围绕风险识别、管理和个性化服务两条主线，组织研发了大企业税收服务与管理信息系统。

日前，辽宁省大连市国税局上线运行大企业税收服务与管理信息系统，实现了对大企业纳税风险的实时识别和及时管控，以及办税服务需求的实时了解和及时回应，形成了征纳双方办税质效提高、办税成本降低、相互关系融洽的良好局面。

顺应需要开发大企业税收管理软件

“这是大连市国税局顺应实际征管需要之举。”大连市国税局总经济师谷兆春说。

据介绍，目前，大连市国税局有国家税务总局定点联系企业401户，其中归大连市国税局直属分局管辖的有110户，实现税款占全部定点联系企业的95%。这110户大企业2011年共缴纳税款174亿元，占大连市国税局当年收入的74%。这些在全市企业总数中占比不到0.12%的大企业，贡献了大连国税1/3的税收收入，已经成为大连的重要经济支柱和税源。管理服务好这些企业影响深远。面对这些大企业通常经营规模大、电算化程度高、业务复杂等特点，大连市国税局最近专门围绕风险识别、管理和个性化服务两条主线，组织研发了大企业税收服务与管理信息系统。

大企业办理涉税业务坐上网络直通车

登录大企业税收服务与管理信息系统，记者看到，功能模块栏里排列5项内容，分别为税企直通车、风险识别、风险管控、风险应对和系统管理。这些模块下又设置了36个子模块，将各模块功能具体、细化。

记者以一个大企业税收管理员的名义点击进入税企直通车模块，一连串待办事宜立即出现在电脑屏幕上，下面依次显示了邮件提醒、日程安排、税企互动等信息。点击税企互动图标，有关企业的重大事项报告、办税诉求等内容都进入记者视野。

大连市国税局直属分局税政科科长刘波告诉记者，税企直通车模块具有通知、诉求回复与辅导、发放调查问卷等多种功能，是为大企业提供远程纳税服务的重要平台。由于大企业业务量大、业务复杂，经常会遇到办税问题，每次到税务机关咨询很不现实，利用税企直通车平台，企业财务人员足不出户就能随时通过网络提交办税诉求、咨询涉税政策、接收涉税通知等。税务机关在线提取到企业的有用信息后，会立即通过网络互动与案头分析，在最短时间内满足大企业的办税需求。

据介绍，不久前，大连一家啤酒公司启动吸收合并另一家啤酒公司的业务，后者的债权、债务全部由吸收方承担。当前者通过税企直通车模块向大连市国税局直属分局提交税收协助申请后，该分局立即按大企业重大事项处理机制开展涉税事项调查、政策辅导等工作，通过税企直通车模块第一时间获取了董事会决议、合并可行方案、相关批复等材料，由税收管理员、税政人员组成的专家组根据企业的税法遵从度情况，将被合并方废业程序和吸收方财务处理鉴定工作合二为一，大幅缩短了办理时间。“有了税企直通车，我们好像与税务人员在一个办公室工作，沟通效率非常高，这么复杂的业务竟然这么快就办好了。”吸收方会计说。

大企业涉税风险识别实现按键搞定

据了解，风险识别是大企业税收服务与管理信息系统的第一大管理功能。

该模块包括企业综合分析、风险提示信息、风险疑点统计分析、疑点清册、所得税数据模型分析、评估查询、综合查询共7个子模块，可以根据不同的使用需求分门别类地提供查询项目。它囊括了一户式、申报信息、发票情况、稽查内容、评估问题、第三方信息、行业比对等多种基础数据，以所得税年报表为主，可以通过衡量系统设定的36项比对指标，综合分析后自动生成“问题类”“提示类”两大类风险提示。税收管理员根据这些提示，可以有针对性地进行进一步的人工数据分析和实地核查，提高企业风险管控工作的效率和准确性。

前不久，税收管理员小张就利用该模块功能，及时帮助大连一家石化企业避免了涉税风险。根据税法规定，企业发生的公益性捐赠支出在年度利润总额12%以内的部分，准予在计算应纳税所得额时扣除，而对发生在亏损年度的公益性捐赠支出，则不允许税前列支。该公司因对相关政策理解不到位，将发生在亏损年度的公益性捐赠支出作了税前列支。通过风险识别模块，税收管理员小张立即发现了这个违规业务处理。经过纳税辅导，该公司在所得税汇算清缴期内及时调整应纳税所得额100万元，避免了被处罚的风险。

电子日志成大企业管理员得力助手

风险管理是大企业税收服务与管理信息系统的另一大重要管理功能。

该模块下设信息采集、待办事宜、日常管理、风险点管理、发票类任务、汇总纳税申报审核、电子邮件、实时通信等8项子模块。其中，日常管理是大企业税收管理员使用频率最高的模块。它包括工作日志、提醒事项、重大事项、简单任务等内容。目前，将企业变动情况详细记录在电子工作日志中，已成为大企业税收管理员新的工作习惯。

税收管理员舒雪梅告诉记者，由于大企业通常业务多样而复杂，涉及信息量庞大，有的业务时间跨度还很长，要管理好这类企业，必须时时跟进、连续了解企业每个阶段的经营情况。“以前，我给所管的每个大企业都设了一个日记本，记载对应企业的经营变动情况，但手写的资料不好保存、查找。不仅如此，岗位调换后，新接手的税收管理员因不容易看懂我的记录，还需再找企业了解情况，无形中增加了税企双方的负担。”舒雪梅说。她表示，在大企业税收服务与管理信息系统运行后，这个问题已经迎刃而解。因为税收管理员可以利用该系统的电子工作日志记录企业的经营情况信息，既清晰规范，又方便查阅、保存和共享。

（发表于2012年12月26日《中国税务报》）

THOUGHTS ON CHINA'S TAX REFORM

第五章

纳税服务

无论是税务机关内部的专项调查，还是国家四大会计师事务所的第三方调查，结果都显示：政策服务是纳税人最需要的纳税服务。从本章内容中可以非常清晰地看到，随着税改的深入，税务机关纳税服务的重心已经向政策服务集中，而且服务的理念越来越现代，手段越来越先进，体系越来越健全……

大连国税追求纳税服务提升无止境

“满意度调查让我们进一步思考如何把调查结果转化为工作手段，实实在在地推进纳税服务工作的发展，为大连企业不断做大做强保驾护航。”大连市国税局局长丁永安说。

日前，国家税务总局面向全国税务机关开展的“2010年纳税人满意度调查”结果揭晓，大连市国税局以综合得分86分的总成绩在35个城市中排名第二。大连市国税局局长丁永安说：“我们要重视纳税人的满意度，同时理性对待排名，不断提升纳税服务水平。

宁舍一顿饭，也要课堂见

秋日里的一天，大连市旅顺口区国税局6楼会议室座无虚席，走廊里也挤满了听众，一些来晚的人员被安排到隔壁的小会议室，通过连线视频进行同步观看。这是该局从去年创办的税法课堂，至今已经举办了15期，超过4 000人到课听讲。课堂鼓励提问，设立意见登记簿征求想法，授课形式灵活多样。一位财务人员说：“我现在是宁舍一顿饭，不舍一堂课，税法课堂是我们了解政策的及时雨。”据统计，大连国税系统16个征收局都开设了税法课堂，上课的纳税人已达53万人次。

纳税人对于政策咨询方面一直具有较高的关注度。大连市国税局相继出台了《纳税服务辅导办法》、《纳税咨询服务管理办法》、《纳税服务短信平台管理办法》、《办税服务厅管理办法》等文件，增强纳税辅导和咨询的实效性。在传统纳税辅导的基础上，他们不断探索网络辅导、约谈辅导、QQ群交流辅导、手机短信辅导等形式，并结合税收执法对企业进行一对一交流。对新办企业推出了多种面对面、点对点式的辅导措施，建立热点难点重点问题登记备案，事无巨细地替纳税人考虑到每一个涉税环节。

办税“一窗式”，省力又省时

很多情况下“手脚麻利”比“笑露八齿”更重要。”88.1%的纳税人在调查中认为，大连市国税局的办税效率提升了，工作“有进步”。

高效率的工作与服务，是创建现代服务型机关的必然要求。在大连国税，税务人员日常使用的CTAIS系统和税收管理员系统里，每道环节都有时间限制，超时将被纳入考核；在咨询服务体系中，落实首问责任制；与工商部门实现信息共享，纳税人办理税务登记的时间缩短了2/3以上。大连昌隆石化公司的曹会计说：“申报抄税、发票领购都能在一个窗口办理，减少了中间环节，给企业节省的是时间，也是金钱!”

网络办税的便捷性更加显著。大连市国税局网站经过多次改版，目前已实现7项网上自助办税功能，10项网上查询功能和128项表证单书下载功能，80%以上的涉税事项足不出户便可办理。今年上半年，通过网上申报的纳税人比例达到90%以上，通过网上缴纳的税款达到全部入库税款的8成以上。该局网站最近3年连续推出场景式服务、网络预约服务和实时在线咨询服务功能，随时随地地满足纳税人的办税需求。

优惠送到手，发展有后劲

在日前大连市国税局召开的优惠政策宣讲会上，大连船舶重工集团公司副总会计师崔庆宝说：“我公司去年申请到了高新技术企业证书，税率从25%一下降到了15%，仅这一项就为我们减免了近2亿元税金。”

据了解，2年来，大连市国税局为100多户高新技术企业减免税款9亿多元，为70多户企业办理所得税加计扣除近5亿元，为20多户购置节能、环保设备的企业办理抵免所得税额近4 000万元。

丁永安表示，大连市经济持续向好，税收在其中发挥着经济杠杆的作用，让大企业的发展充满后劲，让中小企业享受到税收优惠的照顾。据统计，该局今年已累计办理出口退（免）税 75.22 亿元；为企业办理各项减免税 53.5 亿元，同比增长 45.1%。“满意度调查让我们进一步思考如何把调查结果转化为工作手段，实实在在地推进纳税服务工作的发展，为大连企业不断做大做强保驾护航。”他说。

（发表于 2010 年 11 月 3 日《中国税务报》）

大连国税用"电子晴雨表"衡量服务质量

监控系统会选择用蓝、黄、红等 5 种颜色对分析结果进行分级评价。如果显示为蓝色，表明相关纳税服务工作的各项指标都在合理数值范围内。颜色越偏近红色，表明相关纳税服务工作超标的数据越多。如果显示为红色，则表明相关纳税服务工作的多数指标已经异常。

"我现在每天上班后做的第一件事就是，打开电脑，查看一下自己的工作情况是不是被标注成了蓝色。"日前，在辽宁省大连市国税局一个基层局，税收管理员孙逊一边操作电脑一边告诉记者。据了解，大连市国税局前不久上线运行了纳税服务质量监控系统。由于这个系统可以晾晒各基层局、每个税收管理员的纳税服务情况，系统运行后，大连国税系统的纳税服务质量和效率均显著提高。

纳税服务考核需要标准化和电子化

据大连市国税局局长丁永安介绍，为优化纳税服务工作，大连市国税局 2011 年初提出，要实行全方位的标准化服务，建立全局统一的服务规范，实现服务流程环节控制和服务考核智能化、标准化。

"纳税服务工作的硬件标准化容易直观地看到，可是软件标准化方面怎样才算达标？怎样才能区分优劣？"丁永安说。据介绍，为解决这个问题，大连市国税局经过多次研讨统一认识：需要搭建一个科学、系统的数据平台。

经过 10 个月的技术攻坚，大连市国税局在充分利用已有数据的基础上，成功研发出了可以晒各基层局纳税服务工作情况的平台——纳税服务质量监控系统。经过技术完善和操作培训，纳税服务质量监控系统2011年11月在大连市国税局16个基层局全面投入试运行。

用两套系统监控19个纳税服务指标

大连市国税局纳税服务处处长倪福兰告诉记者，纳税服务质量监控系统设计了两类数据指标，即监控类指标和问题反映类指标，涉及纳税服务工作9大项目19个指标，比如，有服务满意情况、评估/稽查认可情况、任务完成准确情况、任务按期完成情况、设备使用情况、第三方调查情况等监控类指标，也有应用系统非正常运行、咨询热点问题、办税服务厅人员工作量等问题反映类指标。

倪福兰说，研发人员按照纳税服务工作的实际调研情况，在监控系统中设置了相关指标的平均值，监控系统可以定期从短信平台、服务质量评价系统、CTAIS、防伪税控系统、税收管理员系统、12366纳税服务热线、桌面监控系统等应用系统，多角度采集大连市国税局各基层局的实际纳税服务指标数据，并将这些数据与监控系统中预设的服务指标平均值数据进行比对分析。比对分析完成后，监控系统会选择用蓝、黄、红等5种颜色对分析结果进行分级评价。如果显示为蓝色，表明相关纳税服务工作的各项指标都在合理数值范围内。颜色越偏近红色，表明相关纳税服务工作超标的数据越多。如果显示为红色，则表明相关纳税服务工作的多数指标已经异常。

"通过这种'电子晴雨表'式的直观展示，全系统各税收管理员、科所长、基层局领导、市局领导，均可以根据自己的管理权限，快速查阅、比较相关岗位的纳税服务工作质量情况。"倪福兰说。

据介绍，为使纳税服务质量监控系统能更好地取得税收管理员到户辅导真实率、纳税人满意度等数据，大连市国税局还附加开发了税收管理员到户辅导系统。

大连市国税局同时要求，税收管理员每次下企业辅导结束后，都必须及时将辅导时间、内容和简要情况等录入到户辅导系统，作为12366坐席员回访纳税人的基础信息源。

12366坐席员可以从到户辅导系统中随机抽选信息，对相关纳税人进行电话回访，通过将回访得到的"到户辅导真实户次"除以"回访全部户次"，得出一名税收管理员的到户辅导真实率。

专设模块及时推送热点咨询问题

系统运行后，大连市国税局接到了新的应用需求。基层税收管理员孙逊反映："税收政策经常更新，涉及内容广泛，如何知道哪些是纳税人最想了解的？能不能定期将纳税人咨询的税收热点问题传递给我们？"

对此，倪福兰也有同感。她表示，12366 坐席员每天会接听 600 多个纳税咨询电话，很多咨询问题都相同或相似，尤其是在税收政策调整后的一段时期，这种情况非常突出。这说明，相关问题可能是纳税人普遍关注的，很多没有打进电话的纳税人也需要了解。为满足纳税人的这一需求，大连市国税局在纳税服务质量监控系统中特别设置了"咨询热点问题"模块，按月将纳税人关注度高的前 10 个热点问题进行显示。

由此，税收管理员登录纳税服务质量监控系统后，不仅能了解服务监控指标正常与否，还能及时了解热点税收问题，有针对性、标准化地向纳税人进行传递、辅导。

优化服务成每个税收管理员的目标

随着纳税服务质量监控系统上线，提高服务质量成为大连国税系统各基层局、各税收管理员的目标，全局的服务面貌焕然一新。

"打开系统，一幅全市纳税服务质量晴雨图就展现在眼前，这么直观的评价，谁还敢懈怠？如果被评价为赤红一片，接下来该红的就是我们的脸了。"大连市沙河口区国税局副局长孙德毅向记者感叹。据透露，沙河口区国税局已经采取多项措施，多角度提高全局税务干部的服务质量，努力使每名税收管理员的服务满意度都达到 100%，在"电子晴雨表"上以晴蓝色亮相。

甘井子区国税局副局长于成斌表示，这个系统通过将纳税服务质量情况数据化、视频化，为各基层局开展纳税服务工作提供了一把"标尺"和"电子监督眼"，有利于全局及时发现问题，改进纳税服务工作。

大连市国税局征管和科技发展处副处长方铭辉说："有这个监控系统晾晒纳税服务质量，原来的那种干与不干一个样，干好干坏一个样，已经行不通了。"据介绍，现在市局领导只要登录纳税服务质量监控系统，立即就能清晰地了解各办税服务厅的服务情况，不用再像过去那样，需要遮遮掩掩地便衣调查或突击检查。

据统计，纳税服务质量监控系统试运行以来，大连市国税局已通过该系统回访480户纳税人，核查80条评估/稽查案件，并针对系统运行中遇到的问题，在数据提取对应点、指标展示层级、用户登录链接、分级权限设置等方面提出了技术完善意见。

大连市国税局副局长王义平日前向记者表示，下一步，大连市国税局将针对校验指标数据的合理有效性进行跟踪完善，确保数据反映的纳税服务问题更加精准，以进一步提高纳税服务质量。

（发表于2012年1月18日《中国税务报》）

商会代表晒账本，税务机关讲实情

历时半天的会议，16 家商会代表都表达了各自有见地性的意见，从帮助企业解决困难、加强信用管理到减轻纳税人负担和保护纳税人合法权益等方面提出了 39 条意见。

日前，大连市国税局联手大连市民政局邀请温州商会、黑龙江商会、广东商会和铁岭商会等 16 家异地商会负责人举行座谈会，就简化办税程序、优化窗口服务和涉税疑难问题等方面内容，问需商会代表意见，现场办公咨询，帮助异地商会在第二故乡纳"明白税"。

"第一次以商会秘书长身份参加国税局的座谈会，我感到很高兴。从大家的反馈来看，也都切实感受到了国税局对众多商会企业的关心与关注。希望通过这样的座谈会为我们商会会员企业和国税机关搭建好沟通的桥梁。"广东商会秘书长王全声这样说。他不仅肯定了大连市国税局在优化纳税服务、强化税收辅导等方面对企业成长壮大所起到的积极作用，也表达了希望建立税企沟通长效机制的意愿。大连市国税局副局长王义平介绍，据不完全统计，目前在大连注册的异地商会共有 16 个，其涵盖的 1 061 家会员企业"十一五"期间共缴纳国税 9 亿元，为大连市的经济、税收发展增添了浓重的一笔。大连市国税局首次邀请这些商会代表为座上宾，在税法宣传、纳税辅导、办税服务和权益保护等方面问需于全新的纳税服务对象，借助这些商会的影响力，以期达到"问需一个、服务一片"的辐射作用。

铁岭商会会员以小微企业为主，会长贺平有备而来，开门见山地晒出了一份小微企业的税费账，希望引起对小微企业更多的关注。2011 年，一家企业的销售收入为 900 万元，进货成本为 700 万元，缴纳增值税、城建税、教育附加费、

“五险一金”等合计 92.42 万元，最后扣除工人的工资、生产用的水电费等各项支出，该企业 2011 年的纯利润竟然只有 1 万元。而这，还需要按照国家针对微利企业的优惠税率缴纳 1 000 元所得税。听了贺平晒的税费账，王义平说道：“受经济环境的制约，小微企业生存举步维艰，国家也已经将扶持小微企业发展提到一个相当重要的位置上来了。从税收方面来说，去年末已经先后出台了多项小微企业优惠政策，小型微利企业年减半征收的应纳税所得额标准从 3 万元扩大到 6 万元，这意味着减半优惠政策将惠及更广泛的群体，助力它们走出困境、健康发展。”据介绍，从 2008 年新所得税法执行至今，大连市国税局所辖企业中享受过小型微利企业所得税优惠的企业有 24 287 户次，共计减免企业所得税 6 022 万元。其中 2010 年以来符合小型微利企业减半征收优惠条件的国税户为 7 340 户，减轻税收负担 857 万元。

除了税负的压力外，税收的“时限”问题也是商会代表关注的焦点所在。浙江商会会长邹云光兼任三家大型贸易公司的董事长，他提出了“货款未至税收先行”的问题，“企业间互相拖欠货款的现象其实非常普遍，像我们商会里，情况好一点的企业每年大概有 1/4 应收货款到不了账，情况差的可能会达到 1/3 甚至更多，但在纳税时，还是需要以全部应收账款为基数来纳税，这就等于企业自己先掏钱把税款垫上。在流动资金本就非常紧张的情况下，对企业而言负担着实不轻啊。”针对这个问题，大连市国税局征管和科技发展处副处长戚莉莉解答道：“目前根据税法的有关规定，增值税纳税时限为合同结算日或货物所有权发生转移日。在税收调研过程中也确实发现了企业提出的这种状况，我们将积极向上级主管部门反映。”

河南商会在大连的企业中以建筑建材公司居多，他们特地委托商会代表表达了他们的需求。河南商会会长刘国群说：“近年来，大连市国税局加大了打击虚假发票的专项检查力度，建筑行业恰恰是虚假发票的重灾区，如何鉴别发票真伪，成为我们普遍感到头疼的问题。”大连市国税局票证中心主任刘志诚解答道：“针对大家关心的鉴别真伪的问题，大连市国税局在官方网站上开辟了专门的渠道，纳税人在取得发票后可免费登录该网站，进入办税服务中的办税查询模块，点击发票流向查询，按照提示依次输入发票代码、发票号码等信息核实，如果纳税人仍对发票的真实性有疑问，也可直接与我们票证中心联系，得到免费鉴定服务。2011 年，票证中心共为纳税人鉴定发票 5 300 组，比 2010 年增加了 30%。其中有问题发票 4 958 组，比例高达 93.5%。”

历时半天的会议，16 家商会代表都表达了各自有见地的意见，从帮助企业解决困难、加强信用管理到减轻纳税人负担和保护纳税人合法权益等方面提出了39条意见。大连市国税局纪检组组长梁振业表示，对于商会代表提出的这些宝贵意见，大连市国税局已经一一记录在册，将依权限分级、分类交由有关单位和相关部门及时处理与反馈。让这次座谈会成为大连市国税局更好地帮助企业发展的新契机，重视企业家在“第二故乡”的经营信心，避免让减税优惠落实成为一纸空谈。随后，大连市国税局再次向社会公开承诺9项纳税服务承诺和37项限时服务承诺。

作为商会的主管部门，大连市民政局的巡视员惠安成特意现身此次座谈会。他高度赞扬了大连市国税局在纳税服务等方面的典范作用，他说：“作为大连纳税人的一分子，这些年我也切实感受到了大连市国税局纳税服务的变化，是真正地尊重纳税人，让我们愈发地有亲切感、信任感。”

（发表于2012年5月7日《中国税务报》）

大连市国税局启用
纳税服务质量监控系统

该系统显示的各种情况直接反映了纳税人的心声，为改进税收征管工作提供了可靠依据，推动了该局纳税服务与税收征管两个工作核心相互促进，“比翼齐飞”。

近日，大连市国税局开发运行纳税服务质量监控管理系统，实现了对纳税服务质量的全过程、不间断监控管理。

该系统于今年 1 月在大连国税全系统试运行，今年 4 月开始正式运行。截至 6 月 12 日，该系统登记纳税辅导和实地核查共 13 033 户次，辅导、核查、案件等回访共 859 户次，指标统计结果 5 期。该局有关负责人表示，该系统显示的各种情况直接反映了纳税人的心声，为改进税收征管工作提供了可靠依据，推动了该局纳税服务与税收征管两个工作核心相互促进，“比翼齐飞”。

兼顾纳税服务与税收征管工作需要

据介绍，纳税服务质量监控管理系统是覆盖办税服务厅质量评价、工作量统计，以及税收管理员、税务稽查人员日常辅导、评估、稽查等全员全过程的监控管理系统。该系统按照各项工作项目设置不同指标，确定各类服务标准和量化口径，通过指标和数据来展示纳税服务质量，共有监控类和问题反映类两大类 9 个项目 19 个指标。

该系统能够以即时考核、月度考核与年终考核相结合的方式，自动用图表和数据显示各单位的考核结果，并按月度将其通过行政区划地图的不同颜色在该局内网进行展示，让被考核单位一目了然。

该系统镶嵌在税收监控分析层级管理系统中，可以直接从征管系统中调取所需数据，从而实现与征管工作的紧密结合。“该系统的建立既能满足提高纳税服务质量的需要，又能满足加强税收征管工作的需要。”该局有关负责人说。

回访纳税辅导满意率达到100%

作为纳税服务的重要组成部分，近年来，大连市国税局采取多种形式进行税法宣传。仅在去年，大连国税系统就举办各类税收宣讲会 626 场。每次宣讲会后，税务人员都会给纳税人发一份问卷，但调查结果显示，这种集中开展的税法讲堂无论从受众数量上还是辅导面上，都不能完全满足纳税人的个性需求，纳税人对即时性、面对面、针对性的纳税辅导呼声很高。“长期以来，对税收管理员是否真正下户，下户后是否进行了辅导，辅导结果纳税人是否满意，这些问题都缺乏有效的管理监督。因此我们在纳税服务质量监控管理系统的监控类指标中，分别设立了纳税辅导真实率和纳税辅导满意率指标，通过系统记录和跟踪回访，全面掌控税收管理员的下户辅导时间、辅导内容、辅导形式和辅导效果。”该局纳税服务处处长倪福兰说。

倪福兰告诉记者，该系统的上线运行，促进了税收管理员及时下户、准确辅导，调动了税收管理员尽快提升自身素质，提高纳税辅导满意率的积极性，还对税务人员起到了廉政监督作用。数据显示，该系统从试运行到现在共 6 个多月的时间，大连国税系统共进行纳税辅导 5 527 户次，市局和基层局两级共进行回访 513 户次，已经回访的记录显示纳税辅导满意率达到 100%。

该系统所发挥的作用很快就被纳税人感受到了。“现在的辅导针对性强，解答了企业的疑难问题，避免了企业办税时因业务不熟悉而反复跑腿，为我们的工作提供了方便。”大连士萌服装公司会计张女士在接受回访时说。

全流程监控整体提高办税效率

近年来，大连市国税局推出了限时服务承诺，大多数办税项目在办税服务厅当场办结已成为现实。但对流转环节即税源管理与职能部门之间的办税时限，一直还缺乏有效的、实时的监督。纳税服务质量监控分析系统的上线运行弥补了这一短板，实现了对流转文书按照每个岗位的应办结时限进行监控。

据倪福兰介绍，该系统能够与税收征管信息系统实现无缝链接，将监控对象从单位扩展到部门，再进一步延伸到具体办税人员，将包括税收管理员在内的全部人员纳入实时监控，真正做到流程监控、责任到人。该系统能够即时展现未按时完成工作的问题到底出现在哪一个环节、哪一名人员，如果流转过程中，某一个税务人员办税超期了，该系统会马上发出提醒，督促税务人员自觉按照承诺及时办结涉税事项。

记者了解到，个体工商户定额（调整）审批事项需要调查核实岗位的工作人员进行实地调查，采集数据核实定额，遇到个体工商户集中申请办理的时候，可能出现个别调查不及时，甚至出现超出承诺期限的问题。纳税服务质量监控管理系统上线运行后，某基层税务所就出现了这种情况，该系统立即给出了超时红灯提示，引起了该税务所的重视，及时进行了人员调配，增加调查岗位工作人员，保证了审批事项在承诺总时限内完成，促进了办税效率的整体提高。

维护权益纳税人投诉率明显降低

“目前，纳税人对自身权益最为关注的问题主要体现在其依法享有的知情权是否得到保证、办税过程是否透明，以及税务处罚是否公正。”倪福兰说。为了准确掌握纳税人对税务机关执法服务的评价情况，该局在纳税服务质量监控管理系统监控类指标中设置了“评估/稽查认可情况分析”项目，通过系统及时反映纳税人对评估和稽查认可度、查后辅导面、礼仪规范度等情况，目前已经回访评估和稽查案件 139 件。该局还通过电话回访了解涉税问题所在，提醒相关单位及时采取措施，认真兑现税企“零障碍”沟通的承诺，充分维护纳税人合法权益。

该局对每一件涉税投诉都进行认真核实、规范处理和及时反馈，使纳税人能够通过合法途径来用权维权。按照指定的权限，各单位被投诉的情况可以通过纳税服务质量监控管理系统查询，改变了过去投诉问题只反映给本单位处理的情况，使该系统的警示作用得到充分发挥。该系统运行以来，同类问题的服务投诉率明显降低，比如关于办税服务厅窗口人员服务态度问题的投诉，今年以来该局只收到过 1 件，比去年同期下降 70%。

在依托系统做好执法服务的同时，该局注重加强纳税咨询服务工作。在过去的工作实践中，该局税务人员发现纳税人在通过 12366 纳税服务热线进行咨询时，往往存在很多共性问题。因此，该局在纳税服务质量监控管理系统中设置了问题反映类指标，对于 12366 纳税服务热线咨询量排序前 10 名的问题进行网上展示，为基层局提供宣传辅导导向。

（发表于 2012 年 6 月 20 日《中国税务报》）

大连市国税局办税厅
全部安装智能“电子眼”

公共管理服务系统的音频视频监控子系统可将大连市的 72 个办税服务厅纳入监控视野，并对窗口工作人员受理业务时的对话进行录音。这些系统贮存的历史音频视频信息，不但可用于服务效能分析，同时在帮助纳税人寻找遗失物品，解决办税服务厅突发事件等方面也可发挥重要作用。

记者近日从大连市国税局了解到，该局近日在辖区内的 72 个办税服务厅中统一应用了公共管理服务系统。目前，这个集视频、音频采集和监督管理等功能于一体的智能“电子眼”，已成为大连市国税局提高办税服务水平，保障纳税人权益，减少税务人员服务风险的利器。

“电子眼”实时采集服务数据

据了解，大连市国税局办税服务厅应用的公共管理服务系统由音视频监控子系统、系统监控终端和公共管理服务软件系统三部分组成。具有导税服务、窗口管理、实时监控、数据管理等多种功能。系统通过对服务信息数据进行采集、汇总、分析，可为优化纳税服务和加强管理提供依据，并为人员绩效考核、服务挖潜和管理决策提供数据支持。

在大连市国税局公共管理服务系统监控中心，记者看到，监控人员面前的 10 个 LED 显示屏中清晰地显现着各基层局办税服务厅的实时服务情况。两名监控人员正根据系统提示的指标，逐项核实比对信息数据，并不时拉近摄像头仔细查看办税厅的办税情况。

大连市国税局纳税服务处处长倪福兰介绍说，该局斥资 350 万元在大连市的

72个办税服务厅中安装了可360度旋转的高清摄像头。结合公共管理系统的功能，有关部门不仅可对办税服务厅内的服务情况开展实时监督，事后进行情景回放，而且系统还具备服务数据分析、统计能力。通过对等候人数、等候超时、满意度、平均等候时间和平均办理时间等10余个服务指标进行即时分析，发出预警提示，大连市国税局可对办税服务厅资源进行合理调配，以减少纳税人的办税成本。

国家税务总局纳税服务司副司长郝军辉在了解公共管理服务系统的相关功能后表示："大连市国税局的这个'智能电子眼'与普通的监控设备不同，它更侧重于'管理'。系统不仅能够实时记录和存贮服务影像，还能通过设置数据指标，'智能'统计分析人员流量、办税速度、等候时间等，为有关部门提供管理建议，通过合理调配服务资源，提高办税效率。"

据了解，大连市国税局每年都会进行纳税服务之星评选，过去候选人主要由各税务分局推荐。应用公共管理服务系统后，候选人的产生与办税效率、工作量、服务满意度等量化指标实现了挂钩，纳税服务之星的评选活动因此变得更加客观、公正。

为纳税人解燃眉之急

公共管理服务系统的音频视频监控子系统可将大连市72个办税服务厅纳入监控视野，并对窗口工作人员受理业务时的对话进行录音。这些系统贮存的历史音频视频信息，不但可用于服务效能分析，同时在帮助纳税人寻找遗失物品，解决办税服务厅突发事件等方面也可发挥重要作用。

大连市西岗区国税局站北税务所副所长谢颖介绍说，不久前，一位纳税人在离开纳税服务厅后又急匆匆地返了回来，在办税人员等候区的椅子上急切地寻找着什么。导税人员发现后，忙上前询问。"我刚才缴税时拿的一个黑色小手包不见了，我记得放在椅子上，包里面有一张大额存单很重要！"这位纳税人说。

"不用担心，我们有监控录像，一定可以帮到您！"办税服务厅的工作人员当即调取了视频录像。画面显示，这位纳税人在进门时手里并没有拿手包，身上也没有背其他包，只是手上拿着申报单和税银卡。

"哎呀！我想起来了，手包可能是落在公司了。今天一上班事儿就多，接待客户、办税忙得团团转，我都忙昏头了。谢谢你们，如果没有录像，我还以为包在税务局丢了呢。”这位纳税人不好意思地说。

由于监控系统能够覆盖办税服务厅的各个功能区域，实现零死角监控，其还在一起“真假发票”纠纷中发挥了重要作用。

不久前，一位纳税人拿着发票来到西岗区国税局办税服务厅。“我几天前在这个窗口买的发票，会计开票交给了一家大型商场，可是对方在上网比对后说是假票！现在购货方执意要退票，发票开不了货款就回不来！这可急死我了！”这位纳税人说。

发票窗口税务人员一边安慰纳税人，一边查阅了《发票领用及变更信息情况表》《发票交验手册》和纳税人手中的《普通发票领用簿》，经过核实认为发票窗口发售环节并不存在问题。

在询问了纳税人的领票时间后，税务人员决定调用监控录像。清晰的录像画面揭示了谜底：原来，问题出现在办税服务厅的“取表填单区”。这位纳税人领票后在“取表填单区”盖发票右下角条形章时，忙乱中不慎错拿了另一位纳税人的发票。税务人员当即与那位拿错发票的纳税人进行了联系，顺利解决了问题。

降低纳税服务风险

据介绍，以往大连市国税局 12366 纳税服务热线在受理纳税人投诉时，因为不能“场景重现”，所以对办税服务厅税务人员的服务无法做到准确评价。有了公共管理服务系统这个“智能电子眼”后，这一问题得到了有效解决。

近日，大连市国税局纳税服务处接到纳税人投诉，反映高新园区国税局一名窗口人员服务态度恶劣，在办税过程中故意刁难纳税人。为此，纳税服务处人员通过监控终端调阅了录像信息，发现事实真相与投诉情况不符。原来，这位纳税人前来领取发票时，窗口工作人员发现企业存在违法开具发票行为，于是告知纳税人需要接受相关处理后才能领取发票。这位纳税人因为没有拿到发票，当时情绪非常激动，但窗口工作人员自始至终都未与纳税人发生争吵。

倪福兰说：“系统刚开始应用时，不少办税服务厅窗口人员有抵触情绪，认为这个系统是用来给工作‘挑刺’的。在事实面前，税务人员逐渐认识到，它对征纳双方都有好处。过去有关部门受理投诉，因为没有证据，争议事件的处理结果常以税务人员向纳税人赔礼致歉告终。有了监控系统后，不仅纳税人权益可以得到保障，同时税务人员也降低了服务风险。”

大连市国税局局长赵恒表示，今年大连市国税局提出了“智慧国税”的工作理念。依托信息技术提高税收征管能力和纳税服务水平是这一理念的核心。公共管理服务系统的全面应用，将办税服务厅的管理、服务评价和考核等工作纳入了科学规范的轨道中，将进一步提升大连市国税局的纳税服务水平。

（发表于2013年5月22日《中国税务报》）

12366：大连市国税局的一张名片

“有问题，请拨打12366”，这句话最初是大连市国税局刚刚开通12366时的宣传语。如今，12366已经成为纳税人、基层税收管理员甚至税务中介机构人员遇到税收政策问题时，首选的咨询渠道。

2004年，大连市国税局12366开通时，共有6名坐席员，现在有16名，最多时有21名。

一提起大连，足球、服装是她的名片。但是，如果要问大连市国税局的名片是什么？答案是：12366纳税服务热线。

咨询品牌：找熟人，不如找12366

“记得刚开通12366的时候，有时候一整天都没有人打进电话来，没想到如今却成了人人皆知的纳税服务热线。”大连市国税局纳税服务处处长倪福兰说。

2004年，大连市国税局开通12366纳税服务热线，最初的功能很单一，就是接听纳税人的举报电话。渐渐地，12366开始解答纳税人的提问，解读新税收政策。倪福兰说，2004年前后，纳税人咨询税收政策都是问税收管理员。12366开通后，有些问题税收管理员答不上来时，就会让纳税人问问12366。慢慢地，纳税人发现，税收管理员解答不了的问题，12366几乎都能解答。即使一时解决不了，12366也会在短短几天内给予确定的答复。就这样，12366逐渐被纳税人所熟知，甚至连外商都通过12366了解税收政策。

6年前，世界第四大造船公司STX集团准备在大连市投资建厂。大连STX造船有限公司对外事务部部长郑龙柱回忆6年前第一次拨打12366的情形时说，当时我负责与税务等政府部门联络，可我不是财务专业出身，从税务登记到税收政策都需要了解，当时也想找找熟人，后来，在大连市国税局网站上知道有个12366纳税服务热线，就试着打了一次，咨询外资企业的优惠政策。没想到12366的回答让我这个外行人听得明明白白。从那儿以后，一遇到涉税问题，我就咨询12366，现在问题少了，但遇到难题时，我还是会咨询12366的。

“有问题，请拨打12366”，这句话最初是大连市国税局刚刚开通12366时的宣传语。如今12366已经成为纳税人、基层税收管理员甚至税务中介机构人员遇到税收政策问题时，首选的咨询渠道。记者了解到，大连市国税局12366纳税热线从开通至今，共受理电话120多万个，网站受理问题2万余条，办结率达100%。

打磨名片：由内而外锻造，不停息

与多数省市的12366差不多，大连市国税局12366的坐席员流动性也很大，但是，12366的服务质量却一直维持较高的水准。这与他们8年始终如一的每天1小时轮训制度分不开。

记者采访时，正赶上每天1小时的轮训时间。下午4时，坐席员陆续来到会议桌前，这一天，是市局征管处李忠刚为坐席员作专题培训。倪福兰介绍说，从12366开通起，他们就坚持每天1小时轮训制度，由市局国际税务管理处、货物和劳务税处、所得税处、票证管理处、进出口税收管理处五大业务处室派业务尖子，每周轮流1天为坐席员做专题培训，有时还会对受理咨询中遇到的疑难问题进行即时培训。一年365天，有效工作日247天，每天1小时，坚持了8年。

除了每天1小时轮训外，倪福兰说，每个月他们还有一次质量分析会，调取每个坐席员接听热线电话的录音，先作自我总结和剖析，然后大家共同评析，让每个人都清楚地知道自己的不足到底在哪里，以便改正。

坐席员腾丽对此深有感触。有一段时间她很纠结，她在每次接听电话的时候，都礼貌地回答，但却多次被投诉。后来，大家在评析的时候发现，她的业务水平其实很高，只是说话时像倒豆子，由于语速过快，一方面让纳税人听不清楚，另一方面也给人“不耐烦”的错觉。在大家的提醒和帮助下，她锻炼放慢语速，最终达到了标准语速，再也没有人投诉她了。

在培训的基础上，大连市国税局12366还通过制度保障，不断提升服务质量。比如，在考核制度中实行计分制，每月总分为100分，每项指标每月最低为

0 分，不倒扣分。年终按每月考核得分汇总，排出名次。同时，借助 12366 服务平台系统中的质量监控和纳税人测评功能，成立质监小组，设立两个人的管理岗、两个人的监控岗，对坐席员的解答情况实时监控和事后考核，确保解答质量。根据纳税人测评情况，对不满意或基本满意记录分析，等等。

在大连市国税局纳税服务处的会议室里，记者看到了 8 年来大连市国税局 12366 获得的各种荣誉牌匾，有奖给 12366 集体的，也有奖给坐席员个人的。“这多少说明了大连市国税局 12366 开通 8 年来的成绩。”记者这样想。

增加质感：服务不断扩容，无止境

“现在，12366 已经成为大连市国税局整个纳税服务体系的核心。”采访中，大连市国税局纳税服务处处长倪福兰的这句话，让记者印象深刻。

如今，12366 开始解答纳税人的提问、第一时间解读新政策、向新办企业开展纳税辅导、开展专项调查、征集纳税人意见、调查税收管理员下户情况，甚至发现企业避税线索……服务内容越来越丰富，服务形式越来越多样，服务从线上变为线下，而且逐渐变被动为主动。

今年 5 月，企业所得税汇算清缴期间，纳税人咨询量骤然增多，大连市国税局纳税服务处根据 12366 总结整理出纳税人“深度关切”的问题，约请相关业务部门的专家举办政策培训会，为 300 多位纳税人重点解读企业所得税汇算清缴、所得税申报表填写、网络申报过程等方面政策。会后，一位年轻会计感叹道：“既有理论指导，又能面对面地解决操作中的具体问题，这个培训听得过瘾、学得有效。”像这种变“你先问”为“我先答”的培训，目前已经在大连市国税局 10 个征收局举办了 10 场，直接受众近 4 000 人。

其实，大连市国税局 12366 不仅在国税机关挖掘潜力拓展服务范围，还积极与相关部门沟通，扩大 12366 的热线渠道。倪福兰告诉记者，大连市国税局 12366 有三个很“硬”的后台，他们为 12366 提供着强大的业务支持。这三个后台是来自大连市国税局各个业务科室的业务专家、大连市税务师事务所的税务专家和大连市科技局的科技专家。

记者了解到，作为大连市国税局 12366 的重要“后台”之一，大连市注册税务师管理中心精心遴选了 11 名注册税务师志愿服务大连市国税局 12366。每当有纳税人咨询一些财务方面的问题，12366 坐席员又解答不了的时候，坐席员就利用“涉税财务会计问题”专线，将电话转接到注册税务师那里，由注册税务师解答，使纳税人的税收与财务“一步到位”地得到答复，至今志愿者已解答财务会计问题 426 个。

由于高新技术企业财务人员是拨打 12366 的重要群体之一，而且他们的问题多会集中在如何申请高新技术企业的一些重要细节问题上。为向此类企业提供更为专业和周到的服务，大连市国税局和市科技局密切合作。现在，每当有纳税人咨询有关高新技术企业认定的有关问题时，就会由科技专家负责解答。

“有专家和我们一路同行，我们的信心更足了。”坐席员王宇说。王宇的信心还来自于专家们的认同，上海德勤会计师事务所的一名会计师在多次咨询后由衷地说：“有什么问题，就打大连市国税局的 12366，信得过，很踏实。”香港毕马威会计师事务所的一位客户，在一个星期内打了 10 个电话，通话时间最长的一次达 2 个小时，征服他的，不仅仅是 12366 坐席员的业务知识，还有坐席员优秀的职业素养。

（发表于 2012 年 7 月 23 日《中国税务报》）

品牌怎么样，专家来点评

这种“从纳税人中来、到纳税人中去”的做法，受到国家税务总局纳税服务司有关人士的赞扬：“我在工作中曾草拟了很多的规划、原则，但大连市国税局开展的服务品牌创建活动真正把理想化的文字转化成了实实在在的工作。”

“没想到，经验交流会还可以这样开！”

辽宁省大连市国税局今年召开的纳税服务工作会议上，一场别开生面的纳税服务品牌介绍现场会吸引了众人的目光。高新园区国税局等 7 家单位制作了精美的幻灯片演示文件，介绍了各自的品牌，特邀嘉宾现场点评。一名基层工作人员说：“把经验交流会开成了专家点评会，让介绍单位和听众都知道一个品牌项目好在哪儿，还要向哪个方向努力。”

据介绍，去年 10 月，大连市国税局开展了“一局一品牌”的创建活动，至今 16 个基层税务局已经打造出了各具特色的纳税服务品牌。这次现场会就是对部分纳税服务品牌的交流和“检阅”。

现场会上，沙河口区国税局副局长孙德毅嗓音洪亮，他们局创建了订单式面对面服务品牌，百名税官进千户企业，问需、问策纳税人。这种“从纳税人中来、到纳税人中去”的做法，受到国家税务总局纳税服务司有关人士的赞扬：“我在工作中曾草拟了很多的规划、原则，但大连市国税局开展的服务品牌创建活动真正把理想化的文字转化成了实实在在的工作。”精彩的点评赢得了一片掌声。

专家在肯定的同时提出了许多中肯的意见。高新园区国税局副局长孔庆伟介绍了“办税一点通”品牌项目：借助“税收百度”和“实用工具包”两个软件，让纳税人对办税过程了然于胸。专家点评道：“这个品牌项目值得推广和完善，今后办税服务厅的发展方向是拓展网上办税厅的服务功能，'办税一点通'也要向这个方向靠拢。"在点评庄河市国税局的"义务税法宣传员"品牌时，专家在肯定做法的同时，就做大做强品牌给出了"药方"：完善管理办法和惩治措施，开展常规性的培训，丰富品牌的内涵和扩大义务宣传员的人员构成。听着专家的点评，在座的基层税务人员频频点头，若有所悟。

（发表于2013年3月11日《中国税务报》）

订单式服务贴近纳税人

订单式服务以纳税人需求为导向，税务机关根据纳税人的实际需求，按照规定的流程和期限，向纳税人提供有针对性的服务，强调纳税服务的个性化、专业化和规范化。

“这是一家物流公司提交的需求表，企业有税收返还款项，想知道如何进行税务处理和会计处理。”在辽宁省大连市沙河口区国税局，税收管理员小燕拿着一份“纳税服务需求表”向记者介绍。

小燕查找了相关文件，将政策依据以及税收返还如何进行税务调整、会计调整等内容填写到“处理结果”栏目中，并将相关文件复印好，附在这份订单的后面，然后带着处理结果和相关资料走访企业，开展一对一的政策宣讲和纳税辅导。

这是大连市沙河口区国税局日前推行的“订单式”面对面服务新模式。记者了解到，订单式服务以纳税人需求为导向，税务机关根据纳税人的实际需求，按照规定的流程和期限，向纳税人提供有针对性的服务，强调纳税服务的个性化、专业化和规范化。“这是我们贴近纳税人，建立税务机关与纳税人之间合作关系的一项重要举措。”该局局长韩勇说。

大连某汽车销售服务公司配置了远程认证及远程抄税系统后，因为技术问题仍每月到税务局手工认证发票、办理抄报税。沙河口区国税局副局长孙德毅在走访中了解到这一情况后，立即联系相关人员进行现场调试和指导，详细介绍远程认证及远程抄税系统的使用方法，解决了企业的困扰。大连某投资经营集团财务部寇部长向税务机关咨询下属转制企业遗留的职工安置费用相关税收政策的执行问题，税政科人员经过实地调研，分析政策，拿出初步意见并报上级机关审议，最终为企业解决了这一税收难题，使企业享受到70余万元的税收优惠。

沙河口区国税局还开通了纳税服务QQ群和纳税服务邮箱，实现了税企之间的实时沟通，有效缩短了纳税人需求表的产生和传递时间。

沙河口区国税局税政科李科长向记者介绍，目前正值2012年度企业所得税汇算清缴期，有很多需求表中的问题是同行业或同类型企业都会遇到的，对此，他们专门进行归纳和整理，通过税法公告会、税法讲堂等形式，对纳税人进行分类辅导。截至目前，该局已举办房地产企业、建安行业、重点税源企业3场税法讲堂，以及跨地区汇总纳税企业、出口退税企业和核定征收企业等专题税法公告会，累计辅导纳税人4 600余户次。

对于纳税人的需求，沙河口区国税局区分不同情况加以解决。能够当即解决的问题，税务人员要按照需求表内容，全面、深入地了解纳税人的实际需求与疑难问题，逐户走访和辅导。无法立即答复或是新出现的问题，税务人员要在需求表中做好登记，交由相关部门集中处理。对于根据纳税人意见、需求及服务过程中发现的共性问题，通过税法讲堂、税法公告会、QQ群等统一进行宣传辅导。

为了使服务更加规范化、标准化，沙河口区国税局明确了各级问题解决机制的具体时限和流程。税政科工作人员小刘告诉记者，她手中的一份订单是从管理科转过来的，大连某贸易公司有一笔基金收益不知道如何进行税务处理。她仔细查阅了文件，发现这家公司可以享受证券投资基金暂不征收企业所得税的税收优惠。由于未办理过类似审批事项，她请示了大连市国税局，了解办理审批所需的资料和相关流程，帮助企业办理了相关手续。“我们拿到从管理科转过来的需求表后，必须在5个工作日内给纳税人答复。遇到处理不了的事情，要做好协调工作，包括与大连市国税局相关处室或其他政府部门沟通。时限和流程的规定对我们是一种督促。”小刘告诉记者。

采访结束时，孙德毅告诉记者，订单式服务对税务人员的业务水平和工作能力提出了更高的要求，有助于税务人员防范执法风险，为税务机关加强廉政建设和执法监督创造了条件。

（发表于2013年5月8日《中国税务报》）

大连书记市长点赞出口退税提速

大连市市长肖盛峰在批示中说：国税局通过科技驱动、优化服务、分类管理等创新举措，大大提高了出口退税效率。在退税无纸化、规范化和诚信分级管理方面优化了流程，方便了企业，对冲了出口企业的资金压力，有力地促进了全市经济的平稳增长。希望再接再厉，为我市打造一流的营商环境再作新贡献！

日前，大连市委书记唐军和市长肖盛峰分别做出批示，高度肯定大连市国税局多管齐下推动出口退税不断提速、对冲出口企业资金压力和促进全市经济健康发展的多项举措。据了解，大连的一类出口企业已实现在 2 个工作日内完成退税申报、审核和到账等工作。

据介绍，大连市国税局针对出口企业推出三大类十余项创新举措，使外贸企业的受益面达到 100%。该局利用科技手段提高退税速度，实现出口企业退税自动申报，缩短企业申报工作量三分之二以上，全年累计减少数据信息操作 618 万条次；研发中小型企业专用申报系统，覆盖 9 成以上的中小型企业。在优化服务方面，该局增设待审核退税提醒业务，同时自动开展出口收汇信息比对，研发出口退税联网系统，使退库时间从 7 天缩减至 24 小时以内。在分类管理提速退税方面，对纳税信用记录良好的出口企业开通退税绿色通道，取消纸质资料留存，对存在不良纳税信用记录的出口企业强化退税风险应对。

自今年 2 月以来，大连市国税局在提速退税方面持续发力，陆续推出的新举措让出口退税再现质的飞跃。该局运用数字证书技术，彻底取消出口退税纸质申报表和纸质原始凭证，此举减少了 150 余万份退税资料，为 5 000 余户企业减轻了负担。落实出口退税管理工作规范，实施简化人工审核程序、将审批权限下放到县（区）国税局和税库银联网等一系列加速税款审批退付的举措。

近期，大连市国税局还按规定扩大了一类企业范围，并借助新版出口退税审核系统及申报系统上线之机，实现了出口企业“2 个工作日退税”的历史性变革。该局进出口税收管理处处长尹宏表示，将 218 户一类企业列入重点服务对象，实现了出口退税即时申报，退税额度直接进入退税审批环节，从而为 2 个工作日退税扫清了障碍。据介绍，这 218 户一类企业的出口退税额在全市占比 60%以上，是带动大连市外向型经济发展的中坚力量。

对于大连市国税局出台的一系列提速出口退税的举措，中共大连市委书记唐军批示指出：市国税局这些措施很好，有利于促进出口，有利于推动贸易便利化。盼抓好落实，同时不断探索新的举措。大连市市长肖盛峰在批示中说：国税局通过科技驱动、优化服务、分类管理等创新举措，大大提高了出口退税效率。在退税无纸化、规范化和诚信分级管理方面优化了流程，方便了企业，对冲了出口企业的资金压力，有力地促进了全市经济的平稳增长。希望再接再厉，为我市打造一流的营商环境再作新贡献！大连市常务副市长曹爱华在批示中要求将国税局的多项举措通过媒体积极宣传报道。

（发表于 2015 年 4 月 8 日《中国税务报》）

税务春风助企业扬帆远行

“企业万舰齐发，扬帆远航，政府服务也积极跟上。”大连市国税局提出，对“走出去”企业，税务机关要扶上马送一程。在该局，由国际处、所得税处专门负责，帮助企业合理确定财务战略，规避税务风险，实现在更广空间进行产业结构调整和资源优化配置，赢得国际分工有利地位的目标，成长为真正的“跨国公司”。

据中国商务部和外汇管理局统计，2014 年，我国共实现全行业对外投资 1 160 亿美元，实际对外投资高于利用外资约 200 亿美元。2014 年成为中国资本净输出“元年”，“走出去”正成为中国企业的新常态。企业的亮眼表现对应的是国家政策的重视。从 2014 年 11 月 19 日到 2015 年 1 月 28 日，国务院常务会议在 3 个月内 4 次讨论“走出去”的问题。国务院总理李克强也曾在多个场合提及关注中国企业“走出去”。

在企业“走出去”规模和速度创历史新高的同时，跨国经营所遭遇的问题与风险也更多显现。中国对外承包工程商会综合部主任张湘表示，“走出去”企业仍将面临许多挑战：市场竞争环境更加严峻，境外安全问题仍然突出，金融、财税等方面的支持力度有待加强等等。在税收方面，大连市国税局开展的“扶上马送一程”服务收到了不错的效果，也为税务机关服务“走出去”企业提供了一个可以借鉴的样本。

大连历来是企业“走出去”的沃土。截至 2014 年底，大连市企业设立海外分支机构 503 家，范围涵盖美国、欧洲等 59 个国家和地区，中方投资总额近百亿美元，是东北地区企业“走出去”势头最猛的城市。

“企业万舰齐发，扬帆远航，政府服务也积极跟上。”大连市国税局提出，对

“走出去”企业，税务机关要扶上马送一程。在该局，由国际处、所得税处专门负责，帮助企业合理确定财务战略，规避税务风险，实现在更广空间进行产业结构调整和资源优化配置，赢得国际分工有利地位的目标，成长为真正的“跨国公司”。

事前咨询：“走出去”时有底气

远东工具公司是大连“走出去”较早的民营企业之一。多年的海外历练，使其成为高速工具钢麻花钻头行业的翘楚。“在我们成长的路上，税务局的靠前服务功不可没。”企业副总裁、财务总监张刚说。他提到的靠前服务，就是大连市国税局针对“走出去”企业开展的一系列事前咨询服务举措。咨询服务的内容包括出口退税等国内税收政策、税收协定、投资国税法税制、转让定价、预提税和税收抵免等。企业可通过 12366 热线、门户网站、手册指南等渠道了解应知涉税信息，也可以与国税局的国际税务专家面对面交流。几年来，大连市国税局接受“走出去”企业涉税咨询近千次，发放手册指南千余本，为企业提供专家辅导近百人次。

与远东工具类似，同处于快速成长期的博融控股，也尝到了大连国税局事前服务带来的甜头。这家专注于新材料、新能源的年轻企业，在美国和澳大利亚均设有子公司，投资总额达数千万美元。对海外子公司涉税、国内外税收衔接等问题，在依托投资国本土团队的同时，很多议题都要靠国内母公司主管税务机关提供支持。“博融（澳大利亚）公司已开始分回利润，澳大利亚企业所得税税率高于国内，按照中国税法规定，我们不需要补缴所得税。对这种处理规定我们在投资前就从园区国税局了解清楚了，对税收的事我们很放心。”该公司投融资部经理李宇说。

“目前大连成长型企业‘走出去’的数量约有 460 家，占全部数量的 90%以上。我们一直关注它们的经营和发展，帮助它们提高对国内税法、投资国税制、税收协定和规避税务风险方面的认知。”大连市国税局国际税务管理处处长王永辉介绍说。

时时跟踪：沉稳布局扎下根

相较于民营企业，一些老国企在布局海外战略时更注重稳健。对这样的客户群，大连市国税局推出了与决策层战略互动，与执行层时时接触跟踪的差异化服务策略。战略互动时，税企双方决策层彼此见面，总结过去并对新的重大事项进行通报说明，双方共同鉴别、判断可能的税务风险。

“这种见面互通情况的交流已有十余年了，双方都知道企业的重大事项安排、海外业务拓展，需要提供什么样的纳税服务支持，这既化解了税务风险又增进了交流，效果很好。”大连市国税局总经济师谷兆春说。

有了这些适时服务，老国企在走向海外时没有了跨国、跨地区时对投资国税制的陌生感。“我们对国税局提供的服务很满意。”大连造船重工总会计师秦先强深有感触地说，“他们提供的不是一般性的税务咨询服务，而是深度参与。我们能够扭转包税条款的不利局面，就是直属局的干部们发现了合同中的问题，提出改进建议，让我们少支付了巨额的不应该负担的预提税。”

中国北车集团大连公司的总会计师高武清提出了自己的期望：“以后，税务局最好在我们企业海外投资战略决策时就参与进来，既能给我们提出税收上的建议，又能帮助企业优化整体安排，以便于我们走得更好、更稳。”

从企业迈出国门的那一刻起，大连市国税局就全程在落实税收政策、消除税务风险上跟踪服务。对中标机电产品、对外承包工程等项目及时退税，有一户办一户。

事后评估：规避风险求发展

“美国对远东工具中国母公司及美国格林菲尔德子公司每年都开展反避税调查，要求提供当年对美国子公司及旗下分公司产品的销售价格和毛利报表，抽查大额交易的合同发票，同时要求提供中国公司对美国第三方客户类似产品的相应销售资料。由于事前我们与国内税务局有着充分沟通，做足了功课，因此，每年的调查，我们都 OK。”远东工具会计部经理吴刚高兴地告诉记者。

与国内其他地区“走出去”的企业一样，大连的部分海外公司也开始进入获利年度，来自海外的分红陆续汇入国内。“钱挣到了，但企业又担心税后利润的处理”。

大连市国税局企业所得税处副处长王宇告诉记者：“多张申报表，来自不同国家和地区的税后利润，如何填报，怎样计算抵免，需要专业功底。”在这方面，大连市国税局想的和做的都格外细致。从为“走出去”企业开具居民身份证明，子公司被扣缴预提税的抵减，居民公司税后利润的抵免，分国不分项的原则以及海外公司利润、亏损如何处理等一系列涉税问题，在年终汇算时提供了一揽子的培训和一对一辅导，并结合企业所得税申报表的新调整开办了专门讲座。同时，他们对转让定价、预约定价安排等都细致入微地与企业一起评估鉴别，确保在国内外都避免税收风险。目前，大连市国税局已能向企业提供、讲解165个国家和地区的公司所得税税率及亏损处理方法，该举措的受惠企业达200余户。

2015年将是“走出去”企业迎接机遇的一年。“新常态需要新担当。服务‘走出去’企业，下一步我们要做得更细致、更前沿，在帮助企业总体谋划中解决涉税问题。”大连市国税局局长赵恒说道。

（发表于2015年2月18日《中国税务报》）

大连市国税局用科技手段方便纳税人

- **免填单**——办理一项涉税业务平均节省纳税人时间3分钟，平均每天节省纳税人窗口办税时间1小时。
- **网上发票服务**——申请领票和查验发票在网上完成，纳税人带着手机就能领发票。
- **手机办税**——打破了纳税服务的时间和空间局限，使办税升级为7×24小时的全时服务。
- **二维码身份识别**——纳税人用手机在窗口的解码器上扫一下，就成了“有身份证”的人。
- **影像库系统**——国税局把纳税人的纸质涉税资料拍照扫描后集中存储，建立电子档案，纳税人就不必再带这些纸质资料来办税了。

日前，大连市国税局举行“科技服务便民行动”启动仪式。该行动共有5项内容，为便民办税增添了信息技术含量。以前到国税局办税得带个包，包里装着法定代表人身份证、税务登记证、组织机构代码证、工商营业执照、办税人员自己的身份证件等，现在拿着手机就能去办税。

李智敏办税遇到的新鲜事

李智敏是大连智程财务有限公司的会计。公司是做财务代理的，她几乎每天都得往保税区国税局办税服务厅跑。近来，她有一种办税越来越轻松的感觉。拿领发票来说吧，她事先用计算机登录网上办税厅，填好发票交验和申领的种类、数量，其他基础信息会自动带出，既省事又规范。提交之后，她带着手机到办税服务厅，在窗口的解码器上扫一下手机里的二维码，就可以领取到她要的发票了。

说起领票方便，李智敏感受很深。她所在的公司给很多购销成品油和燃料油的企业做财务代理，对发票的需求量很大。李智敏过去常遇到这样的事情：带着一堆资料和发票领购章到了办税服务厅，在发票交验和领购的时候，同样的信息需要反复录入，一旦录入有失误，可能一个人就耽误20多分钟，不一会儿就在身后形成一条长队，总能听到后面有人不耐烦的唠叨。好不容易把发票领到手，还没等攥热，又接到单位来的电话，说又有一本发票用完了，要领新的。她只好立刻跑回单位，拿上手续马不停蹄地赶回来。现在，再接到同事打来这样的电话，她会到办税服务厅的自助电脑上填好手续，然后拿着手机到窗口领发票就成了。

图为大连市国税局局长赵恒（中）了解纳税人对“科技服务便民行动”的感受。

李智敏办税遇到的新鲜事儿，在大连市国税局叫“科技服务便民行动”。李智敏领发票不仅应用到了免填单和网上发票服务，还体会到了二维码身份识别带来的方便。

税务机关将纳税人主要证件，包括法定代表人身份证、税务登记证、组织机构代码证、工商营业执照和办税人员身份证件等，采集到影像库系统中，生成唯一标识该纳税人和办税人员身份的二维码。当纳税人办理涉税业务时，就可以通过扫描手机中存储的二维码来确认身份，不用再携带一堆证件了。影像库系统还把纳税人其他的纸质涉税资料拍照扫描后集中存储，建立电子档案，纳税人也不必带这些纸质资料来办税了。

大连集装箱码头有限公司会计李婧妍，对二维码身份识别系统有一个颇为生动的解读："以前办税都要带好多资料。每次带公章的时候都要到财务经理和综合管理部门备案，还需要老总的签字，手续非常烦琐。如果其中一个环节有人没在，就会影响正常的办税。这些资料和公章到手后，我们也有一种战战兢兢、如履薄冰的感觉，得保证装这些东西的档案袋一时一刻不离身，精神压力很大。就怕有个闪失把东西弄丢了。如今有了二维码身份识别系统，我们的精神压力终于解脱了！"

"手机控"李经纬感兴趣的事

李经纬这小伙子是个"手机控"，不管到哪儿都爱低着头玩手机。他是东芝机车电气设备有限公司的财务人员。这家公司是日本东芝和大连机车厂各出资50％组建的，主要产品是铁路机车上的电源变换装置和电机，去年实现销售收入20亿元，纳税3亿多元。

李经纬说，在众多功能中，他对手机办税系统最感兴趣了。因为他们公司管理非常严格，只有极少数的员工才被允许使用外网，可财务人员又需要及时关注财政部、国家税务总局以及大连市财税部门网站发布的政策法规。国税局开通手机办税系统后，他对财税政策的需求得到了充分的满足。现在，他每天都两次登录手机办税系统，"通知公告"和"税收法规"是他最感兴趣的两个栏目。比如3月13日发布的一条通知，涉及2013年度所得税汇算清缴业务，概述了今年汇算清缴与以往的不同之处，并告知在大连市国税局的网站上推出了一系列课件和专题。他随即登录到大连市国税局的网站上，看到上面已经对政策的变化点进行了细致的梳理和归纳，像"财产损失"由专项申报改为了清单申报，就是一个非常重要的变化。李经纬做财务很有责任心，他认为一个新政策已经出台，而他们公司没有据此执行，就可能存在一定的纳税风险，而只有及时、准确了解税收政策法规的变化，财务人员才能积极应对。

李经纬还告诉记者，以前他像许多企业的财务人员一样，会报名参加一些机构组织的培训会。这样的培训会，费用是每人1万元，两个月培训一次，对两个月来国家的财税政策的变化进行梳理和解读。现在手机上有"税收法规"栏目，他在上下班的路上或利用工作之余的时间浏览一下，就可以随时随地了解到新政策的内容。

李经纬觉得，“办事指南”栏目对税务登记、验证、换证等内容都给出了具体的流程指导和办理提示，对一些成立初期的纳税人有着很强的指引性；“课程公告”也很实用，比如发布了一条4月9日的“房地产企业汇算清缴培训会”的通知，并告知了剩余座位有多少，有需求的纳税人都会积极地报名……他没有用过的功能，恐怕只剩下小规模纳税人用手机纳税申报了。

财务人员减负 税务人员减压

填表、填表难是纳税人在办税过程中遇到的普遍问题。由于表格纷繁，税务人员还要花费大量时间对纳税人进行辅导。据保税区国税局征管科科长韩宗金介绍，在纳税人日常办税业务中，涉及发票的工作量占全部工作的一半。该局从去年5月就开始试点的免填单服务，就是从发票开始的。

纳税人可以通过纳税人端子系统在网上填报诸如发票交验、领购、最高开票限额变更等业务申请，自主打印表证单书，填报申请时大部分涉税信息可以自动带出。税务端子系统是一个统一处理纳税人网上办税申请的受理平台，窗口税务人员通过这个平台处理纳税人的申请非常简单。除了对填报有误的信息进行修改外，几乎不需要数据录入，点击键盘即可完成CTAIS系统的操作。对于那些没有提交网上申请而直接到税务机关办理涉税业务的纳税人，窗口人员根据纳税人的口头申请，利用“免填单”服务功能，可以在这个平台中直接打印出相关的表证单书。

据大连保税区国税局的统计，利用“免填单”服务办理一项涉税业务平均节省纳税人时间3分钟，平均每个工作日节省纳税人窗口办税时间1小时。纳税人方便了，税务人员如何呢？记者采访了3位在窗口工作的税务人员。

李露说，以前校验发票最复杂时需要进入三个界面，录入三次纳税人识别号。在这期间，进入界面需要缓冲时间，也增加了工作量。在新系统中用一个界面完成校验的工作，省时省力，真正做到了简化办税流程，提高办税效率。

董文绣说，通过二维码的扫描，直接提取企业基本信息和申请事项，并将购票员的身份证信息以图形的形式反映出来，便于发票发售时的审核。

盛丽丽说，一次性录入企业各项涉税信息后，免除了纳税人每次办理涉税事项时需携带的各类证照，减轻了纳税人的填表负担，也减轻了我们的工作压力。

现在，大连市国税局已经将“免填单”服务推广到税务登记、认定管理、发票管理和免退税四大类14种文书（表格）上。

（发表于2014年4月11日《中国税务报》）

技术创新给力，服务快速升级

大连市国税局货物和劳务税处的郑雷表示，利用信息化手段实现纳税数据安全传输和存储，是税收工作的一次重大飞跃。随着增值税发票升级版工作的不断落实，大连市将有12万多户纳税人可以逐步享受到出口退税申报和网络申报无纸化的便利。

数据报送电子化：把便利带给纳税人

“在办税服务厅，有两个公认的‘黑色’时段，一个是1月、2月，一个是7月、8月。”大连开发区国税局办税服务厅主任胡旭国说。而他之所以这样认为，是因为税务机关要集中在这两个时段整理、装订、保管收取的纸质申报资料。“整个开发区国税局管理着七八千家企业，申报表要一页一页地看，工作量之大，让人望而生畏。”胡旭国说。

据了解，每年，大连开发区国税局都要安排8～10名税务人员专门装订资料，装订总量达到1万余册。此外，还要专门准备一个80平方米的装订室和一个600平方米的档案室。“在网络申报和出口退税申报工作中，繁杂的申报资料占用了税务机关的大量资源，也给纳税人带来了不小的报送负担。”胡旭国说。

为实现纳税人和税务机关的“双减负”，近年来，大连市国税局一直在探索通过电子数据的报送，减轻纸质资料带来的负担。

不久前，大连世平机械有限公司赵会计通过金税盘进行身份识别后，登录出口退税远程申报系统，在公司内完成了出口退税信息的上传和申报，与此同时，普兰店市国税局出口退税审核人员在电脑上顺利接收到企业申报数据并完成对其出口退税的审核，这标志着出口退税企业申报无纸化管理在大连市国税局试点成功。

2014年底，国家税务总局推出具有身份认证、数字签名和加密传输三项功能的税务数字证书系统，以金税盘或税控盘的形式，广泛应用在增值税发票升级版中。大连市国税局信息中心主任丁琳介绍说："申报无纸化，关键环节就在于数字证书系统。"于是，在总局系统的基础上，大连市国税局又加大开发力度，将增值税发票升级版的税务数字证书技术完全融合于出口退税远程申报和网络申报系统中，最终实现"一盘两用"。

所谓"一盘两用"，指纳税人持有的金税盘或税控盘，既可以应用在增值税发票升级版的系统中，也可以应用在网络申报和出口退税的业务中。纳税人无须额外购买新设备，只需要在登录时选择"证书登录"即可。

赵会计说："整个申报过程和原来基本没有区别，只是登录时的一个小改变，就给我带来了极大的便利，今后再也不用带着一摞摞的申报资料跑税务局了！"

大连市国税局货物和劳务税处的郑雷表示，利用信息化手段实现纳税数据安全传输和存储，是税收工作的一次重大飞跃。随着增值税发票升级版工作的不断落实，大连市将有12万多户纳税人可以逐步享受到出口退税申报和网络申报无纸化的便利。

防伪发票自动验：省时省力省纸张

《国家税务总局关于简化增值税发票领用和使用程序有关问题的公告》（国家税务总局公告2014年第19号）明确提出：取消增值税发票手工验旧。税务机关应用增值税一般纳税人发票税控系统报税数据，通过信息化手段实现增值税发票验旧工作。

但是，由于缺少具体操作办法和配套应用系统，税务机关在给纳税人提供便利的同时会存在一定的管理风险。

为此，2014年初，大连市国税局信息中心尝试在CTAIS 2.0系统中嵌入"自动交验"和"发票领用确认"功能。

通过这两个功能，发票交验时，CTAIS 2.0系统会自动提供交验信息，大厅操作人员不需要任何录入操作，纳税人也无须填写任何单据，真正实现了非手写版增值税发票完全意义的自动交验。目前，除了《发票领用簿》需要人工打印外，整个发票交验过程不再需要任何操作。

发票领用时，在CTAIS系统录入纳税人领用发票信息的同时，系统自动提示打印《发票领用确认单》并交由纳税人签字确认。《发票领用确认单》采用打印纳税人领用发票流水记录形式，既落实了总局纳税服务规范，又未增加纳税人负担，还节省了纸张，同时避免责任不清情况的发生。

在大连保税区国税局的办税服务厅，大连鑫利通达经贸有限公司的刘会计正在办理增值税发票领用业务，第一步抄税，第二步由窗口人员打印《发票领用簿》《发票领用确认单》，第三步在《发票领用确认单》上签字领发票，用时仅1分钟。

大连市国税局票证中心主任刑志刚表示，增值税防伪发票的“免交验”，并不是“不交验”。而是依照国家税务总局有关文件要求，在纳税人进行了防伪抄报税的基础上，将原有发票领用“免填单”功能升级为“口述即可办理”的“免单”功能，通过信息化手段实现对增值税发票的验旧工作，同时，后续管理职能也相应增加以防范风险。

经测算，新举措推行后，每年免填《发票领用表》75万份，节省印刷费用8万余元。同时纳税人领用发票业务办理时间，也从每户次约6～7分钟降低到约2分钟。

服务管理新系统：为征纳双方减负担

刘巍巍是大连开发区国税局办税服务厅的副主任，干了十多年的发票领用、发售工作。如今，她只要在局里录入计划，经过领导审批，下月的发票使用计划就可以直接到达市局发票主管部门，再也不用每次跑40公里到市局送审批表了。

这得益于大连市国税局开发的发票管理辅助系统。该系统依托CTAIS平台，具备发票用量计划、发票印制计划、发票印制、发票调拨、发票配送、发票批量供应、发票工本费结算、发票信息查询及发票台账等功能。通过该系统，基层局可以实时上报印制及调拨发票计划，市局根据基层局上报计划及时安排印刷，并提供调拨发票统一配送上门服务，减轻了基层局负担，也减少了安全库存数量。

邢志刚表示，该系统规范了发票印制、工本费结算等涉及经费业务的操作，增加了发票专干、主管科长、主管局长等多环节确认功能，每个流程都有迹可循，提高工作完成质量，规范发票管理。据统计，发票管理辅助系统上线后，预计向基层局配送发票500万组/月，保守估计，节约基层局用车20次/月，节约基层局运输人力80人时/月。

此外，为建立健全大连企业境外税收服务与管理体系，大连市国税局专门为服务“走出去”企业开发了“走出去”直通车系统。该系统包括法律查询、动态咨询、企业申报、办税流程、税企互动等11个业务模块，可以为“走出去”企业提供便捷的税收服务，帮助企业解决重大涉税疑难问题。

同时，大连市国税局结合直通车系统，为“走出去”企业建档立户，整合企业基础数据，随时记录企业发展动态，及时跟踪企业“走出去”的状态及需求，逐步形成、完善“走出去”企业数据库，为企业提供合理的税收建议与问题解答。

（发表于2015年5月15日《中国税务报》）

THOUGHTS ON CHINA'S TAX REFORM

第六章

税收宣传

税改过程中不仅产生了大量需要解读的税收政策，而且产生了不少征纳之间的矛盾，通过策划和组织一系列税收宣传活动，其中的不少矛盾迎刃而解。然而，本章内容充分说明一个道理：实践中的税收宣传无处不在，只要你拥有一双善于发现的眼睛；税收宣传没有止境，服务纳税人永远在路上……

火热的税收生活，大宣传的不竭源泉

火热的税收生活，丰富了税收宣传的实践。在实践中，我们越发感悟到，税收宣传无处不在，只要你拥有一双善于发现的眼睛；越发认识到，税收宣传没有止境，服务纳税人永远在路上。

让社会了解税收，让税收走进生活，这是我们的宣传理念。走进生活首先要了解生活。生活，是文学创作的源泉；税收生活，则是税收文学和税收宣传的不竭源泉。我以一名基层宣传工作的组织者、执行者的身份，谈谈如何遵循新闻发展规律，做好国家税务总局税收宣传工作的跟随者、创新者。

第一，火热的税收生活，激荡税宣人的情怀与责任。这是一个变革的时代，全面深化税制改革、依法治税的号角已经吹响，迈向税收现代化的征程已经开启，展现在我们面前的是一幅火热的税收生活画卷，这为宣传工作提供了不竭的源泉和素材，也激发了我们税收宣传工作者的责任。我们要拥有一份“纳税人情怀”，以纳税人为本，眼中有纳税人，心中就会尊敬纳税人。

第二，创新思维，树立多维度立体化的“大宣传”意识。我们跳出税收看税收，形成了“大宣传”意识，构建了“大宣传”格局。大连市国税局成立了市一级的新闻中心，下属办公室，有7名专业人员，构建了“电视、电台、报纸、新媒体”四位一体的大宣传格局，全局上下一盘棋。

第三，运用文学创作智慧，丰富“大宣传”内容。我们尝试了电视访谈、专题片、情景剧、微信、微博等各种新手段，与时俱进，顺势而为，丰富了“大宣传”的内容。

一是政策宣传的思路重在大道至简。最好的宣传策略一定是最简单的，在宣传政策的稿件中，多采取生动的语言、翔实的数据、支持性的例子和新闻性强的图片。如小微企业税收优惠政策的宣传，我们唱响了七部曲，让更多的人清楚明白这项政策。

二是服务举措宣传重在实效性强。围绕国家税务总局开展的“便民办税春风行动”，我们开展了以送服务、解难题为主要内容的“六个一”工程，宣传中，我们将一桩桩一件件的实例，以讲故事的方式娓娓道来，在《大连日报》、大连电视台、大连广播电台、央广大连频道开设专栏，在全市掀起便民服务春风，并形成系列报道。

三是形象宣传上注重贴近人心。在国家税务总局开展的“最美税务人”宣传活动中，我们介绍了一名海岛税官，宣传他的事迹时，我们处处感受他的内心，做了一次成功的报道。在国家税务总局办公厅新闻办的帮助下，邀请了中央电视台、新华社、人民日报等中央级媒体深入报道。

四是在宣传载体上，根据媒体特点各有侧重。在广播电台上突出税收政策宣传，在电视台重在形象宣传，讲述百姓身边的税收故事，来展现国税部门的服务与管理。

火热的税收生活，丰富了税收宣传的实践。在实践中，我们越发感悟到，税收宣传无处不在，只要你拥有一双善于发现的眼睛；越发认识到，税收宣传没有止境，服务纳税人永远在路上。

（发表于2014年11月24日《中国税务报》）

让大数据为税收宣传导航

莎士比亚说过，凡是过去，皆为序曲。大数据时代里，这句话通过运算得到了验证，并被历史所铭刻。让数据说话，告诉我们税收宣传的走向与方式。

看到一则消息：某大学对贫困生给予困难补助，改变了以往让学生申报领取的办法，而是通过饭卡，对每月在食堂吃饭超过60顿、消费不足420元的学生，暗暗进行补贴，好评如潮。听到一个传闻：某单位通过手机短信不断给企业传递新政策，节假日还送去祝福问候，没想到的是，竟被投诉了。

暖心饭卡和贴心服务本应都是被点赞之举，为何结果不同呢？也许，当事人的感受才是最真切最重要的。前者照顾了贫困生那“比头颅还重要”的自尊，后者过量的信息搅扰了企业的心情。

这两则活生生的例子告诉我们，大数据真的很有用——数据是可以说话的，可以用来指导宣传工作如何做得更科学精准又富有人情味。

在税收宣传月里重新拾起《大数据时代》——一本自出版之日起就持续走红的畅销书，缘于发现大数据可以重塑税收宣传的思维方式与工作内容，正如此书的副标题所言——大数据会带来生活、工作与思维的大变革。本书作者之一、被誉为“大数据时代的预言家”、英国教授维克托·迈尔一舍恩伯格20多年来一直致力于网络经济与信息监管的研究，他的观点之所以征服了世界，是因为他在大数据的蓝色海洋中预见了正在发生的未来。他说，世界的本质就是数据；大数据发展的核心动力来源于人类测量、记录和分析世界的渴望；从因果关系到相关关系的思维变革才是大数据的关键，建立在相关关系分析基础上的预测才是大数据的核心……

作为一名税收宣传工作者，常听到这样的抱怨：宣传工作越来越难做；要不断创新，有江郎才尽的无奈；就算是创新了，也只是税务机关自娱自乐，并不被社会喝彩。也常看到这样的现象："大轰隆"式的税法宣传，为企业个体户送政策，给大学生和下岗职工送温暖，场面挺大，劲儿费不少，但不被领情。究其原因，也许是"文不对题"，更没有"私人定制"，我们所说所做的并不是纳税人所想所要的，至少在那一时刻并不是他们所需要的。

事实上，"站在纳税人的立场上多想想"已经成为纳税服务的至上理念。但现实中税收宣传所欠缺的是精细管理和现代手段。

"大数据是一种资源，也是一种工具。它告知信息但不解释信息。它指导人们去理解，但有时也会引起误解，这取决于大数据是否被正确使用"。现在，税务系统开发了众多涉税公共订阅号、税务客户端和网站，再加上 12366 纳税服务热线，收集纳税人的查询痕迹应该不难。能否分析这些数据、探求其中的相关关系而不是因果关系，追问"是什么"而不是"为什么"，在此基础上向纳税人提供有针对性的政策辅导与宣传呢？这样既可以避免车马劳顿式的税法课堂，又可以进一步了解纳税人的经营相关信息，为税收征管提供数据资源。

"大数据为我们提供的不是最终答案，只是参考答案，为我们提供暂时的帮助，以便等待更好的方法和答案出现"。备战营改增的这段时间里，向纳税人做好政策宣传是一项重中之重的工作，要保证政策减负的"阳光"照到全国 1 000 万户纳税人身上。实际工作中，能否利用纳税人的信息来不断细分细化呢？细分四个行业纳税人，再细分一般纳税人、小规模纳税人和个体户，再细分纳税人是否需要发票升级版，针对每个类别的纳税人开展精准的政策宣传，告知落户所需的不同资料，再通过各种现代化手段分发下去，到达每个需要的纳税人手里，那真是暖心之举、走心之措！

莎士比亚说过，凡是过去，皆为序曲。大数据时代里，这句话通过运算得到了验证，并被历史所铭刻。让数据说话，告诉我们税收宣传的走向与方式。

（发表于 2016 年 4 月 23 日《中国税务报》）

税收意识的火焰正炽

古希腊哲学家苏格拉底说，教育不是灌输，而是点燃火焰。全国大学生税收辩论赛从初秋激辩到初冬，莘莘学子于唇枪舌剑和智慧碰撞之间，在加深了自身关于税收、税法认识的同时，也点燃了人们心中税收意识的火焰。

去年底，大连市国税局、地税局，团市委和大连海事大学 4 家单位的相关负责人，召开了辩论赛总结座谈会，分享一路走来的甘苦与感动，总结参与活动的经验与得失，为青年学子们喝彩鼓劲，再次让人感受到税收的余音绕梁。

赛场归来再论税，我们看到的是青春的文字激扬，我们听到的是字里行间的条分缕析，我们感受到的是对税收的关注、理解与倾情投入。这是一种担当的精神，这是一种思考的力量。大学生辩论赛告一段落了，但由其引发的税收话题，让这个冬天分外热烈，注定不凡！

大连市国税局党组书记、局长赵恒说，事业的成功不仅在于专业，还在于素质。大连海事大学的辩手们学的专业并不是税收，却能登上顶峰，赢得了荣誉，这是一种成功，是素质的闪光。希望大学生们以这次辩论赛的经历作为积累，在学习和今后的工作中从容应对，披荆斩棘、勇往直前，以不可替代的工作能力来展现自身的价值。

大连市地税局党组书记、局长王安栋说，3 个月税收知识的洗礼，知税、护税的风气已如小小的种子，埋入千千万万学子的心田，并在社会上再次掀起了关注税收、广议税收的热潮。这是辩论赛的结束，是另一个赛程的开始。

共青团大连市委书记赵宏说，这次全国大学生税收辩论赛，由于国税局、地税局的重视、关心和支持，由于海事大学领导的积极支持和帮助，由于海事大学最优秀青年的努力，取得了非常好的成绩。苏格拉底说过，教育不是灌输，而是点燃火焰。这次辩论赛不仅是一次考验，也是一场教育。青年学子们通过比赛，点燃了所有参与者心中依法纳税的火焰，点燃了我们心中公平、公正的火焰，也点燃了我们利他、尊重他人的火焰。

大连海事大学党委书记郑少南说，这次比赛的分量和我们以往参加的辩论赛都不一样。这个成绩的取得，与我们注重学生“四商培养”、注重学生综合素质的培养有很大关系。通过学生搭桥，我们这所航海高等学府和国税局、地税局、团市委的代表坐到了一起，希望这座桥梁能成为长久地沟通几家关系的纽带，有机会我们还要为国税局、地税局多做贡献。

评委之一，武汉大学哲学系副教授周玄毅说，大连海事大学辩论队辩得很精彩。他们很聪明，当辩题比较不利于己方的时候，他们设置了一种有趣的切割方法，利用纳税遵从模型，从比赛的一开始就把最不利的地方切割出去了，大大方方地让给对手随便打，反正那个地方只占很小的部分。他们把眼界放在更广大的、愿意遵从税法的普通群众身上，把自己立论的观点与内容表达得淋漓尽致，发挥得很好。

《中国税务报》记者单晓宇说，每一支队伍，在你来我往中，都表现出了所受过的良好训练；每一名队员，在思维飞扬中，都展现了非常高的素质。有这样一群未来的精英、未来的纳税人关心税收、思“辩”税收，对于税收宣传工作，无疑是一大幸事。每一个参赛选手都是英雄，他们在展现自己的同时，把对中国经济、社会发展至关重要的税收推向了整个公众，让更多的人意识到作为一个公民的责任和骄傲，让更多的人关注、了解、喜欢、配合和支持税收。

（发表于2015年1月7日《中国税务报》）

大连国税：天天都是税宣月

与前些年比起来，在2011年税宣月期间，大连市国税局发的传单少了，送的政策多了；“大手笔”少了，“性价比”高了。

在第20个全国税收宣传月期间，大连市国税局举办了形式多样、引人入胜的宣传活动。与前些年比起来，在今年税宣月期间，大连市国税局发的传单少了，送的政策多了；“大手笔”少了，“性价比”高了。用一位税务干部的话说，现在的税收宣传活动越来越注重效果，与日常宣传结合得越来越紧密，几乎“天天都是税宣月”。

少一分喧闹，多一分实效

3月31日，大连市国税局举办了“机遇·突围·解决之道”企业座谈会，以此作为今年税宣月的启动仪式。大连市国税局领导与大连市对外贸易经济合作局等4家相关部门负责人、全国知名律师及全市22家“走出去”企业代表齐聚一堂，探讨企业在“走出去”过程中面临的风险与机遇，做好“走出去”企业的政策咨询服务。大连圣基生物制品有限公司代表表示：“通过座谈发现了企业在经营管理方面存在的漏洞，这样的活动切合企业实际需求，我们很欢迎。”

目前，大连市国税局16个征收局都开办了常规性的税法课堂或“纳税人之家”，无论宣传月还是平日都可以随时为纳税人送上政策大餐。

税收宣传：随时随地在身边

“我比较关注大连电视台的《国税之声》栏目，虽然5分钟的节目时间并不长，可是容量不小，很多最新的税收优惠政策我都是从那里获取的。”大连华信计算机技术股份有限公司财务经理张彦明说。

《国税之声》是大连市国税局早在1999年就与大连电视台合作开办的一档新闻栏目，从2003年起改由大连市国税局独立制作，每周日播出5分钟。每当有新政策出台，他们就在第一时间报道，并邀请税务专家解读。出口退税率多次调整、小型微利企业所得税减半征收、增值税申报期变化等政策，都能够“短平快”地告知企业，缩短了宣传时滞。

大连市国税局还在当地电台进行每天2分钟的《国税播报》，在《大连日报》推出“税务信息港”专版。去年初，中央出台了一大批促进发展方式转变、扩大居民消费、鼓励节能减排等方面的税收政策。为了加大对新政策的解读力度，大连市国税局在国税网站上对新政策进行集中发布，在《国税之声》、《国税播报》栏目中进行新政策讲解，在《大连日报》进行深度报道，就新政策的关键点和与纳税人密切相关的细节问题进行重点评述，以帮助纳税人更好地理解和执行新政策。

（发表于2011年4月29日《中国税务报》）

大连税宣讲究“含金量”

“税收宣传是贯穿全年的工作，要打破常规思路，讲究‘含金量’。”这是辽宁省大连市国税局局长丁永安的想法。

“税收宣传是贯穿全年的工作，要打破常规思路，讲究‘含金量’。”这是辽宁省大连市国税局局长丁永安的想法。出口退税政策宣讲会、纳税人权益宣传周、十大产业调整振兴规划座谈会……大连市国税局近期举办的一系列富有“含金量”的税收宣传活动，引起了纳税人的兴趣和关注。

“以前不清楚税款用在哪儿”

4 月 10 日，大连市国税局、甘井子区国税局和甘井子区财政局共同启动了“纳税人权益宣传周”活动，200 多位纳税人参观了税法宣传图片展。甘井子区国税局、财政局以 2008 年度财政支出情况为例，采用展板、视频、现场解说等形式，展示税款的取得、上缴、预算、再分配等情况。

“当了两年会计，只知道纳税人要依法纳税，对税款用在哪儿不是十分清楚。”甘井子区某企业的会计杨女士说，“今天参加‘纳税人权益宣传’活动，让我对用税有了更深的了解。”

4 月 16 日，大连市国税局第四稽查局举办了首次税务处罚模拟听证会。会上，“当事人”与“税务稽查人员”针对税务处罚进行辩论，“当事人”可充分阐述对税务处罚的不同看法。模拟听证会让纳税人身临其境，达到了让纳税人“知法、守法、懂法，严格按法律程序办事”的目的。

“出口退税的杠杆作用越来越明显”

4 月 15 日，大连市国税局召开了“促出口、保增长、防骗税、创共赢”税收政策宣讲会，30 余家大型出口企业的负责人、财务总监参加了会议。会上，进出口税收管理处处长杜继国介绍了国家近几次上调出口退税率的政策，并重点向企业讲解了大连市国税局为助推出口企业发展而出台的四项措施：一是实行出口企业分类管理，为信誉级别高的出口企业开通出口退税快速通道；二是推行出口退税网上退付业务，瞬间完成数据交换；三是开通出口退税远程申报系统，为纳税人提供办理出口退税的全套技术支持服务；四是以短信形式向出口企业的主管人员免费提供企业出口退税相关信息。

参会企业代表纷纷表示，税收优惠政策使企业的发展有了后劲。大连隆生服饰有限公司财务部负责人巴楠说，企业的出口退税过去是半年一退，后来是一个季度一退，现在大连市国税部门加强了对 A 类企业的管理，只要增值税发票数据齐全，我们就可以申报退税。他表示，退税速度提高能极大缓解企业的资金压力，相当于大幅度提升企业的市场竞争力。

“税收激励政策成为企业的发展动力”

4 月 16 日，大连市国税局直属分局和第三稽查局联合邀请 16 家迈入“振兴圈”（国务院十大产业调整振兴规划）的企业进行座谈，畅谈经济形势和税企良性互动机制，提振信心，共谋发展之道。

“大连船舶重工集团已经出台了应对国际金融危机的十大举措，主要从节能降耗、扩大非船用产品生产规模等方面入手，为企业在全球船市萧条时营造‘避风港’。”大连船舶重工财务会计部部长秦先强说。

大连重工起重集团有限公司计财部相关人士表示，2008 年下半年以来，因为传统客户钢厂和电厂暂停部分项目，直接导致公司回款下降近 4 成。大连市国税局及时了解到企业遇到的困难。“截至 2008 年 10 月，企业累计享受增值税转型改革优惠 1.2 亿元。”

（发表于 2009 年 4 月 27 日《中国税务报》）

借力“走出去”政策，大连企业酝酿“突围”

“走出去”企业面临的很多问题，是企业自身和中介机构无法解决的，必须要税务机关出面协调，有时候还需要启动政府间的协商程序。如果税企沟通不及时、不通畅，很有可能会错过最佳的解决时机，最终受损失的不仅是企业的利益，也是国家的税收利益。

记者在大连市国税局日前举办的第20个税收宣传月启动仪式暨“走出去”企业座谈会上了解到，和北京、深圳等地的“走出去”企业相比，大连市“走出去”企业具有规模相对偏小、数量增加迅速、发展后劲足等显著特点。不过，大连“走出去”企业的不足同样也很显著：对税收政策了解不透彻、对境外税收环境了解不全面，投资架构考虑不充分，等等。有关专家表示，大连“走出去”企业在我国“走出去”企业中很具有代表性。可以说，大连“走出去”企业面临的诸多困惑，也正是我国多数“走出去”企业共同面临的困惑。

尝到甜头也面临困惑

记者了解到，截至2009年底，大连市累计设立境外项目178个，项目投资总额6.8亿美元，中方投资额6.5亿美元，投资分布在34个国家和地区。2010年，全市共核准境外投资项目65个，协议投资总额67 099万美元，同比增长112%。较快的发展速度让大连“走出去”企业在尝到甜头的同时，也面临不少困惑。

大连市国税局总经济师谷兆春说，回眸过去，国家实施“走出去”战略的10年来，给大连企业创造了难得的发展机遇，尤其是大连的民营企业发展迅速，已经成为大连市境外投资的主力军。展望未来，“十二五”规划纲要已经对“走出去”战略作了科学部署，大连企业无疑将获得更多、更大的机遇。

说到“走出去”战略带来的机遇，大连远东工具有限公司（下称远东工具）最有发言权。据了解，这是一家专门生产精密级高速钢钻头的企业，2008 年，该企业收购了全球工具类第三大企业——德国沃克公司。收购以后，把德国公司80%的高精尖设备拉回国内，在国内进行工具的生产，向德国公司提供半成品，最后由德国公司进行加工，最终形成“德国制造”。2009 年国际金融危机之时，远东工具又以较低的价格收购了全球钻头品牌第一的美国企业。这样，远东工具一下子拥有了八大系列的全球一流品牌。“如果我们不‘走出去’，取得今天的成绩恐怕需要几代人的努力。”远东工具有关负责人说。

不过，在尝到甜头的同时，远东工具也面临着不少困惑。最大的困惑就是因为“走出去”的速度过快，准备工作不是特别充分，“走出去”进程的设计及税务架构等问题都没有考虑细致，现在资金链非常紧张。“我们现在需要大量的资金来给美国企业‘输血’，以保证美国企业的正常运转。”远东工具有关负责人说。

间接投资有助于减轻税负

记者在采访时发现，大连“走出去”企业中面临资金链紧张的企业还有不少。有关专家指出，造成“走出去”企业资金链紧张的因素很多，投资架构不合理是其中最重要，也是企业最容易忽视的问题。

知名税务律师、北京华税律师事务所合伙人刘天永说，在各种投资方式中，商业实体性质不同、投资架构不同都会影响投资者的整体税负。由于现实情况比较复杂，很难笼统地说哪种商业实体或持股方式的税负一定比其他商业实体或持股方式低。投资者应根据投资目的、自身情况、投资风险及控制等情况综合分析。“降低税负对增加企业现金流意义十分重要。”刘天永强调说。

和直接投资相比，间接投资的架构具有更大的灵活性和实用性。这是因为，间接投资架构在融资渠道、方式、流经国家等方面可选择性较大，企业可以结合资金的来源寻找最佳的资金流动路径，重点考察资金流经的国家对利息收入和利息汇出有关的税法规定，通过合理的融资工具设立中间控股公司，充分运用税收协定和相关国家的税法规定，有效降低企业集团的整体税负。

刘天永举例说，假如大连某企业要到南非直接投资，南非将对被投资的南非公司按照28%的税率征收资本利得税。而如果这家大连的企业先在塞浦路斯设立一个公司，再通过塞浦路斯公司向南非公司投资，就不用缴纳资本利得税了。刘天永说，我国“走出去”企业无论在哪儿投资，其实都有多种间接投资方式可供选择，企业可以根据自身情况综合考虑，最终确定最优方案。“可以肯定的是，无论最终确定的间接投资方案是什么，一般都比直接投资方式要更节税。”刘天永说。

在座谈会上，当听完刘天永的介绍和分析，当即有很多大连“走出去”企业惊呼当初在进行境外投资时“考虑不周”。一家在美国上市的大连企业代表还告诉记者，当初在美国投资时就是为了上市和占领美国市场，税务的因素几乎没有考虑。现在虽然已经“走出去”多年，税务事项却越来越成为困扰企业的大问题。

成功“突围”有待税企共同努力

记者注意到，在座谈会刚刚开始不久，没有带纸、笔的与会企业代表纷纷向现场的工作人员索要。在座谈会结束后，《“走出去”企业纳税服务手册》、《中国企业境外投资纳税指南》等会议资料被一抢而空。“这次会议的议题和资料都非常有针对性，对我们帮助非常大。”会议结束后，与会代表纷纷如此表示。那么，除了资金链紧张，企业在“走出去”过程中还面临哪些问题？又该如何解决？

在座谈会上，关于“走出去”企业常设机构的判定引起了与会企业的关注。大连市国税局国际税务管理处副处长李时说，常设机构条款是我国和所有国家签订的税收协定中都有的条款，一般来说，我国企业到境外从事经营活动，如果项目时间比较短，境外税务当局是没有征税权的。当然，如果在境外构成常设机构，企业就应该遵守当地的法律法规。通常，各个国家对常设机构适用的税率都是居民企业的税率。比如，德国企业所得税的税率是15%，环境附加税的税率是0.83%；美国的企业所得税叫联邦所得税，税率从15%到30%不等，根据企业应纳税所得额的不同确定不同的比例，等等。

记者还了解到，在“走出去”过程中，大连企业还有不少困惑。比如，有的不知如何避免被重复征税，有的不知如何运用税收协定的条款来维护自身权益，有的不知道常设机构该如何判定，有的对境外的涉税信息知之甚少，有的在境外遇到涉税难题后不知如何与我国税务机关和境外税务机关沟通，等等。

对企业提出的问题，大连市国税局局长丁永安表示，随着全国企业“走出去”进程的加快，大连企业“走出去”的程度会进一步加深，“走出去”的数量也会日益增多，面临的困惑和问题自然也会不断增加。对于“走出去”企业而言，最终能否“突围”成功，需要了解的税收知识是非常多的，仅仅通过一次座谈会不可能解决所有问题。这就需要企业主动学习，重视与税务部门的主动沟通。

丁永安表示，“走出去”企业面临的很多问题，是企业自身和中介机构无法解决的，必须要税务机关出面协调，有时候还需要启动政府间的协商程序。如果税企沟通不及时、不通畅，很有可能会错过最佳的解决时机，最终受损失的不仅是企业的利益，也是国家的税收利益。“在加强沟通与协调方面，税企都有很多功课要做。但只要税企同心，相信我们一定能‘突围’成功，使大连‘走出去’企业实现更高水平的发展。”丁永安说。

（发表于2011年4月11日《中国税务报》）

诚信纳税成为大连市纳税人金字招牌

信用作为立商之本犹显珍贵。按照大连市国税局、地税局的长远规划，纳税信用等级评定活动将向“驰名商标”和“重合同、守信用”等活动看齐，最终成为企业自觉参与、有影响力的社会活动。而这一目标的达成，进而使诚信纳税成为每一户企业的“日常动作”，还需要全社会的共同努力。

目前，大连市国税局、地税局每月都要向市政府搭建的“大连房地产市场信息网”提供房地产企业的纳税信用情况。诚信纳税的风气在这里越来越浓厚，日渐成为企业的一块金字招牌。

据介绍，从 2003 年起，大连市国税局、地税局开始联手打造税收信用体系建设，每两年评选一次，至今已经连续开展了四届纳税信用等级评定活动。纳税信用等级评定活动从无到有、从小到大，见证了税收信用体系建设的历史，也见证了纳税人依法纳税意识不断增强的发展过程。目前，大连市已有 1 639 家企业被评为诚信纳税人。

最初，大连市只有 209 户纳税人被评为 A 级。税务机关承诺对 A 级纳税人给予免常规检查、放宽发票领购限量等优惠服务。一石激起千层浪，该项活动的成功举办在企业中引起了强烈的反响，纳税信用也被提高到前所未有的关注度。随着评定制度逐渐规范，它的分量在社会各界的心目中也越来越重，参与评定渐渐成了企业的一件大事，诚信纳税理念开始深入人心。

2009 年，大连市国税局、地税局联合对外发布了上两个年度大连市纳税信用 A 级企业名单，相关条件也更为严谨、细致。A 级纳税信用等级评定工作所带来的示范效应，在与海关、工商、银行、公安和审计等部门共同配合下所诞生出的信用体系，都在广大纳税人中形成了持久而深远的影响。

四届A级信用纳税人，大连爱丽思欧雅玛工贸有限公司的总经理李活明说："实行纳税信用等级评定，对企业是一种肯定，有利于提高企业的知名度和信誉度。"他还强调说，"现在有了A级纳税信用证书，税务部门能充分满足纳税人的日常经营需求，公司可以享受税务部门一家查账、多家认账的管理办法，享受最少的税收检查和稽核的频次，无形中就减少了企业的成本。"

A级纳税信用等级在为企业带来了诸多的好处的同时，也无时无刻不在提醒着纳税人诚信经营。大连供电公司连续三届被评为A级纳税信用等级纳税人，该公司设立了专门的岗位管理税务工作，制定了严格的管理制度，积极配合税务部门进行各种调查研究分析，努力做到税务管理制度化、精细化、信息化。公司负责人石玉东说："'诚信纳税企业'是一种荣誉，更是一种鞭策。为此我们必须更加努力，为大连市的城市经济建设提供更加优质的电力保障，为诚信纳税树立榜样。"

在一些纳税人心目中，诚信纳税已经不仅仅是评比活动，而越来越成为企业的自觉行为。中国最大的船用螺旋桨专业化生产企业、连续四届被评为A级纳税信用等级纳税人的大连船用推进器有限公司的经理张运祥说："诚信纳税是税企相互信任进而密切协作的基础，是公司树立市场形象和打造品牌的重要内容，打造诚信纳税品牌已经融入公司的发展战略中，依法纳税、诚信纳税已成为我们公司的一种企业文化。"

信用作为立商之本犹显珍贵。按照大连市国税局、地税局的长远规划，纳税信用等级评定活动将向"驰名商标"和"重合同、守信用"等活动看齐，最终成为企业自觉参与、有影响力的社会活动。而这一目标的达成，进而使诚信纳税成为每一户企业的"日常动作"，还需要全社会的共同努力。

（发表于2010年9月29日《中国税务报》）

向诚信攀登，大连企业从未停歇

在翻看各种资料时，记者发现，大连是国内最早开展“A级纳税人”评选的城市。因为国税总局在2004年才下发关于纳税信用等级评定的文件，而国内大部分城市从2008年才真正开始评选A级纳税人。大连已经远远跑在了前头。

两年一度的“企业纳税信用等级评定”如约而至。与前几届不同的是，这届评选申报比以往提早了一个多月。用税务部门的话说，对大连企业来说，A级纳税信用等级已经成为企业的无形资产和“金字招牌”，所以越来越多的企业争着要拿到这块“招牌”。从2002年首次“诚信纳税人”评选算起，已经整整九年时间了，这九年也记录了大连企业向诚信纳税攀登的全过程。

首次参评还要靠动员

从2002年，大连市国税局首次组织“诚信纳税人评定”，发展到2003年，大连国、地税两年一届共同评定纳税信用等级正式扬帆起航，迄今已成功开展了四届，大连市已有1 639家企业得到了“金字招牌”。

“2000年起，市政府每年都要表彰纳税百强，但是那些纳税数额绝对值不大，却能遵从税法、诚信纳税的企业同样值得鼓励，如何打造‘诚信纳税人’亟待破解。当时正好赶上政府大力整顿个体集贸市场，杜绝假货，于是我们也开始了诚信纳税人的评选。”回顾2002年举办这个活动的初衷，大连市国税局纳税服务处处长倪福兰表示。

然而这个活动的举办并非一帆风顺。“当时要求企业主动打电话报名，结果却是主办方呼声阵阵，企业方应者寥寥。让我印象最深的是，一家企业老总直截了当地拒绝参加，他认为，市场本身不是很规范，承诺诚信对自己没有什么好处。而且反问我们，承诺诚信不是自己把自己给套起来了吗……”倪福兰回忆，后来经过税收专管员去动员，有些企业像为了完成任务似的报了名，最终有 156 户企业被评为 2002 年的诚信纳税人。

企业尝到了诚信的甜头

然而这个当初大部分企业并不情愿参与的评选，却在几个月后就让相关企业尝到了甜头。2002 年 7 月，大连一家企业与外商进行一场艰苦的谈判。外商提出对大连这家企业并不熟悉，也不了解这家企业的信誉如何，迟迟不签订合同。大连这家企业负责人邀请外商的谈判代表去自己的企业参观，准备再做一次努力。在会议室谈判时，外商谈判代表正好看到了自己对面挂着的一块牌匾，就向翻译询问，当得知这是“诚信纳税人”牌匾时，外商立即做出了签约的决定。这家企业知道原因后，赶紧把这块牌匾挪到了最明显的位置。“有了这块牌匾，别人都愿意跟我做生意!”这家企业负责人也把这个亲身经历介绍给自己身边的企业。

2003 年，大连市国税局走出了一家评定的局限，携手大连市地税局共同开展纳税信用等级评定工作，并共同起草了《大连市纳税信用等级评定管理办法（试行）》，从纳税人税务登记、纳税申报、税款征收、税务稽查、税务管理和社会信用等方面对纳税人的情况进行审查打分，并根据评分结果将纳税人分为 A、B、C、D 四个等级，并对连续二年、三年评为 A 级信用等级的纳税人设立 AA 及 AAA 等级。

对于 A 级纳税企业，还可以享受到免常规检查、放宽发票领购限量等一系列优惠政策。大连爱丽思欧雅玛工贸有限公司已经连续四届被评定为 A 级纳税企业，这家公司的总经理李活明告诉记者，现在有了 A 级纳税信用证书，税务部门能充分满足纳税人的日常经营需求，公司可以享受税务部门一家查账、多家认账的管理办法，享受最少的税务检查，无形中就减少了企业的成本。”

除了政策上的优惠，税务部门每届评选后还把 A 级纳税人名单向社会广而告之，像普兰店市国税局就在办税服务厅设立了 A 级纳税人专栏，每个月展示出一家 AAA 级纳税人的风采，提升了辖区企业的美誉度。

诚信纳税正成为企业自觉行为

“今年年初，在我们还没有发出纳税信用等级评定通知时，很多企业就已经拨打 12366 来咨询报名事宜。所以，我们决定这届提前一个月就开始申报，这样有充分的时间对企业进行审核和评定。经过了这几届评选，大连企业诚信纳税的意识确实提高了，有参评资格的企业也在增多，相应地，我们评选的难度也在加大。”税务部门有关人士表示。

从首次组织“诚信纳税人”评定，到今年已经整整九个年头。从最初的不积极，到尝到甜头后开始响应，再到今年提前一个月就开始积极申报，企业不但对于参与 A 级纳税人评选的热情大大提高，而且对于“诚信纳税”的理解也在不断提升。

大连南星集团有限公司是现代汽车（中国）投资有限公司现代（HYUNDAI）进口汽车品牌的经销商，在今年 A 级纳税信用等级评定复审阶段，这家企业脱颖而出。但在 2009 年大连市举行的 A 级纳税人评选中，该企业由于 2008 年的一个税务稽查被处以罚款的记录而落选。从那以后，该企业的领导高度重视纳税信用体系的建立，以 2008 年接受税务稽查过程中发现的问题入手，积极开展企业自查，专门聘请财税专家对企业的业务合同、发票收开、会计账务处理等方面进行严格规范……在 2010 年接受税务稽查的过程中，受到了稽查干部的肯定，稽查结论为“无问题”。

九年过去了，在一些企业看来，诚信纳税已不再是个单纯的评比活动，而越来越成为企业的自觉行为，正在融入企业的血脉中。中国最大的船用螺旋桨专业化生产企业已经连续四届被评为 A 级纳税信用等级纳税企业。该企业负责人告诉记者：“打造诚信纳税品牌已经融入公司的发展战略中，依法纳税、诚信纳税已成为我们公司的一种企业文化。”

采访手记

在翻看各种资料时，记者发现，大连是国内最早开展“A 级纳税人”评选的城市。因为国税总局在 2004 年才下发关于纳税信用等级评定的文件，而国内大部分城市从 2008 年才真正开始评选 A 级纳税人。大连已经远远跑在了前头。

如今大连信用环境的优化已经名声在外。一些外来的企业这样评价大连，“这里的政策未必是最优的，但信用环境绝对是一流的。”从这个角度来看，大连 A 级纳税人评选提早这几年，大连企业在向诚信攀登，这对大连诚信体系建设起到了至关重要的作用。

（发表于 2011 年 3 月 9 日《新商报》）

延伸阅读

“金字招牌”不是终身制

由市国税局和地税局联合开展“2009—2010年度纳税信用等级评定”活动，全市20万户纳税人通过向国、地税主管税务机关申请，争夺A级纳税企业这块“金字招牌”。目前，这项评定已进入到复审阶段，结果将在本月底揭晓。

记者了解到，国家税务总局把纳税信用等级评定设置A、B、C、D四级，两个纳税年度评定一次，采用申报评定和审核评定相结合的办法。大连国、地税共同评定纳税信用等级活动，从2003年开始，迄今已成功开展了四届。首届只有209户被评为A级纳税人，而到了上一届，已有645户企业榜上有名。但这个A级纳税人可不是那么好当的，税务机关不但要评估纳税人遵守税收法律、法规、财务会计制度和履行纳税义务等情况，还要与海关、工商、银行、审计等部门共同配合调查纳税人的其他社会诚信情况。

有关负责人提醒：“A级纳税信用等级评定，既为企业带来了诸多的利好，同时，这样的一块‘金字招牌’又无时无刻不提醒着纳税人的诚信行为。因为它并不是终身制，就像服了兴奋剂的运动员会被取消奥运会奖牌一样，一旦被发现存在税收违法行为，就会被摘牌。”

（发表于2011年3月3日《大连日报》）

别以纳税多少论诚信

A 级纳税人评选本身也折射出，也许一家企业纳税额并不多，但只要它是诚信的，就是可贵的。

两年一度的纳税信用等级 A 级纳税人评选即将揭晓。本月 14 日，拟评结果开始公示了。数据显示，本届 A 级纳税人拟评出 731 家企业，比上一届多出 86 家。

在 2002 年，大连国税首次举行“诚信纳税人”评选时，个体户曾出现其中。而在翻看本届 A 级纳税人名单时，记者又发现了一个特殊的身影——税务师事务所。可以说，A 级纳税人评选本身也折射出，也许一家企业纳税额并不多，但只要它是诚信的，就是可贵的。

公示之后仍需社会监督

与前几届不同，这届评选申报比以往提早了一个多月。用税务部门的话说，A 级纳税信用等级已经成为企业的无形资产和“金字招牌”，有越来越多的企业争着要拿到这块“招牌”。而正因为如此，税务机关更要严格把关，这才设立了为期 15 天的公示期。

“虽然经由国、地税主管税务机关评定委员会进行初评，再由市评定委员会结合纳税人的社会诚信情况进行审核评定。但是如果缺少社会的监督，难免会产生疏忽。”对于社会公众监督的重要性，大连市国税局纳税服务处副处长王玉璟认为是不言而喻的。“在公示期内，被评定为 A 级信用等级的纳税人，还将接受海关、工商、银行、审计、技术监督等部门就纳税人社会诚信情况进行的调查。

所以企业的诚信度必须经得起考验。”王玉璟告诉记者，在 2003 年的公示期间内，大连某公司虚报进口装饰材料的进货量，海关提出了质疑，经审查后情况属实，所以取消了其 A 级纳税人的资格。

“对公示的纳税人名单如有异议，当事人可以提供翔实的举报材料并署实名，市纳税信用等级评定委员会进行核查，对等级评定不当的将予以变更。”王玉璟表示。

首届评选个体户“身在其中”

记者注意到，算上这次评选结果，大连市已有 2 527 家企业得到了诚信纳税人这一“金字招牌”。但出乎记者意料的是，当被问及对哪一家企业印象最深刻时，王玉璟的答案却是 2002 年被评上的一家个体户。

这家个体户名为“西岗区技能家用电器修理部”，既没有响当当的名声，也没有巨额的纳税款项，时隔 9 年，到底是什么原因使王玉璟对这家个体户仍记忆犹新?

“到现在我仍清楚地记得，这家维修店铺的老板是位残疾人。但最令我感动的是，他从没有因身体状况拖延过一次税款缴纳的时间。”回忆起当年的这家个体户，不光是王玉璟，就连其身边的同事也是印象深刻。“虽然每次的纳税额只有几百元，但他都是亲自来缴纳税款的，所以我们对他都很熟悉。”一位工作人员告诉记者，有一次她负责接待这位个体户。“那一次他缴纳税款的时间提前了好几天，我还以为他记错时间了。结果是他临时要出差，为了不延误税款缴纳时间，便提前几天把税款缴纳齐了。”虽然过了这么长时间，但这件事情依然铭记在这位工作人员的心中，“这种精神确实很让人敬佩。”

“前不久，我还听说他已经把店铺经营到外地了，生意也越做越大。”说到这里，王玉璟的话语中流露着欣慰。

本届评选税务师事务所“显英雄”

在浏览今年的“诚信纳税人”名单时，记者发现与前几届相比，这次的评选结果中多了税务师事务所的“身影”。“这次共有 12 家税务师事务所荣获了‘诚信纳税人’的称号。”王玉璟不无感慨地告诉记者，其实在大连企业走向“诚信税道”的过程中，税务师事务所可算是真正的“幕后英雄”。

税务师事务所的力量真的有这么大吗?“别看一般事务所只有十几名员工,但却能带动百家企业诚信纳税。”这么多年的工作经验,让王玉璟倍感税务师事务所诚信的重要性。“税务师事务所的力量真是不容小觑,可以说,它们是企业诚信纳税的代言人。”

王玉璟指着本届名单中的税务师事务所名字,如数家珍地一一向记者介绍着:“这家税务师事务所主动督促企业诚信纳税,不仅带动了企业诚信纳税,而且还营造了积极的纳税遵从环境;这家税务师事务所自愿担当纳税志愿者服务,积极回答 12366 咨询电话中的财务问题;这家税务师事务所对企业认真负责,哪怕只是一丁点有损企业利益的小失误,他们都不允许发生……”王玉璟告诉记者,作为企业财务的重要载体,税务师事务所的诚信至关重要,因为它们纳税意识的牢固树立无疑会进一步带动其代理的企业诚信纳税。

记者手记

这不是一次以纳税多少论英雄的评选。

从 2002 年,大连国税举行首次“诚信纳税人”评选那一刻开始,“纳税额”已不再是衡量纳税人的唯一标准。A 级纳税人这张榜单让更多人知道了哪些企业是令人尊敬的诚信模范。只要依法诚信纳税,每月缴税几十元、几百元税款的纳税人与每月缴纳几百万元、几千万元税款的纳税人一样是值得尊敬的。

也许有人会问,纳税额就不再重要了吗?其实这并不矛盾。因为在这几届榜单中,不少名列其中的企业不仅诚信度高,纳税额同样也名列前茅。正如采访中王玉璟所说,秉承着诚信的态度,无论走到哪里,生意都能越做越好!

(发表于 2011 年 4 月 19 日《新商报》)

评选“市长质量奖”，诚信纳税记录成要件

根据《市长质量奖管理办法》中规定的申报条件，“具有良好的诚信记录和社会声誉”是四条必备条件之一。

日前，辽宁省大连市首届“市长质量奖”评选揭晓，华锐重工集团股份有限公司等3家公司获此殊荣。据介绍，此次评选，除了品牌、质量过硬以外，良好的诚信纳税记录也是必不可少的衡量条件。

据了解，“市长质量奖”是大连市政府以市长名义命名的最高质量奖项，每年评定一次。评选严格按照《卓越绩效评价准则》国家标准评审，突出与国际接轨。大连市首届“市长质量奖”共有23家企业申报，经资格审查、专家评审等程序，最终华锐重工集团股份有限公司、三洋冷链有限公司和海密梯克泵业有限公司在激烈的竞争中脱颖而出。

据大连市国税局纳税服务处负责人介绍，这三家企业都是大连市“2011年度纳税信用A级企业”，其中有两家达到了3A级信用等级。根据《市长质量奖管理办法》中规定的申报条件，“具有良好的诚信记录和社会声誉”是四条必备条件之一。企业的诚信纳税记录，无疑是企业的诚信记录的重要组成部分。评选过程中，大连市国税局为候选企业提供了纳税信用等级证明。“质量是企业的生命线，诚信纳税也是企业的立足之本，是企业社会责任感的体现。不诚信纳税的企业，在评选中肯定要一票否决。”大连市国税局相关人士表示。

（发表于2012年7月25日《中国税务报》）

第七章

政策解读

解读税收政策是《中国税务报》的神圣职责。从记者的视角看，每一次政策解读的过程，就是一个把纳税人实际情况与立法意图紧密结合起来的过程。这个过程非常美妙，因为既可以站在立法者的角度通盘考虑、提示一二，又可以站在纳税人的角度细细品读，反映心声。实际上，政策解读不是一个单向的传递过程，而是一个双向的沟通过程……

管理加力，汇总纳税企业需规范税务处理

王冬生表示，在原来的管理环境下，税务机关是“看得见的管不着，管得着的看不见”，在新的管理环境下，则会变成“看得见的管得着，管得着的看得见”，这对所有汇总纳税企业而言都是一个无形的巨大压力。

新年第一天，某运动品牌企业财务总监吴先生在和朋友聚会时得知，从2013年1月1日起，跨地区经营汇总纳税企业所得税将按照新办法缴纳。这个新办法，就是国家税务总局2012年最后一天以公告形式发布的《跨地区经营汇总纳税企业所得税征收管理办法》(国家税务总局公告2012年第57号，以下简称新办法)。“新办法明显加大了对汇总纳税企业的管理力度，这意味着防范税务风险将成为我们新一年的中心工作。”吴先生说。

税收管理将更加严格

2013年1月1日，当中汇税务师事务所有限公司副总裁王冬生看到新办法时，将目光停留在了第二十八条上。他在第二十八条上重重地划了几条线，然后告诉记者：“和原来的办法相比，这一条可以说是新办法最大的变化。”

新办法第二十八条规定，二级分支机构所在地主管税务机关应配合总机构所在地主管税务机关对其主管二级分支机构实施税务检查，也可以自行对该二级分支机构实施税务检查。对查实的项目，二级分支机构所在地主管税务机关还可以按照企业所得税法的规定，自行计算查增的应纳税所得额和应纳税额。查增税款的50%分摊给总机构缴纳，剩下的50%由二级分支机构就地缴纳。

王冬生说，地方税收利益的驱动和税务检查权的明确，会在很大程度上调动

二级分支机构所在地主管税务机关的税收管理热情，进而使二级分支机构面临更为严格的税收管理环境。王冬生告诉记者，2008 年修订后的企业所得税法实施以来，由于二级分支机构所在地主管税务机关的税务检查权一直没有得到明确，税务机关对汇总纳税企业所得税的管理，一直是“看得见的管不着，管得着的看不见”。因此，一些企业乘机采取瞒报收入或者人为调节收入的办法降低企业的整体税负。二级分支机构所在地主管税务机关的税务检查权得到明确后，这些企业如不积极应对，无疑将面临更大的税务风险。

记者不久前在大连的采访也证实了王冬生的说法。大连市国税局所得税处王云华告诉记者，由于汇总纳税企业的原始凭证大多在分支机构所在地保管，总机构所在地主管税务机关对分支机构的生产、经营、收益情况及其他相关信息掌握不全面，分支机构的核算是否全面、真实、准确，营业收入是否全部汇总到了总机构，税前扣除项目是否真实、合法，总机构所在地主管税务机关都无法了解，对分支机构的税收管理鞭长莫及，客观上造成了不少税收流失。

“各地税务机关对总分企业税收管理的积极性增强，不仅仅因为新办法的第二十八条。”北京鑫税广通税务师事务所有限公司税务技术研发部主任徐贺告诉记者，按照原来的办法，企业所得税年度汇算清缴业务全部由总机构负责，补缴税款或者退税业务也都由总机构所在地主管税务机关负责办理。而根据新办法，分支机构也要参加汇算清缴，补缴的税款或者退税款按照分摊比例，分别在总机构和分支机构所在地主管税务机关缴纳或者退税。同时，当年撤销的分支机构应该分摊的税款，其余各分支机构所在地也有份。“这些实实在在的好处，无疑将使各地以更大的动力加大管理力度。”徐贺说。

积极应对，防范税务风险

随着分支机构所在地主管税务机关管理力度的加大，如何积极应对可能面临的税务风险，是汇总纳税企业特别关心的问题。

王冬生说，一年一度的企业所得税汇算清缴是每个汇总纳税企业的重要工作内容之一。好在新办法自 2013 年 1 月 1 日起执行，2012 年企业所得税汇算清缴不应执行该政策。因此，相关企业首先应该严格区分新、旧两种汇总纳税办法的具体要求，不要张冠李戴，特别是其中涉及汇算清缴的具体条款。

徐贺提醒说，从 2013 年起，有关企业所得税的业务应严格按照新办法的要求进行税务处理。比如，按照原来的办法，总机构应按照以前年度（1—6 月按上上年度，7—12 月按上年度）分支机构的经营收入、职工工资和资产总额三个因素计算各分支机构应分摊所得税款的比例。但是根据新办法，这一规定变成了“总机构应该按照上一年度分支机构的营业收入、职工薪酬和资产总额三个因素计算各分支机构分摊所得税款的比例”。很显然，按照原来的办法计算税款分摊比例时，上半年和下半年分别采用不同年度的数据，而新办法统一采用上一年度的数据计算。“仔细研读政策很重要。”徐贺说。

徐贺还表示，在今后的汇算清缴中，汇总纳税企业的分支机构还应该注意把调增、调减项目及金额作出详细的说明，这一方面是为了满足总机构所在地主管税务机关需求，同时也是为了应对未来分支机构所在地主管税务机关的检查。

王冬生表示，在原来的管理环境下，税务机关是“看得见的管不着，管得着的看不见”，在新的管理环境下，则会变成“看得见的管得着，管得着的看得见”，这对所有汇总纳税企业而言都是一个无形的巨大压力。因此，原来通过瞒报数据、弄虚作假来逃避缴纳税款的企业，首先应对自己近年来的账目进行一次全面清理，对存在的问题展开严格自查，必要的时候还应该聘请税务中介机构进行“健康体检”，如果需要补缴税款的，应及时补缴税款，以免税务机关在加大管理力度后，将“陈年旧账”翻出。届时，如果企业被查出曾经偷逃税款，不仅要补税，还可能需要缴纳滞纳金和罚款。

其实，新办法还有一些具体的规定有待进一步细化。而这些有待进一步细化的规定，也会成为企业的税务风险。比如，新办法规定，二级分支机构所在地主管税务机关计算查增的应纳税所得额时，应减除允许弥补的汇总纳税企业以前年度亏损。但是，对于那些有众多二级分支机构的企业来说，哪个二级分支机构先弥补亏损，哪个二级分支机构后弥补亏损，新办法并没有明确。在新办法中，类似的问题还有一些。按照以往的经验，要么国家税务总局继续发文件予以明确，要么由各地税务机关根据实际情况予以明确。“不论最终由谁明确，相关企业在认真研究新办法各项条款及相关政策的同时，保持与税务机关的密切沟通非常重要。”王冬生说。

王冬生还表示，不论从新办法的各项规定来看，还是近年来税务机关的各项管理要求来看，不断规范企业的税收管理都是一个必然的趋势。因此，王冬生提醒企业，在这种情况下，与其千方百计“钻空子”，不如想尽办法加强自身的税务管理，完善自身的税务风险管理体系，将更多的精力放在企业的可持续发展上。

（发表于 2013 年 1 月 7 日《中国税务报》）

汇总企业二级机构认定标准还需细化

在实践中，涉及二级分支机构的情形非常多且非常复杂，如此寥寥数语很难解决实践中存在的诸多问题。“也可能正是因为这个问题比较复杂，新办法采取了笼统界定的思路，将这一复杂问题留待日后解决。”徐贺说。

不久前，记者在大连国税局采访时，该局刚刚完成对当地跨地区汇总纳税企业的调研。从该局调研的情况看，二级分支机构没有明确的界定标准，是一直困扰着企业及基层税务机关的问题。自 2013 年起实行的《跨地区经营汇总纳税企业所得税征收管理办法》（以下简称新办法）虽然对二级分支机构作了界定，但仍然不够细致。

新办法规定，二级分支机构是指汇总纳税企业依法设立并领取非法人营业执照（登记证书），且总机构对其财务、业务、人员等直接进行统一核算和管理的分支机构。北京鑫税广通税务师事务所有限公司税务技术研发部主任徐贺认为，在实践中，涉及二级分支机构的情形非常多且非常复杂，如此寥寥数语很难解决实践中存在的诸多问题。“也可能正是因为这个问题比较复杂，新办法采取了笼统界定的思路，将这一复杂问题留待日后解决。”徐贺说。

据了解，在新办法出台前，各地税务机关都是按照国家税务总局 2008 年发布的《跨地区经营汇总纳税企业所得税征收管理暂行办法》（以下简称旧办法）实施对跨地区汇总纳税企业的管理。在旧办法中，国家税务总局为了解决总分机构跨省市税源转移的主要矛盾，规定了很多不需要就地预缴税款的特殊条款，而且规定三级及以下分支机构不需要在所在地预缴企业所得税，而是全部汇总到二级分支机构缴纳。而这些特殊条款都是围绕“二级分支机构”展开的。

但遗憾的是，旧办法对什么是“二级机构”并没有做出明确规定。在计算、缴纳应该在各地分摊的税款时，相关企业就不知该如何计算，各地税务机关界定“二级机构”的标准也存在差异。有些企业根据行政机构的层级划分，有些则根据经营情况、企业规模和组织架构来划分，随意性很大。比如，总机构在沈阳的某药品零售企业，在大连市内各区设有多家分支机构，各分支机构起初均按照分配表预缴税款。后来，总机构为了管理方便，将其中的一家分支机构直接指定为二级分支机构，要求其他分支机构应分得的税款全部并入该分支机构预缴税款。

大连市国税局直属税务分局税政科科长刘波告诉记者，由于在工商登记环节无法区分分支机构的级次，税务机关对分支机构的认定，基本上都是依据总机构的证明材料，而证明材料的真实性又直接影响分支机构税款的分配。在现有征管条件下，三级及以下分支机构基本处于税收管理的真空地带。“换句话说，一个分支机构是不是二级分支机构，在实践中基本上是由总机构说了算。”刘波说。

在实践中，一些企业常常利用二级分支机构界定不明确逃避缴纳税款。有些汇总纳税企业总机构出于自身利益的需要，经常向税务机关开具假证明，或者通过税收筹划人为调整分支机构层级，进而人为调节就地预缴税款金额。比如将重要的生产或销售分公司设置为三级或三级以下分支机构，从而在一定程度上逃避当地税务机关的征管，获取隐性的税收利益。

自2008年起，某汇总纳税企业的大连分公司不再在大连预缴企业所得税，主管税务机关责令其提供不用在大连预缴企业所得税的证明材料时，该分支机构从总机构取得一份证明其为三级分支机构的材料。当主管税务机关对此表示质疑时，该分支机构又说总机构可能会在当年出具二级机构企业所得税分配表。后经实地核实，该分支机构只不过是一个仅上缴管理费，打着“中”字头旗号进行工程作业的挂靠公司，连三级分支机构都不算。

大连市国税局所得税处王云华告诉记者，实践中，除了二级分支机构难界定外，对于涉及各分支机构预缴税款数额的经营收入、职工薪酬和资产总额“三因素”也存在界定难题，分支机构的法律责任也不好界定。“2012年企业所得税汇算清缴已经开始了，希望这些问题尽快得到明确。”王云华表示。

（发表于2013年1月7日《中国税务报》）

优惠方式简化，石脑油使用企业可直接申请退税

“不难看出，优惠政策已经优惠到家了，关键问题就是要将优惠政策真正落到实处。我想这应该是36号公告出台的重要原因。”一位业内人士说。

近日，国家税务总局发布的《关于发布〈用于生产乙烯、芳烃类化工产品的石脑油、燃料油退（免）消费税暂行办法〉的公告》(国家税务总局公告2012年第36号，以下简称36号公告)，让很多生产、使用石脑油和燃料油的化工企业感到十分高兴。根据该公告，石脑油和燃料油使用企业享受消费税退（免）税优惠的方式大为简化，相关企业都能从中间接受益。有关专家说，36号公告对促进我国化工企业健康发展，丰富人们的日常生活将产生十分积极的影响。

优惠方式变得更直接

36号公告的主要内容有备案程序管理、退（免）税政策及操作管理和税收日常管理3部分内容，共33条。有关专家介绍说，36号公告并没有对原有的消费税退（免）税政策作任何改变，改变的只是优惠方式，即变间接优惠为直接优惠。

记者了解到，2008年国家税务总局制定了《石脑油消费税免税管理办法》(国税发〔2008〕45号，以下简称45号文件)，燃料油消费税免税管理比照该办法执行。45号文件规定，进口石脑油免征消费税。国产专门用来生产乙烯和芳烃类化工产品的石脑油也免征消费税。其中，国产石脑油免征消费税又分为两种情况：一是石脑油生产企业（以下简称生产企业）生产出石脑油后，自己用来生产乙烯、芳烃类化工产品；二是生产企业生产出石脑油后销售给其他企业使用，

但这些石脑油的使用企业（以下简称使用企业）必须将购买的石脑油用于生产乙烯、芳烃类化工产品。在第二种情况下，生产企业必须凭借使用企业出具的《石脑油使用管理证明单》（以下简称《证明单》）才能免税，然后再以不含税价格将石脑油销售给使用企业，因此免税政策不能直接惠及使用企业。

对此，大连市国税局直属税务分局税源管理五科科长舒雪梅告诉记者，为解决使用企业不能享受免税政策的问题，45 号文件规定，生产企业在销售石脑油和燃料油的时候必须判定购买方的使用用途，以便执行不同的价格。为方便生产企业准确判定购买方的用途，45 号文件采取了《证明单》的管理方式，即生产企业凭使用企业出具的由其主管税务机关开具的《证明单》，就可以按不含消费税的价格销售。凡不能够出具《证明单》的，则按含消费税的价格销售。最终，生产企业凭收到的《证明单》注明的销售量向主管税务机关申请免缴消费税，这样，使用企业购买的石脑油和燃料油就是不含税的。也就是说，在原办法下，使用企业是通过间接的方式享受退（免）税优惠的。

36 号公告采取了一种全新的办法——使用企业可以按实际耗用数量直接申请退（免）税。也就是说，使用企业在购买石脑油和燃料油时，可以直接根据实际耗用的数量向主管税务机关申请退（免）税，而不必再“绕道”生产企业享受税收优惠。

石脑油、燃料油供不应求

国家为何要改变石脑油、燃料油生产及使用企业退（免）消费税的优惠方式呢？一位业内人士坦言，这是因为我国石脑油、燃料油供不应求，已经在很大程度上制约了我国化工产业的发展，并会对人们的生活带来一定的不利影响。

对于绝大多数人而言，石脑油和燃料油是一个十分陌生的化学名称，但却与我们的日常生活息息相关。比如，飞机用的航空煤油，汽车用的汽油，柏油马路用的沥青，还有包装材料、容器、管道、单丝、电线电缆、日用品等，都是以乙烯和芳烃类化工产品为原料经过深加工后生产的，而石脑油和燃料油又是生产乙烯和芳烃类产品的重要原料。

作为和人们日常生产、生活息息相关的乙烯和芳烃类化工产品，在我国一直处于紧缺状态。以乙烯为例，据统计，我国目前乙烯自产供应量只能达到需求量的 48%，还有 52%依赖进口。因此，通过税收优惠鼓励相关企业加大乙烯、芳烃类化工产品的生产力度，成为我国近年来一直坚持的一个政策导向。

2006年4月1日，国家调整与完善了消费税政策。那次调整，将石脑油、溶剂油、润滑油和燃料油一并纳入了消费税的征收范围，与汽油、柴油一起构成了"成品油"税目。由于石脑油、燃料油是乙烯、芳烃产品生产的重要原料，对石脑油、燃料油征收消费税后，国产乙烯、芳烃产品的原料成本中就包含了消费税，而进口的乙烯、芳烃类产品成本中不包括消费税，导致国产乙烯、芳烃产品在市场竞争中处于不利地位。

专家介绍说，为促进我国烯烃类化工行业的发展，经国务院批准，财政部和国家税务总局在2008年和2010年先后发布了《关于提高成品油消费税率后相关成品油消费税政策的通知》（财税〔2008〕168号，以下简称168号文件）和《关于调整部分燃料油消费税政策的通知》（财税〔2010〕66号，以下简称66号文件）。168号文件规定，从2009年1月1日至2010年12月31日，对国产用作生产乙烯、芳烃类化工产品的石脑油免征消费税，对用作生产乙烯、芳烃类化工产品的进口石脑油先征后返；66号文件规定，从2010年1月1日至2010年12月31日，对用作生产乙烯、芳烃类化工产品原料的燃料油免征消费税。168号文件和66号文件执行时间到2010年年底结束后，又经国务院批准，目前继续执行。

"不难看出，优惠政策已经优惠到家了，关键问题就是要将优惠政策真正落到实处。我想这应该是36号公告出台的重要原因。"一位业内人士说。

产业链上相关企业均受益

有关专家说，36号公告从拓宽使用企业进货渠道，提升使用企业享受优惠政策的力度，鼓励代理商进口，规范市场经营秩序等方面，都有很多突破，其目的就是促进我国化工企业健康发展，尤其是乙烯、芳烃类化工企业的健康发展。"产业链上相关企业均受益。"有关专家说。

根据45号文件，只有使用企业才能凭税务机关开具的《证明单》从生产企业购进免税石脑油和燃料油，其他企业（如销售公司等商贸企业）无法向其主管税务机关申请开具《证明单》，进而无法向生产企业出具《证明单》，也就无法从商贸企业购买到不含税的燃料油和石脑油，因此无法享受国家的税收优惠政策。根据36号公告，生产企业对外销售石脑油、燃料油征收消费税，使用企业按实际耗用数量退税，这样，即使使用企业向商贸企业购买石脑油和燃料油，也能直接享受到政策优惠，使用企业的进货渠道因此拓宽，不再受《证明单》的限制。

36 号公告在让使用企业进货渠道拓宽的同时，也让一些商贸企业的生意更好做了。一家燃料油进口企业的财务负责人告诉记者，在我国只有有资质的企业才能进口燃料油，而且进口的额度是有严格限制的。他们公司的主要业务，就是根据国内客户的需求在国际市场上进口各种型号的燃料油，然后再销售给国内客户。在原办法下，由于他们属于燃料油的代理公司，不是燃料油的生产企业，无法取得《证明单》，也就无法享受消费税免税优惠，因此他们销售给国内客户的燃料油就是含消费税的，价格自然会高于国内同类产品。在这种情况下，很多国内客户不愿意从他们手中购买燃料油，作为代理商，他们的生意就很难做了。而按照 36 号公告，其客户可以直接享受退（免）税优惠，困扰他们的问题也就迎刃而解了。“一般情况下，我们的客户每次的购买量都涉及上亿元的资金，这生意要是不能做了，公司就赔大了。”这位财务负责人说。

舒雪梅表示，按照 168 号文件和 66 号文件规定，对生产企业生产、销售用作乙烯、芳烃产品生产的石脑油和燃料油，要凭《证明单》免征消费税，再以不含消费税价格销售给使用企业。由于石脑油、燃料油价格目前没有纳入国家统一管理，石脑油、燃料油价格随行就市。加之石脑油、燃料油的资源掌握在生产企业手中，受市场供求关系的制约，生产企业往往处于主动地位，在实际执行时，销售价格往往没有完全按照不含消费税价格销售。据了解，价格优惠一般只在应优惠水平的 70%左右。也就是说，国家给的免税政策没有完全落实到使用企业，生产企业从中“偷偷占了便宜”。根据 36 号公告，使用企业按照实际耗用数量退还所含消费税，而且是按全额直接退给企业，能够完全保证使用企业的利益，使国家的优惠政策落实到了实处。

“随着研发的深入，利用乙烯、芳烃类化工产品还能生产出许多新的产品。随着这一领域的进一步蓬勃发展，乙烯、芳烃类化工产品对人们今后生产、生活的积极影响十分值得期待。”有关专家说。

（发表于 2012 年 8 月 13 日《中国税务报》）

延伸阅读

享受优惠，操作层面诸多细节需要关注

尽管36号公告仍然延续了原来的优惠政策，只是在优惠方式上做了些改变，但36号公告的内容却十分丰富，逻辑性非常强，有许多细节需要相关企业认真研读。

大连市国税局直属税务分局税源管理五科科长舒雪梅告诉记者，作为石脑油、燃料油的生产企业，首先需要关注的是能够获得退（免）税的两种情形，一种情形是生产企业将自产的石脑油、燃料油用于本企业连续生产乙烯、芳烃类化工产品；另一种情形是生产企业按照国家税务总局下发的石脑油、燃料油定点直供计划销售自产石脑油、燃料油。根据规定，生产企业实际执行定点直供计划时，超出国家税务总局核发定点直供计划量的，或将自产石脑油、燃料油未用于生产乙烯、芳烃类化工产品的，不得免征消费税。

生产企业同时需要关注的是发票的开具问题。根据规定，生产企业执行定点直供计划，销售自产石脑油、燃料油的数量在计划限额内，且开具有“DDZG”标识的汉字防伪版增值税专用发票的，免征消费税。生产企业开具普通版增值税专用发票的，应当先行申报缴纳消费税。经主管税务机关核实，确认使用企业购进的石脑油、燃料油已作免税油品核算的，其已申报缴纳消费税的数量可抵顶下期应纳消费税的应税数量。在石脑油、燃料油汉字防伪版专用发票开票系统推行之前，36号公告中有关开具“DDZG”汉字防伪版专用发票的规定和开具普通版增值税专用发票先征税后核实再抵顶的规定暂不执行。未开具增值税专用发票或开具其他发票的，不得免征消费税。

舒雪梅表示，对使用企业而言，最需要关注问题，就是必须按36号公告的规定向当地主管税务机关办理退（免）消费税资格备案，否则不得申请退（免）消费税。其中，资格备案管理应具备的主要条件有三个。一是前置条件。石油化工属于高危行业，国家在立项、环保、消防等方面对此有较高门槛。因此，36号公告借助相关部门对企业的管理情况（相关的证件和批文）作为资格备案的前置条件，以确保企业具有相应的生产资质，符合国家规定的其他要求和标准。二是生产过程的必备条件。为防止一些不具备条件的使用企业将购入的石脑油、燃料油通过变换名称等方式再对外销售，骗取退（免）税，36号公

告规定，使用企业必须拥有生产乙烯、芳烃类化工产品的生产装置，而且用油品生产的乙烯、芳烃类化工产品必须占其用油品生产全部产品总量的50%以上。三是承诺接受税务机关对产品的抽检。由于成品油加工工艺复杂，产品繁多，往往导致税企双方在产品认定上发生矛盾，因此36号公告规定，当双方在产品认定发生纠纷时，应通过对产品抽检的方式解决。

记者了解到，退还用于生产乙烯、芳烃类化工产品的石脑油、燃料油消费税工作，由使用企业所在地主管税务机关负责。符合条件的使用企业可到其所在地主管税务机关办理退税。在退税环节，使用企业在纳税申报期结束后，应向主管税务机关填报《用于生产乙烯、芳烃类化工产品的石脑油、燃料油消费税退税申请表》，主管税务机关接收使用企业退税申请资料后，按照36号公告的规定进行审核。对符合退税条件的，开具“收入退还书”后附《用于生产乙烯、芳烃类化工产品的石脑油、燃料油消费税退税申请表》，转交当地国库部门。国库部门按规定从中央预算收入中退付税款。

“36号公告上溯至2011年10月1日起执行，并非自公布之日起执行。相关企业应及时对原有的账目做出相应调整，及时办理退（免）税手续。”舒雪梅说。

（发表于2012年8月13日《中国税务报》）

既要政策给力，又要企业努力

有关税收专家认为，要破解搬迁企业面临的上述税收难题，既需要调整、完善税收政策，也需要企业在深入研究税收政策的基础上，适当调整生产、经营方式，以适用对自己有利的税收政策。

图为大化集团整体搬迁改造后，通过资源置换新建的现代化厂房。（高宪杰、刘亚辉摄）

“很多大型工业企业根据城市新的发展规划，按照政府要求，实施搬迁，拓展了城市的发展空间，美化了城市人居环境。但是，这些搬迁企业不仅要承受搬迁本身付出的代价，搬迁中和搬迁后还产生了不少税收难题，制约了企业的发展。搬迁企业需要更多税收政策支持，才能搬得走，发展好。”东北特钢集团有限责任公司副总经理朴文浩说。

搬迁企业面临不少税收难题

记者对大连市搬迁企业面临的税收难题作了采访。大连市国税局有关人士介绍，为了支持企业搬迁改造，税务机关在纳税服务上积极为搬迁企业提供税收政策咨询和指导，并在国家税收政策允许的范围内，给予强有力的税收扶持。同时，他们在为搬迁企业提供纳税服务中也了解到，搬迁改造企业或多或少都遇到一些税收难题。这些税收难题在企业看来存在一定的不合理性，而限于现行税收政策的限制，税务机关很难按照企业的诉求予以解决。

难题一：一些企业搬迁不适用《企业政策性搬迁所得税管理办法》。

今年 8 月，国家税务总局发布《企业政策性搬迁所得税管理办法》，对企业政策性搬迁过程中涉及的搬迁收入、搬迁支出、搬迁资产税务处理、搬迁所得等所得税征收管理事项做出了详细规定，并给予了一定的税收照顾。比如该办法规定，企业在搬迁期间发生的搬迁收入和搬迁支出，可以暂不计入当期应纳税所得额，而在完成搬迁的年度，对搬迁收入和支出进行汇总清算。这对于有搬迁净收入的企业而言是利好。

但是，按照《企业政策性搬迁所得税管理办法》有关条文的规定，大连不少实施搬迁改造的企业却无法适用该办法。原因有两个：一是这些企业的搬迁发生在该办法出台和施行之前；二是虽然这些企业的搬迁属于政府主导下的整体搬迁，但是比照该办法有关条款的规定，并不属于政策性搬迁。

大化集团有限责任公司、东北特钢集团有限责任公司、中国北车集团大连机车车辆有限公司、道依茨一汽（大连）柴油机有限公司、大连华锐重工集团股份有限公司等企业，有的已经完成搬迁改造，有的正在搬迁改造，《企业政策性搬迁所得税管理办法》出台后，这些企业都遇到了上述难题。但是这些企业认为，其搬迁与《企业政策性搬迁所得税管理办法》确定的原则并不冲突，希望适用该办法处理有关所得税事宜。

难题二：搬迁企业购进固定资产难以完全抵扣。

自 2009 年 1 月 1 日起，我国全面实施了增值税转型改革，允许企业新购进设备所含进项税金，按正常办法直接抵扣。但是由于企业的特殊性，一些搬迁企业不能抵扣新建设备所含的进项税金。

例如，在大化集团有限责任公司的搬迁改造过程中，新建了一些基础建筑设施，从化工企业来看，这些建筑设施的附着设备，比如化学管道、化学反应塔(罐)、电器电缆等，本身属于设备的一部分。但是按照目前购进固定资产抵扣进项税额的有关税收政策来严格界定，这些设备不属于固定资产增值税扩大抵扣政策范围之内，不能抵扣，对企业的经营造成一定影响。

目前固定资产抵扣进项税额有关税收政策规定，以建筑物或者构筑物为载体的附属设备和配套设施，无论在会计处理上是否单独记账与核算，均应作为建筑物或者构筑物的组成部分，其进项税额不得在销项税额中抵扣。但像大化集团有限责任公司这样的基础化工企业，其生产有一定的特殊性，且具有一定的代表性，不允许这部分固定资产的进项税金抵扣，确实值得考虑。同时，对于搬迁企业而言，还有特殊性：企业在搬迁改造过程中，原有这部分设备已经没有使用价值，只能作为废旧物资处理，处理时也要按照相关的税收政策缴纳增值税。这就形成了这类设备拆旧时要缴纳增值税，购进新设备时又不允许抵扣进项税金的现象，对企业很不公平。

据不完全统计，大连市国税局直属税务分局管辖的大型搬迁企业，购进设备因政策原因未能抵扣的进项税金大约在 5 000 万元。

难题三：通勤大客车的进项税金无法抵扣。

搬迁企业搬迁到新址后，普遍存在远离市区、员工上下班困难的问题。

以上述几家企业为例：大连大化集团有限责任公司松木岛化工基地距离市区 70 公里，东北特钢集团有限责任公司距离市区 70 公里，中国北车集团大连机车车辆有限公司距离市区 40 公里，道依茨一汽（大连）柴油机有限公司距离市区 50 公里，大连华锐重工集团股份有限公司距离市区 15 公里。为解决员工上班问题，一些企业或选择铁路、轻轨通勤，或选择租用社会车辆，还有一些企业购置大客车。据了解，大化集团有限责任公司花费近 1 300 万元购置了 30 余辆黄海牌大客车解决员工上下班问题，但由于这些通勤班车没有直接用于生产，按照现行增值税相关政策，不允许作增值税进项抵扣。大化集团的 30 余辆大客车就涉及 210 万元的进项税不能抵扣。据了解，上述搬迁企业此项合计涉及税额约 350 万元。

所购客车除不能作增值税进项抵扣外，其维修维护、燃油耗费等，也不能直接在企业所得税前扣除，而必须在福利费中间接扣除。目前企业的福利费支出是在工资总额的 14%内据实扣除，而搬迁企业的福利费开支比较紧张，企业购置大客车发生的费用，金额比较大。道依茨一汽（大连）柴油机有限公司的办税员于涛向我们介绍说，他们企业租用了 19 辆社会运输企业的车辆，年租用费用大约在 400 万元。大连华锐重工集团股份有限公司计划财务部部长助理张翼介绍，他们企业租用了 115 辆社会运输企业的车辆，年租用费用大约在 1 300 万元。租用费用作为费用是可以直接在所得税前扣除的，但是对于购置了 30 多辆通勤班车的大化集团有限责任公司来说，这笔购置费用就不允许在所得税前直接扣除，这无疑加大了企业的负担。

企业购置通勤班车，形式上是为了解决员工上下班难题，但实际上还是为生产经营服务，尽可能减少企业的开支，并不只是简单意义上的为职工谋福利。

据不完全统计，大连市国税局直属税务分局管辖的大型搬迁企业，每年通勤班车所花费用（自有和租用）近亿元。

难题四：搬迁企业普遍面临税收征管难题。

企业搬迁改造之后，部分企业的管理机构并未随之搬迁，出现了生产部门和管理部门所在地不一致、跨区域的问题。虽然企业实现的税收都要通过税务机关上缴给国家，但却要面对注册地和生产所在地的地方政府以及税务机关在营业收入以及税收收入统计口径等各方面问题，增值税方面前期留抵的进项税额发生转移或者分解、所得税方面以前年度的亏损弥补问题，各核算单位收入、费用和利润如何分配等税收征管难题。所有这些，都不应该是企业考虑的问题。

如何破解搬迁企业面临的税收难题

有关税收专家认为，要破解搬迁企业面临的上述税收难题，既需要调整、完善税收政策，也需要企业在深入研究税收政策的基础上，适当调整生产、经营方式，以适用对自己有利的税收政策。

比如一些企业搬迁不适用《企业政策性搬迁所得税管理办法》的问题。该办法从今年 10 月 1 日开始实施。企业搬迁要适用《企业政策性搬迁所得税管理办法》规定的优惠政策，前提条件是企业搬迁属于政策性搬迁，而该办法对政策性搬迁的范围作了严格限制。因此，企业在搬迁前，就要对搬迁作出筹划，使之符合政策性搬迁条件，否则就不可能按照该办法处理相关税收事宜。

再比如搬迁企业购进固定资产难以完全抵扣的问题，产生的主要原因是受现行固定资产抵扣进项税额有关税收政策的限制。要解决该问题，需要国家完善固定资产抵扣进项税额的税收政策。

记者注意到，财政部从 2011 年 5 月 1 日起已启用《固定资产分类与代码标准》(GB/T14885—2010)，取代了《固定资产分类与代码》(GB/T14885—

1994）。财政部、国家税务总局此前的文件对哪些固定资产的进项税额可以抵扣和不可以抵扣，依据的是 GB/T14885—1994。但现在既然财政部已经启用了新的标准，相关部门对于固定资产进项税金抵扣的税收政策也应作适当调整。

同样，对于通勤大客车的进项税金无法抵扣的问题，最好的解决办法是国家专门针对搬迁企业制订特殊的抵扣政策。在没有这样的政策前，需要企业衡量自己购车、租赁车辆和发放交通补贴等解决方法的利弊，选择损失较小的办法。

对于搬迁企业普遍面临税收征管难题，有税务专家提出了解决办法，即主管税务机关只负责这些企业的日常税收征管，其营业收入以及税收收入等指标均在其所在地计算统计，而不是由主管税务机关单独计算统计，这样既可以避免税务机关之间的矛盾，也可以避免地方政府之间的矛盾。

一些搬迁企业负责人表示，作为国有大型企业，遵从国家税收政策，是企业责无旁贷的责任和义务，但上述涉税难题，对于刚刚搬迁、处于起步阶段的企业产生了不利影响。希望税务机关在不违反国家税收政策的情况下，针对企业的实际情况，区别对待；更希望国家针对搬迁企业的实际困难，给予更多的税收政策支持。

（发表于 2012 年 11 月 26 日《中国税务报》）

反避税利剑出鞘，股权转让避税风险大增

面对企业股权转让中的避税行为，税务机关必须有能力对企业的股权价格进行是否符合独立交易的判断，并按照合理的方法来确定企业股权的公允价格，从而在准确计算企业的股权转让收益的基础上最大限度地实现税收的应收尽收。

企业的公允股权价格该如何确定？企业的市场价值到底是多少？在税务部门的反避税实践中，这曾是困扰他们的大难题。如今，大连市国税局初步找到了破解难题的钥匙。他们率先运用收益法评估某企业无形资产价值并计算股权转让所得，成功征收该企业股权转让税款 1 100 万元。

按照税法规定，履行股权转让协议后，纳税人应该就股权转让所得申报缴纳所得税，但一些关联企业或集团公司内部股东为了减轻税负，往往采取平价甚至低价的方式转让股权。因此，合理地评估企业的公允股权价格成为准确计算企业股权转让所得税的基础和关键。专家表示，随着税务部门反避税水平的逐步提高，特别是随着收益法这一科学评估企业价值方法的运用和推广，今后纳税人再选择背离股权实际价值以逃避税收义务的做法，将存在极高的税务风险。

历时经年，1 100 万元税款终入国库

A 集团公司是一家知名境外企业，在大连市开发区投资设有 6 家下属企业。2010 年初，A 集团公司被美国某集团公司收购，并对其内部的生产结构进行了整合，导致 A 集团公司在大连下属的 6 家企业都产生了不同程度的股权转让。

有转让就有转让所得，企业就应该就转让所得申报缴纳企业所得税。但是，A 集团公司及其下属企业一直未主动到税务部门申报纳税。在大连市开发区国税局向该公司进行了政策宣传和讲解后，A 集团公司主动向税务部门提供了其下属 6 家公司 2002—2009 年间发生的所有股权转让情况和相关资料，并表示将以董事会决议中确认的股权转让价格为基础来确认收益和计算缴纳所得税。

但是，A 集团公司董事会决议确认的股权转让价格明显偏低，如果税务部门按照企业提供的账面价值来计算股权转让收益，企业的应纳税所得额将低至几乎可以忽略不计。也就是说，A 集团公司下属企业之间存在平价或低价转让股权的嫌疑，不符合中国税法所规定的独立交易原则。因此，大连市开发区国税局决定依据税法赋予的权力，对企业的股权转让价格按照公允价值予以调整。

为了准确评估企业价值，大连市开发区国税局决定试着采取国际上通行的收益法来计算企业的股权转让收益。即通过估算评估企业未来预期收益的现值来判断 A 集团资产的公允价值。

在具体操作过程中，大连市开发区国税局采用如下数据来源考虑收益法所必需的三个基本要素。一是预期收益率，选择各企业一段时间的净利润的中位数来测算；二是折现率，根据企业自身的生产经营情况，按照加权平均资本成本的计算方法求得；三是预期收益的持续时间，结合企业自身的实际经营情况确定。值得一提的是，这些数据的选择和计算都得到了 A 集团的充分认可。

经过近一年的努力，大连市开发区国税局在取得详细的企业资料基础上，运用评估模型，合理确定了 A 集团公司的股权转让公允价格，并按照企业所得税法及《国家税务总局关于加强非居民企业股权转让所得企业所得税管理的通知》(国税函〔2009〕698 号）的规定，对其下属企业 2008 年以后的股权转让价格进行了特别纳税调整。2010 年 11 月 2 日，A 集团公司股权转让所得税 1 100 万元终于成功缴入国库。

股权转让频繁，税收流失严重

其实，近年来随着我国市场经济制度的逐步确立，类似于 A 集团这样的股权转让现象在企业之间已非常普遍。特别是 2008 年以后，企业的股权变动尤为频繁。

专家介绍，由于新的企业所得税法恢复对非居民企业的股息征税，导致一些非居民企业的外方股东纷纷向可以享受非居民企业协定待遇的低税率地区企业转移股权，或采取重组方式在低税率地区设立新的企业。通过这样的方式，非居民企业的外方股东可以最大限度地获得税后利润。

另外，2008 年新的企业所得税法改变了原法所得税优惠对外资企业的倾斜，外资企业除能享受过渡期的税收优惠外，不再享受优惠于内资企业的特殊待遇。因此，一些假合资企业中“虚拟”的外方股东开始通过股权转让的方式逐步撤出企业，还原正常的国籍身份。

还有，根据经济发展的需要，近年来，国家开始对某些行业采取提高外资准入门槛的政策。比如在一些大型工程招标项目中，往往会要求外资或合资企业中方股东持股必须达到一定的比例要求。因此，一些外资或合资企业为了获得项目，也纷纷通过内部股权变动的方式来增加中方的持股比例。

当然，更多的股权变动是由于企业经营的需要。如今，企业集团内部的重组业务在大型企业当中司空见惯，而大型企业内部往往分成多个事业部，随着这些事业部在市场上的经营策略的不断变化，自然导致股权在企业内部不同事业部门之间的频繁调整。

按照企业所得税法规定，企业履行股权转让协议后，应该就股权转让收益申报缴纳所得税。但是，无论是外国企业通过重组在低税率地区设立企业，还是集团内部转移股权，抑或是虚拟“外方”股东撤股还原正常身份，纳税人的这些股权转移行为都不是为了实现现金收益，而是要借助股权比例的改变获得某种资格或相应的控制权。因此，一些企业在确定股权转让价格时，往往脱离市场定价模式，不按照税法要求的独立交易价格定价，以此减少股权转让所得，从而降低应纳税所得额，逃避应该承担的纳税义务。

据了解，在反避税实务中，税务机关遇到的企业股权转让绝大多数都是平价转移和低价转移，特别是一些集团企业内部股东之间和一些非居民企业的股权变动，低价转让已经成为这些企业避税的主要手段，国家因此而遭受的税收流失非常严重。

近年来，媒体对税务部门的反避税实绩多有报道，在一些案例中，一些非居民企业因为低价转让股权而被税务部门追缴的税款高达数亿元之巨。大连市开发区国税局有关人士表示，在对 A 集团的反避税谈判中，如果不能选择合理的方法对其进行特别纳税调整，国家遭受的税款流失将以千万元计。

求解公允价格，收益法成评估利剑

面对企业股权转让中的避税行为，税务机关必须有能力对企业的股权价格进行是否符合独立交易的判断，并按照合理的方法来确定企业股权的公允价格，从而在准确计算企业的股权转让收益的基础上最大限度地实现税收的应收尽收。

据介绍，目前国际上公认的企业价值评估方法有市场法、成本法和收益法。其中，成本法主要是按照企业财务提供的账面资料来评估计算企业价值。由于我国企业财务诚信水平不高，账面记录往往存在一些虚假信息，税务部门的评估结果必然不符合企业的真实价值，自然也就无法得出企业股权的公允价格。

市场法要求有活跃市场，而实际操作中往往缺乏产权交易的数据，税务部门无法获得可比且有效的参照对象。在大连市开发区国税局对 A 集团股权价值的评估中，税务干部曾运用市场法寻找可比对象估算企业价值。A 集团公司认为其为境外上市公司，而其在大连下属的 6 家公司是境内非上市公司，税务部门寻找的国内可比企业不具备可比性，从而导致税企之间的谈判工作一度陷入僵局。

大连市国税局最终尝试的收益法得到了税企双方的认可。这种方法主要是通过将被评估企业预期收益资本化或折现来确定评估对象的价值。在计算过程中，税务干部主要考虑三个基本要素：一是评估对象的预期收益，二是确定折现率或资本化率，三是确定取得预期收益的持续时间。

专家介绍，在市场资产交易中，任何投资者的目的都非常明确，即投资是为了取得收益，某项资产交易能否成功以及成交价格的高低，取决于该项资产在未来能否为投资者带来收益及收益能力的高低，而不是取决于购建被交易资产的成本。因此，一个企业在未来能否具有获利能力及获利能力的大小就成为其交易及交易价格的最基础条件。收益法正是以被评估资产未来收益能力作为价值评估的基础的。

据了解，在欧美发达国家中，对于资产交易中的企业价值评估、单项无形资产评估均广泛采用收益法，并且容易被交易双方所接受。但就目前国内情况看，很少有评估机构和评估人员采用这一方法，对于企业价值评估几乎千篇一律采用成本法计算。

某税务师事务所负责人透露，目前很多税务部门在确定独立交易价格时，基本上单纯依赖中介机构的评估报告。至于中介机构对企业进行评估采用的技术手段、评估计算方法是否科学合理，则少有深究。由于税务专业人才的相对匮乏和评估工作本身的复杂繁重，税务部门中直接从事基本价格的评估工作的人更是少之又少。因此，大连市开发区国税局率先运用收益法对企业开展价值评估，并将其作为所得税计税的基础，在税收征管特别是反避税实践上具有广泛而重要的现实意义。

企业转让股权，需考虑税务成本

“这是一个信号，它提醒企业今后转让股权时必须要把交易的税务成本考虑进去。”北京天扬君合税务师事务所副总经理王璟表示。她认为，随着收益法在税务部门的成功运用和逐步推广，今后税务部门的反避税选案可能不仅局限于购销业务，涉及无形资产和股权评估方面的案例将成为反避税关注的重点。也就是说，企业一旦被发现有低价或平价转让股权的嫌疑，将很容易遭到税务部门的反避税调查而被特别纳税调整。因此，对企业来说，那种不以暂时的收益为目的的内部股权转让必须谨慎行事，最好按公允价格确定股权转让价格，提前把交易的税务成本考虑进去。

大连市开发区国税局有关人士还提醒企业，由于目前企业在进行股权转让时，在税务机关要做的工作只是进行税务变更登记，因此一些企业对由此产生的纳税义务并不十分了解。特别是一些非居民企业的股东，由于身在境外，更不了解我国税法的相关规定和应该承担的纳税义务。为避免纳税人税务风险，税务专家建议企业在进行股权交易时要及时咨询税务机关，以详细了解企业的纳税义务及其实现的时间。

另外，《财政部 国家税务总局关于企业重组业务企业所得税处理若干问题的通知》（财税〔2009〕59号）和《企业重组业务企业所得税管理办法》（国家税务总局2010年第4号公告），对股权收购当中一般性税务重组和特殊性税务重组在政策上和程序上都做出了明确的规定，专家提醒，纳税人如果申请特殊性税务重组以享受税收优惠，应该按照文件的规定向税务机关提交股权交易的整体情况，税务机关才能据以对股权转让的过程作出是否符合特殊性税务重组的判断，纳税人也才能据以全盘考虑股权变动带给自身的税务成本。

（发表于2011年1月24日《中国税务报》）

股权转让日益增多，代扣代缴义务人风险加大

一些扣缴义务人由于不了解税法的具体规定，甚至不知道自己还有“扣缴义务人”这一身份而没有履行代扣代缴义务，在被税务机关处罚后才连连“喊冤”。大连市国税局国际税务管理处有关负责人表示，扣缴义务人是税务机关进行非居民税收管理的“关键防线”，如果失守，不但企业本身要面临税务风险，国家也会蒙受损失。

近日，大连B公司因为在股权交易中没有很好地履行自己的税款扣缴义务而被税务机关罚款30万元。对此，B公司觉得很“冤枉”。

股权转让，意味着投资人将退出投资，资本交易进行到了最后一步。为了切实维护国家的税收权益，我国税法在强调纳税人纳税义务的同时，也强调了扣缴义务人的源泉扣缴义务。在实践中，越来越多的纳税人都明白，如果在股权转让中定价不合理，将有可能面临被进行纳税调整、缴纳滞纳金、罚款等风险。但一些扣缴义务人由于不了解税法的具体规定，甚至不知道自己还有“扣缴义务人”这一身份而没有履行代扣代缴义务，在被税务机关处罚后才连连“喊冤”。大连市国税局国际税务管理处有关负责人表示，扣缴义务人是税务机关进行非居民税收管理的“关键防线”，如果失守，不但企业本身要面临税务风险，国家也会蒙受损失。

企业未履行代扣代缴义务被罚

2009年6月23日，香港A公司与大连B公司签订协议，将A公司持有的大连C公司100%的股权以1 800万元的价款转让给B公司。C公司是香港A公司

的子公司，注册资本为 210 万美元，A 公司投资入股时实际交付的出资金额为 216 万美元。C 公司实质性经营资产为土地、建筑物房屋及附属物，但土地使用证和建设工程施工许可证尚未办理，在建工程账面价值为 1 915 万元。经评估机构鉴定，其市场价值为 2 816 万元。由于此前 C 公司的债权人已就其 1 100 万元债权向法院提起诉讼，因此股权转让协议约定，股权变更前 C 公司的全部债权债务由 A 公司承担，B 公司需将转让价款中的 1 100 万元付到以 A 公司名义建立的双方共管的账户中，待股权手续完成后由双方共同监管，用于以 C 公司的名义偿还债务。

2009 年 7 月 13 日大连市外经贸局做出了同意股权转让的批复。2009 年 9 月 11 日，经大连市工商局核准变更登记。随后，B 公司将 1 100 万元支付给 C 公司的债权人，并按 A 公司的要求将剩余的 700 万元以人民币形式直接支付给了与 A 公司为同一法定代表人的大连 D 公司。

近日，税务机关对大连 B 公司实施税务检查时，发现其未依法对非居民企业香港 A 公司的股权转让所得 47 万美元代扣代缴企业所得税。随后，税务机关对大连 B 公司未履行源泉扣缴义务的行为给予应扣未扣税款 1 倍的罚款，共计 30 余万元。对此，B 公司负责人觉得很“冤枉”：其一，他认为 A 公司实际上最终只得到了 700 万元，并不是股权转让所得，不应按照股权转让所得对其征税；其二，即使征税，也应该向 A 公司或者 D 公司征税，自己是居民企业，不是股权转让所得的受益人，所以不应被征税。

股权转让协议很关键

那么，B 公司是否被冤枉了呢？其实，按照我国税收法律法规的有关规定，税务机关的处理是正确的，作为扣缴义务人，B 公司没有履行代扣代缴义务而受罚，一点都不“冤”。

据介绍，《国家税务总局关于加强非居民企业股权转让所得企业所得税管理的通知》（国税函〔2009〕698 号）第三条规定，股权转让所得是指股权转让价减除股权成本价后的差额。股权转让价是指股权转让人就转让的股权所收取的包括现金、非货币资产或者权益等形式的金额。股权成本价是指股权转让人投资入股时向中国居民企业实际交付的出资金额，或购买该项股权时向该股权的原转让人实际支付的股权转让金额。根据《关于贯彻落实企业所得税法若干税收问题的通知》（国税函〔2010〕79 号）第三条的规定，企业转让股权收入，应于转让协议生效且完成股权变更手续时确认收入的实现。

根据上述规定，上述案例中的股权成本价比较容易认定，即为A公司投资入股时向C公司实际交付的出资金额216万美元，而非注册资本210万美元。对于股权转让价，双方在股权转让书面协议中里明确约定“股权转让价款为取得股权的对价1 800万元”。尽管从表面来看，股权转让人A公司就转让的股权只收取了现金700万元，对于1 100万元没有直接收取现金，但这只是形式上的差别，二者都是股权转让价款的一部分。

根据股权转让协议，股权变更前C公司的全部债权债务由A公司承担，B公司需将转让价款中1 100万元付到以A名义建立的双方共管账户，待股权变更手续完成后，再偿还C公司债务。所以对于A公司来说，等于先取得了1 100万元的股权转让价款，再用于偿还自己的债务。也就是说，股权转让在前，清偿债务在后，二者是两个独立的行为。值得注意的是。B公司负责人的错误，就是没有意识到二者同为A公司实际取得的权益，错误地认定了股权转让价，才误以为A公司没有股权转让所得。按照股权变更手续完成时，即工商核准变更登记日2009年9月11日中国银行外汇中间价6.828 2，税务机关最终认定A公司的股权转让所得为1 800/6.828 2－216＝47（万美元）。

税务人员向B公司负责人解释，股权转让价的确定关键要看好股权转让协议，股权转让过程中转让方实际取得的全部现金、非货币资产或权益等多种形式的金额，都有可能构成转让方的股权转让所得，而不是仅看实际收到的现金额。

恶意筹划更行不通

听了税务人员的解释，B公司负责人后悔不迭。不过，他很快想出了新的主意：如果A公司和B公司单独签订一份1 100万元借款合同，A公司将借入的1 100万元作为出资增加C公司注册资本，进而用于偿还C公司的债务，而转让合同注明转让价款为700万元，这样不就没有股权转让所得了么？

“这种恶意筹划更要不得。”税务人员解释说，根据《企业所得税法》第四十一条的规定，企业与关联方之间的业务往来，不符合独立交易原则而减少企业或者其关联方应纳税收入或者所得额的，税务机关有权按照合理方法调整。根据《国家税务总局关于加强非居民企业股权转让所得企业所得税管理的通知》(国税函〔2009〕698 号）第七条的规定，非居民企业向其关联方转让中国居民企业股权，其转让价格不符合独立交易原则而减少应纳税所得额的，税务机关有权按照合理方法进行调整。而《国家税务总局关于印发〈特别纳税调整实施办法（试行)〉的通知》(国税发〔2009〕2 号）第九条进一步明确，一方与另一方（独立金融机构除外）之间借贷资金占一方实收资本 50%以上，或者一方借贷资金总额的 10%以上是由另一方（独立金融机构除外）担保，都构成关联关系。

大连市国税局国际税务管理处有关负责人告诉记者，在上述案例中，因为 A 公司和 B 公司之间不存在关联关系，所以尽管税务人员认为 1 800 万元的股权转让价与房地产鉴定报告的 2 816 万元之间有较大差异，但是并没有对其进行特别纳税调整。但是，如果采用 B 公司负责人所说的筹划方案，那么尽管股权成本价增加了 1 100 万元，但其股权转让价很可能因为借贷资金构成关联关系而面临被税务机关进行特别调整的风险，最终的股权转让所得也很可能超过税务机关最终确认的 47 万美元。

罚款不等于税款

缴完罚款，B 公司负责人认为此事就算结了。税务人员却告诉他，罚款不等于税款，B 公司缴纳的只是罚款，税款目前还没有入库，还需要税务机关进一步追缴。

原来，根据《企业所得税法》第三十七条的规定：“对非居民企业取得本法第三条第三款规定的所得应缴纳的所得税，实行源泉扣缴，以支付人为扣缴义务人。”国家税务总局《非居民企业所得税源泉扣缴管理暂行办法》(国税发〔2009〕3 号）第三条规定：“对非居民企业取得来源于中国境内的股息、红利等权益性投资收益和利息、租金、特许权使用费所得、转让财产所得以及其他所得应当缴纳的企业所得税，实行源泉扣缴，以依照有关法律规定或者合同约定对非居民企业直接负有支付相关款项义务的单位或者个人为扣缴义务人。”根据《税收征管法》第六十九条的规定：“扣缴义务人应扣未扣、应收而不收税款的，由税务机关向纳税人追缴税款，对扣缴义务人处应扣未扣、应收未收税款百分之五十以上三倍以下的罚款。”

根据上述规定，非居民企业 A 公司取得了股权转让所得，自然是纳税义务人。居民企业 B 公司作为该笔股权转让所得的支付人，是扣缴义务人。税务机关对B公司进行的处罚，只是针对其没有履行扣缴义务人责任的行为。也就是说，B公司缴纳的只是罚款，并不是税款。真正的税款并没有被追缴回来。

税款需要进一步追缴

那么，真正的税款应该由谁来追缴，又向谁追缴呢？

《非居民企业所得税源泉扣缴管理暂行办法》(国税发〔2009〕3号) 第十七条规定："非居民企业未依照本办法第十五条的规定申报缴纳企业所得税，由申报纳税所在地主管税务机关责令限期缴纳，逾期仍未缴纳的，申报纳税所在地主管税务机关可以收集、查实该非居民企业在中国境内其他收入项目及其支付人(下称其他支付人) 的相关信息，并向其他支付人发出《税务事项通知书》，从其他支付人应付的款项中，追缴该非居民企业的应纳税款和滞纳金。其他支付人所在地与申报纳税所在地不在一地的，其他支付人所在地主管税务机关应给予配合和协助。"同时，该文件第二十一条还规定，税务机关在企业所得税源泉扣缴管理中，遇有需要向税收协定缔约对方获取涉税信息或告知非居民企业在中国境内的税收违法行为时，可按照《国家税务总局关于印发〈国际税收情报交换工作规程〉的通知》(国税发〔2006〕70号) 规定办理。

因此，对于香港A企业未申报缴纳股权转让企业所得税的行为，应由所得发生地C企业所在地主管税务机关责令A企业限期缴纳。同时，由于B公司按A公司要求，将700万元股权转让价款直接以人民币形式支付给了D，A与C、D法定代表人同名，因此，D公司很有可能成为A公司的"其他支付人"，C公司所在地主管税务机关要及时通知D公司的主管税务机关给予协助。在发生应付款项时，及时追缴应纳税款和滞纳金。此外，可以按规定程序向香港主管当局提出专项情报交换请求，并告知其在中国境内的税收违法行为。如果能够证实A公司只是在香港注册的空壳公司，那么还可以按照一般反避税的有关条款进行处理。

据了解，目前税务机关已按照相关程序要求提出情报交换申请，正在积极追缴税款。

(发表于2011年11月21日《中国税务报》)

延伸阅读

代扣代缴也是法定义务

代扣代缴也是税法赋予纳税人的一项重要的法定义务，无论是《税收征管法》还是《企业所得税法》及其配套的法律、法规，都强调了这一点。尤其是在非居民税收管理中，纳税人的代扣代缴义务正在被越来越多地提及。

记者发现，最近几年，不少外资企业的外方投资者由于经营期限届满或因“两税合一”带来的外资待遇丧失而将股权转让给中方。中方投资者大多更加关注的是转让价款的谈判、技术及人员变动等企业经营层面的问题，很少关注税务方面的风险，往往到了最后环节才发现自己还要履行扣缴义务人的责任，而这时候外方已经人去楼空了。

经过20多年的探索和实践，目前我国已经形成较为全面的反避税法规体系，反避税能力显著增强，代扣代缴义务人面临的风险越来越大。以非居民税收管理为例，我国非居民税收年年攀升，今年上半年，全国共组织非居民企业所得税476.06亿元，比去年同期增长66.24%。其中，股权转让所得企业所得税48亿元，增幅高达185%。“十二五”期间，税务机关将继续加强非居民企业的管理，股权交易金额在50万元以上的股权转让项目都已被列为今年国家税务总局指令性专项检查范围。

因此，在这个背景下，在股权转让中扮演扣缴义务人角色的企业，应该对税务机关反避税能力的不断提升有清醒的认识，对自身面临的税务风险有清楚的了解，加强与税务机关、税务中介机构的沟通，做到防患于未然。与此同时，税务机关也要进一步加大宣传力度，辅导扣缴义务人学习税法，防控好股权转让中的风险点，尤其要加强管理创新。在大连B公司未履行扣缴义务被罚的案例中，如果在企业申请投资比例、投资人名称工商变更时或者在外经贸局批复股权转让批文等环节增加税务机关就有关股权转让涉税情况的审核批文，把有关的税收监管前置，完全可以有效避免因信息不对称造成的税款流失。

（发表于2011年11月21日《中国税务报》）

企业期盼"合同能源管理"政策细化

合同能源管理的定性，安装、维护、产品销售、服务是否都纳入到项目范畴？财政部门能否建立专门的基金，对该产业进行扶持？"节能产业的性质决定了其微利色彩，希望辽宁能借鉴其他地方的做法，出台地方性政策，给予更优惠的政策。"

"国家重视合同能源管理项目，我们也有决心把事情做好！"大连易世达新能源发展公司董事长刘群充满信心地说。

4 月 2 日国务院办公厅转发了《关于加快推行合同能源管理促进节能服务产业发展的意见》（下称《意见》），明确从增值税、营业税、企业所得税等方面对节能服务企业提供税收政策扶持。大连市国税局日前派出了以副局长李国庆为首的工作组，带着新政策走访有代表性的新能源企业。他们发现，虽然这些企业的发展状况不一，但都表达了对《意见》的关注，同时也对具体落实方案提出了各自的诉求。

期待方案细则出台

易世达公司目前主要从事利用水泥企业余热进行发电，实行合同能源管理，并逐步向化工、冶金等行业拓展。刘群介绍，水泥厂经过改造后，既把废气废热回收利用，又解决了企业 1/3 的用电量。经实际测算，改造后水泥企业利润大体上可提高 1 倍左右，收益非常显著。公司去年实现营业收入 3.7 亿元，净利润达到 4 100 万元。

该公司总裁何启贤说："我们公司的业务种类多样，从政策上看还有许多不好界定的地方，希望有关部门早日能够出台更细化、更有操作性的方案。”

何启贤介绍，他们目前开展的项目，大体可以分成两种类型：一是节能服务公司与用户成立项目子公司。以广东省某水泥厂为例，易世达公司投资成立了项目子公司，子公司利用水泥厂的余热、废气等发电，取得售电资质后，将电力销售给水泥厂，开具增值税专用发票，经营期满后，把发电站无偿转让给水泥厂。在这个过程中，一些具体操作中的问题就出现了。如，子公司取得售电资质时，开具的是增值税专用发票；而子公司未取得该资质时，只能向用户开具服务业发票，在这两种不同的情况下，企业的税负影响孰大孰小？再如，形成的资产是否可在服务合同规定的经营期限内全部折旧或者摊销，经营期满后母公司的收入如何体现及如何纳税，都是企业绕不过去的困惑。二是在总承包基础上设立的部分能源管理项目。例如，唐山某水泥厂将其余热发电项目总承包给易世达，并支付总承包金额的 60%，其余的 40%由易世达承担，项目投产后，易世达按发电量的 40%及约定的电价计算收取服务费，收费期限为 5 年。企业的困惑在于，该项目是否能够认定为“合同能源管理项目”？形成的资产如何进行税务处理？如何确认总承包的销售收入？

积极向优惠政策靠拢

路明集团多年从事半导体照明产品的研发生产，目前已经形成了包括上游的芯片、中游的半导体照明、下游的显示亮化工程在内的完整产业链。路明集团总裁肖志国介绍说，路明集团的合同能源管理项目主要是为客户照明系统进行更新改造。在“绿色经济”的世界潮流指引下，半导体产业有着光明的发展前景。据了解，对一些大型商场、写字楼来说，电费是其主要的成本之一，而照明又占到其中的 35%～40%。据测算，节能灯比白炽灯节省 50%的电能，而 LED 灯又比节能灯节省 50%。以与路明达成合同能源管理项目的大连商场大楼为例，改造前商场 5 年的照明费为 150 多万元，而 5 年合同能源管理项目下的总费用为 70 万～80 万元，节省 50%的费用。LED 灯的寿命为 5 年，期满后，可再次循环进行“合同能源管理项目”。

路明集团副总经理姚增硕表示，路明集团将积极向国家的政策导向靠拢，加快发展合同能源管理，但有一系列问题摆在面前：路明集团仍以产品生产为主业，如何更好地介入下游行业，开展业务，享受到国家合同能源管理的有关优惠政策？合同能源管理的定性，安装、维护、产品销售、服务是否都纳入到项目范畴？财政部门能否建立专门的基金，对该产业进行扶持？“节能产业的性质决定了其微利色彩，希望辽宁能借鉴其他地方的做法，出台地方性政策，给予更优惠的待遇。”他说。

从产品到服务的期待

“北京奥运会的VIP服务用车，上海世博会的新能源汽车，都有我们生产的燃料电池。”新源动力公司总经理明平文博士自豪地说。

据明博士介绍，“氢燃料电池具有无污染、无噪声、效率高、热排少等优势，氢燃料电池车将成为汽车未来发展的终极目标。但目前我国燃料电池汽车的产业规模还非常小，一年的产量仅为百十台，需求量不大，难以形成商业化、规模化生产，摊销折旧、技术投入等成本很高。目前新源动力的年销售额为数百万元，而累计亏损额已达到1 000多万元。另一方面，仍有技术问题需要不断地克服，研发投入很大，产业化经营尚待时日”。

明博士表示，国家出台节能产业发展意见，是一次难得的发展机遇。但文件中关于“交通”的合同能源管理项目并没有详细的阐述，而这是他们非常关注的地方。虽然公司目前还比较弱小，但前景极其广阔，公司有信心从一个节能产品生产企业逐步发展成为涵盖产品及节能服务产业的多元化企业。

在走访中，李国庆对有关企业人士表示，国家非常重视新能源产业的发展，国家税务总局正在积极组织调研，认真听取企业和社会各界的呼声。相信不久，一系列的税收政策将会陆续出台。届时，税务机关将把各项优惠政策宣传到企业，不折不扣地执行到位。

（发表于2010年5月17日《中国税务报》）

THOUGHTS ON CHINA'S TAX REFORM

第八章

一线调查

没有调查就没有发言权，在税收新闻宣传中尤其如此。一项新的税收政策实施后，纳税人反映怎么样？一些令人费解的税收现象背后，究竟有什么样不为人知的故事？在税制改革加速推进的过程中，纳税人究竟在想些什么？……这些问题的答案，只有在调查后方可知晓。一线的调查，真实地还原现实，却也在引导征纳双方反思现实……

减税了，企业为何仍“不解渴”？

2012 年大连市国税局入库各项税收 1 044.5 亿元，其中国税部门自行组织的税收收入 556.2 亿元，办理减免退税合计 319 亿元，超过了总收入的 3 成，减免税规模大于全省 13 个城市的总规模。其中出口退税 179 亿元，增幅 9.2%；直接减免税近 90 亿元，给予企业减计收入、加计扣除等其他减免近 50 亿元，后两项减免合计近 140 亿元，占全年国税组织收入的 25%。

2012 年，国内外经济形势给中国经济社会发展带来了严峻挑战。不过结构性减税政策进一步完善，减轻了企业和居民的负担。营改增试点，蔬菜、鲜活肉蛋产品流通环节免征增值税，对小微企业税收优惠……一项项减税政策不断落在实处。从大连市国税局的数据看，去年共办理减免退税合计 319 亿元。而大连市地税局去年减税效应叠加显现，大连地税纳税人减轻税负也达到 44.6 亿元。跟往年比，这两个数字是非常可观的。那么到底哪部分群体受益了呢？

当然记者也留意到，在本届政协会上，为企业减税的呼声仍然响亮。为何国家结构性减税力度不断加大，企业却仍然感觉“不解渴”呢？

去年到底减了多少税？

李国庆说，2012 年在全国经济增速放缓的大背景下，大连的经济形势不容乐观，众多企业举步维艰。市国税局利用国家税收优惠政策给企业注入“活水”。2012 年大连市国税局入库各项税收 1 044.5 亿元，其中国税部门自行组织的税收收入 556.2 亿元，办理减免退税合计 319 亿元，超过了总收入的 3 成，减免税规模大于全省 13 个城市的总规模。其中出口退税 179 亿元，增幅 9.2%；直接减免税近90亿元，给予企业减计收入、加计扣除等其他减免近50亿元，后两项减免合计近140亿元，占全年国税组织收入的25%。

从税收优惠政策扶持的产业方向看，高新技术和软件企业的减免税力度十分醒目，其减免税额占行业应征税收比重过半，去年软件业企业享受增值税减免8.2亿元，增长67%；集成电路企业享受所得税减免12.1亿元，增长117%；其他高新技术企业享受企业所得税减免10.8亿元，增长21.6%。享受到小型微利企业减半征收所得税的企业数量扩大到了14 337户，占企业所得税减免总户数的九成多，减免企业所得税8 326万元，户均年减免税额6 000元，同时，免收小微企业发票工本费412.5万元。此外，惠及民生政策的“三连跳”也让老百姓最为直观地感受到税收的“让利于民”。据不完全统计，个体户销售货物增值税起征点调整至2万元，蔬菜流通环节免征增值税，鲜活肉蛋免征增值税这三项优惠，市国税局共计免征增值税4.5亿元。2012年出口退税再创新高达179亿元，增幅9.2%，其中直接退税历史性地达到了119亿元，增幅达到19.0%。与此同时为了满足外贸企业加快出口退税进度的“刚需”，市国税局实现了最快24小时退税的纪录。

今年减税路径怎样？

李国庆说，今年结构性减税的内容日益丰富，步伐不断加快，减税所带来的效果也将愈加显现。一批税收新规开始生效，比如企业资产重组将获增值税支持。增值税一般纳税人在资产重组过程中，将全部资产、负债和劳动力一并转让给其他增值税一般纳税人，并按程序办理注销税务登记的，其在办理注销登记前尚未抵扣的进项税额可结转至新纳税人处继续抵扣。这一规定减轻了业务转让中的买方因需要缴纳增值税而增加的资金负担，有利于鼓励企业开展资产重组。另外，在农业领域，对于符合条件的硝基复合肥也将从今年开始免征增值税。去年，小微企业尝到了免收发票工本费的甜头，今年起所有的纳税人都将“告别”税务发票工本费，即从今年1月1日起，纳税人领购发票时，无论是普通发票还是增值税专用发票，将不再支付发票工本费。据不完全测算，此举将为国税局纳税人一年减负1 000万元。

（发表于2013年1月9日《新商报》）

免税新政：实惠百姓“菜篮子”

据测算，此次对部分鲜活肉、蛋产品免税的规模约为每年40亿元。该政策实施以来，与之前实施的蔬菜流通环节免征增值税政策效应叠加，惠民效果开始逐步显现。

继蔬菜之后，免征农产品流通环节增值税政策再次“扩围”。根据财政部和国家税务总局日前下发的《关于免征部分鲜活肉蛋产品流通环节增值税政策的通知》，自2012年10月1日起，对从事农产品批发、零售的纳税人，免征部分鲜活肉、蛋产品流通环节增值税。据测算，此次对部分鲜活肉、蛋产品免税的规模约为每年40亿元。该政策实施以来，与之前实施的蔬菜流通环节免征增值税政策效应叠加，惠民效果开始逐步显现。

百姓：价格降了，实惠多了

10月20日上午，家住河北省邢台市桥西区的张女士利用休息时间，准备采购一些鸡蛋。“几天没来，这里的鸡蛋价格就便宜了！”在河北省邢台市达活泉农贸市场，一看鸡蛋价格下降了，张女士便比平时多买了两斤。

“你晓得不？现在卖肉、卖鸡蛋免了部分税收，价格也降了！”在贵州省，家住铜仁市印江县花园城小区的王阿姨从菜市场里出来，逢人就笑呵呵地宣传。

据了解，贵州省今年有存栏生猪1 370余万头，预计每头猪可免税50元，合计免征近7亿元增值税。这使长期维持在每斤13元以上的猪肉价格下降至每斤12元以下。而河北省邢台市的肉、蛋产品市场价格也已有所下降，降幅在5%左右。

在山东省聊城市光华农贸市场，记者也了解到，前几个月，鲜活肉、蛋产品价格上涨明显。进入10月份以来，价格逐渐趋稳。据济南市菜篮子办公室相关人士分析，免税新政的实施或将令鲜活肉、蛋类市场进一步下调价格。一些大中型食品加工企业的成本上也会有所下降，最终使老百姓的“菜篮子”变“轻”。

批零商：销量提高，信心倍增

鲜活肉、蛋流通环节免征增值税的政策不仅对普通消费者来说是好消息，也受到了零售摊主的普遍欢迎。在贵阳市黄金路农贸市场，肉贩们正在大声吆喝：“每斤11块5啦！”这个价格与市场里的平价肉店一样。

是什么让普通小摊上的肉价能降到与平价肉店一样？一位商贩告诉记者：“过去市场内平价肉店的价格比我们低，导致我们的销售量不断下降。现在好了，国家免征鲜活肉、蛋产品流通环节增值税，我们可以和平价肉店卖相同的价格，生意红火了不少。”

一位经营鲜活蛋类产品的摊主也高兴地对记者表示，降价不光让市民得到了好处，零售摊主也是受益者。以前鸡蛋进价贵，又要加上租金、税收等成本。现在不仅进价便宜了，而且不用缴税。鸡蛋售价便宜，销量也上去了。

在辽宁省葫芦岛市，大型超市大润发商业有限公司从事鲜活肉、蛋产品批发零售业务。实施免税新政后，公司财务总监张总表示，从产品销售价格来看目前没有明显变化，但由于新政降低了流通成本，肯定有利于公司的长久发展。辽宁省国税局有关负责人表示，新政将减轻从事相关鲜活肉、蛋产品流通业务纳税人的税收负担，降低其流通成本，同时对平抑物价也能起到一定作用。

在大连市一家大型连锁超市，总部孙会计也告诉记者，2011年该公司旗下3家大型连锁超市销售鲜活肉、蛋产品缴纳的增值税为911万元。免税新政实施后，预计企业一年可免缴增值税过千万元。如此大幅度的税收减免优惠将在很大程度上缓解超市资金周转压力，给超市发展提供了充裕的资金保障。

据了解，大连市现有专门从事鲜活肉、蛋经销的企业、个体户1 100户，加上各个商场超市，据不完全测算，此次免税新政总计可减免增值税2 000多万元。今年前9个月，大连市蔬菜流通环节免征增值税已达2 250万元，加上此次鲜活肉、蛋流通环节免征增值税政策，两项优惠合计，一年将为大连市纳税人减免税额超过5 000万元。

在山东省新泰市，作为新泰市最大的食品连锁店，山东德旺食品有限公司财务负责人告诉记者，各类税费，包括销售环节增值税在内，在财务支出中占比较大，直接增加了企业负担，某种程度上也制约了企业规模的进一步扩张。“现在国家肉、蛋类批零环节免税政策的出台，为企业发展送上了一份厚礼，我们发展的信心也增强了。”

山东省食品协会业内人士表示，政策出台后，许多大型商超、批发市场和零售摊点都将一定程度降低成本。以济南某超市两户肉摊为例，一年就可免缴税款近 4 万元。销售环节降低了成本，企业必然会释放出更大的发展潜力。

企业：成本降低，生意做大

鲜活肉、蛋产品流通环节免征增值税政策的实施，一定程度上也降低了相关生产企业的成本。

贵州省铜仁市印江县兴隆肉联厂是从事生猪生产和批发的企业，由于成本偏高，经营 3 年来亏损了 300 多万元。该厂老板李江华感慨道：“这个免税政策真是一场及时雨！我算了一下，今年我的企业根据这个政策就可以少缴 90 多万元税款。下一步，我准备去银行申请贷款，扩大生产规模。”

河北省邢台市威县养猪专业户张东昌也告诉记者，近年来，受饲料价格上涨和人工成本增加等因素影响，养猪成本也在大幅增加，养殖业的生意越来越不好做。“按照原计划，我已经准备改行了。没想到，国家出台了税收优惠政策，直接降低了我们的生产销售成本。我决定还是继续养猪，并争取扩大养殖规模，把生意做大做好。”张东昌笑呵呵地说。

据邢台市国税局有关负责人表示，免税新政的出台，将直接降低相关企业税负，有效缓解这些企业的资金压力，促进相关养殖企业的发展壮大。

（发表于 2012 年 10 月 26 日《中国税务报》）

优惠政策来了，企业缘何“按兵不动”？

政策试行已经一年，虽然大连市国税局有 48 户大型出口企业经央行等六部委批准列入试点企业名单，但目前尚没有一家企业申报以人民币结算的出口退税业务。

去年 3 月、6 月，国家有关部门先后颁布了《关于边境地区一般贸易和边境小额贸易出口货物以人民币结算准予退（免）税试点的通知》和《关于扩大跨境贸易人民币结算试点有关问题的通知》。日前，记者在负责全市大型出口企业退税管理的大连市国家税务局直属税务分局了解到，该政策试行已经一年，虽然该局有 48 户大型出口企业经央行等六部委批准列入试点企业名单，但目前尚没有一家企业申报以人民币结算的出口退税业务。

大连企业难迈人民币结算第一步

所谓跨境贸易人民币结算，是指以人民币报关并以人民币结算的进出口贸易结算。自金融危机爆发后，人民币国际化一直成为全球讨论的热点话题。去年 6 月，跨境贸易人民币结算的境外地域由港澳、东盟地区扩展到所有国家和地区，增加北京、天津、内蒙古、辽宁等 18 个省（自治区、直辖市）为试点地区，而大连就在其中。截至目前，大连市共有 3 347 户出口企业纳入试点企业名单。

业内人士分析，目前，大连出口企业迈出跨境贸易人民币结算的第一步还是有难度的，这其中既有主观原因，又有客观原因。主观上表现在企业认识不到位，做惯了以外币结算的模式，改用人民币结算，感到不习惯，不积极主动去运作，等待观望较为普遍。“客观上，当前人民币尚未达到作为国际货币的要求，尽管人民币跨境贸易结算量强劲增长，但尚局限于亚太地区，在欧美国家的接受度并不高。而且出口的产品还叫不响。”大连华锐重工国际贸易有限公司总经理邵长南对此颇有感触。在他看来，大连出口的产品仍然主要集中在低技术和低附加值的产品方面，有技术深度的工业产品和机械产品，特别是需要较高技术和规模密集型的自动化产品以及要求有自主知识产权和较高研发投入的高技术产品在我市出口结构中所占的比重不高。此外，政府间的合作和交流还不够顺畅。换句话说，人民币出境以后，如果没有对方国家的法律和政策承认，也是一个难题。

试点企业怎样申报退税？

目前，大连市纳入试点企业名单的 3 347 户出口企业，虽然还没有申报以人民币结算的出口退税业务，但具体的申报流程已经明确。

市国家税务局直属分局退税管理负责人介绍，根据上述文件的规定，试点企业可以使用人民币结算形式办理出口报关手续，人民币结算不纳入外汇核销管理，在不需要提供外汇核销单，不再审核出口收汇核销单及相关信息的前提下，就可以享受出口货物退（免）税政策。但需要注意的是，出口企业应单独向主管税务机关申报，如与其他出口货物一并申报，应在申报表中对跨境贸易人民币结算出口货物报关单进行标注，以便区分普通形式出口业务的申报；主管税务机关受理试点企业申报出口退（免）税时，不再审核出口收汇核销单及相关信息的对比；试点企业在申报出口退（免）税时，要尽可能保证资料齐全，除了提供出口货物报关单、出口发票、购销发票、合同以及其他相关资料以外，最主要的还应提供境内银行账户与境外企业在境内代理银行账户之间进行的人民币交易的证明。

（发表于 2011 年 3 月 18 日《中国税务报》）

增值税起征点调整：9万个体户8万获免税

昨日在双兴商品城，从事文具销售的小吴向记者算了一笔账，她2012年全年预计少缴税款3 000元左右，也就意味着多了3 000元纯利润。

截至5月末，市国税局个体税收收入累计1.66亿元，同比下跌20.12%，降幅显著。“个体税收下降的最主要原因在于去年国家增值税起征点的调整政策，使缴税的个体户数得到大幅削减，甚至整个一个市场的业户基本不用缴纳增值税的情况也屡见不鲜。”该局征管处相关负责人告诉记者。

昨日在双兴商品城，从事文具销售的小吴向记者算了一笔账，她今年全年预计少缴税款3 000元左右，也就意味着多了3 000元纯利润。记者从市国税局了解到，从去年11月1日起，国家调整了销售货物和应税劳务的增值税起征点，大连地区将起征点统一调整至2万元，按次纳税的调整为每次销售额500元。此次调整后，大连国税管辖的9.1万户个体户中，实际缴税的个体户数量下降到了7 300户左右，纳税户数削减了85%。以金州商城为例，去年前10个月，该商城的个体税收收入为96万元；去年11月初增值税起征点调整后，达起征点的个体户仅剩下2户，其余均享受了免税政策。新政执行8个月来，又有3户个体户达到了起征点，截至6月末，金州商城个体税收收入只剩下10万元左右。缴税业户从280户减少到5户，“几乎整个市场的业户都不用缴纳增值税了”。国家的税收新政对于这里的个体户来说，犹如雪中送炭。

记者在大连水产品交易市场见到在这里经营批发业务的孙女士时，她正在税务代征点刷卡缴税。由于每月的收入都在2万元以上，所以她仍按照核定定额纳税。据市国税局相关负责人介绍，去年末的增值税起征点政策调整，对规模化、效益较好的专业化市场，如家具市场、装饰材料市场等影响不大，这些发展成熟的专业化市场仍是政策调整后各基层税务部门个体税收收入的主要税源。

（发表于2012年7月3日《大连日报》）

退税新政：负担减轻了，手续简便了

以往出口企业常因为出口退税申报迟了，导致原本可以享受的退税要被重新按内销征税。如今，这种情况已得到改变，新的出口退税政策实施，为我国出口企业带来明显利好。

“实施新的出口退税政策，对我们真是个好消息！公司的出口额本来不是很多，以前每次赶申报，时有意外发生以致申报过期，有时候工厂发票没有及时开出来，或者发票有问题要重新开的话，就赶不上这个 90 天申报的限期，很麻烦，现在放宽申报退税期限就好多了。”山东一家进出口公司的财务经理对记者说。

以往出口企业常因为出口退税申报迟了，导致原本可以享受的退税要被重新按内销征税。如今，这种情况已得到改变，新的出口退税政策实施，为我国出口企业带来明显利好。

申报期限延长非常好

出口退税新政一出，众多出口企业立即将目光聚焦其上，寻找能够使自己受益的变化。记者采访山东、辽宁和广东等地的多家出口企业了解到，延长出口退税申报期限的政策调整最受企业欢迎。

山东新华制药股份有限公司国际贸易部副经理张慧萍对记者说：“货物报关出口后 90 天内申报退税的规定对我们来说是一个很‘卡脖子’的事情，时常会发生退不成税被视同为内销缴税的情况。”

“我们公司主要出口原料药，市场竞争很激烈，所以我们在交易中处于弱势地位，客户常常提出很苛刻的条款。其中最让我们头疼的是放账的要求，特别是俄罗斯和东欧国家，还有南美洲国家的客户，放账的起步时间就是120天，有的甚至要求放账期限为半年或一年。我们出口的原料药用船运到客户所在国港口需要30～45天，客户用15天清关入库，再加上至少30天的放账期，90天已经满了，所以在原来的政策下我们是很难操作的，即使一切顺利也只能勉强做到在期限内完成申报退税。”她说。

张慧萍还表示，公司在定价和运输方面也受到“90天”的制约，给公司带来很大一块损失。“有些客户愿意接受一个较高的价格，但要求付款期长，这样就没法达到90天的要求。公司没有办法，只能降价，以便客户能把钱提前支付给公司。有时，海运公司有一些运价很优惠的班次，但因为这些班次不能保证公司在90天限期内完成订单，我们只能被迫选择运价高但时间上有保障的班次。”她说。

受访的辽宁大连正道船舶贸易有限公司财务人员王玉倩，深圳中电投资股份有限公司办税员张维禹也均向记者表示，申报期限延长是对公司而言最明显的好处。他们认为，申报期限延长能让出口企业有更大的经营空间和灵活性，企业不必再动用大量资源来保障及时申报退税的工作，负担大为减轻。

申报期限延长让许多出口企业感到压力大减，而扩大享受出口退（免）税货物劳务范围，扩大生产企业收购货物出口退税的范围；取消小型企业、新发生出口业务的企业审核期满12个月后办理退税的规定也让出口企业受益良多。

“新政策规定生产企业收购货物出口可按自产产品申报免抵退税，对神舟电脑来说是最大的利好。”深圳神舟电脑股份有限公司财务中心副总经理李秀敏介绍说。

“像业内大部分企业一样，神舟电脑也有一部分业务外包出去。以前生产企业外包或者收购产品出口不能视同自产产品，无法办理退税，有些订单又必须按时完成，所以企业必然损失一定的利润。”李秀敏向记者解释说，“这次政策调整后，生产企业出口货物退税范围有所扩大，增加了生产企业收购视同自产货物免抵退税的范围，为企业增加了不少利润。”

“出口退税新政策好啊！8月初我们就收到了退税款。”浙江百力达太阳能股份有限公司的财务负责人孙经理感慨道。该企业首笔出口是今年3月，按原来的政策，要等到明年3月才能收到退税款。孙经理说：“现在收到的182万元退税，极大地减轻了企业的资金周转压力。”

新政策废止了“新发生出口业务的企业可在12个月后第一个月的当月，小型企业可在次年的1月，一次性退付退税款”的规定。现在，此类企业在发生业务后的次月就可以拿到退税款。

山东省青岛市一家刚刚开始从事出口业务的企业负责人告诉记者，目前企业有 40 多万元的出口退税款，新政策实施后，企业在今年就可以拿到这笔退税，预计全年可盘活资金上百万元。

山东奥博医用器材有限公司的财务人员也表示，作为一家新发生出口业务的中小出口企业，原来要在发生出口业务后一年才能实现退税，现在企业很幸运赶上了新政策实施，目前企业已经实现了 15 万元的退税，预计全年能够实现 65 万元退税，对于他们这样累计投资只有 345 万元的小企业来说，资金上给企业扶持是很大的。

出口退税新政中对原有政策进行清理归并等调整也让不少出口企业拍手叫好。

"新的出口退税政策将过去的几百个退税文件清理为现有的 60 多个，整合了以往不同文件中的规定，清晰地列示了各类退税业务的操作细则，在办税手续上也做了相应简化，公司办税人员在处理实际业务时就能够更快捷地查询到所需要提交的办税资料以及操作方式，大大提高了企业的办税效率。"深圳怡亚通供应链股份有限公司财务中心李晓军在接受采访时说，"公司因为涉及的业务面广泛，经常有业务人员提出一些新的出口业务需求。遇到这些新需求时，公司财务人员需要查询很多的税务资料，解读国家政策，甚至专门前往税务局咨询税务工作人员，以至于错过答复客户的最好时机，失去导入新业务的机会。这次调整后，情况大为改善。"

采访中，各地税务机关也对这次出口退税政策调整给予高度评价，认为这次调整给征纳双方都带来了实实在在的益处。

山东省淄博市国税局局长王胜斌就对记者说："出口退税政策的调整对淄博市出口企业效果明显，起到了稳定外贸出口的作用。仅新办企业出口退税政策一项，就为全市出口企业带来超过 8 000 万元的退税周转资金，缓解了企业的资金压力。"

新政策实施有力地促进济南市出口企业发展。济南市国税局对 2011 年以来出口未在规定期限内申报及未在规定期限内补齐有关单证的企业，通知企业在政策规定的申报期内进行退税或免税申报。截至 7 月底为企业调整增加退税额 101 万元，增加免税额 81 万元，调减销项税额 176 万元，对小型出口企业和新发生业务企业在新政策发布当月办理退税 220 万元。

外贸企业担心税负有所增加

不过，新的出口退税政策却让外贸企业很“郁闷”，因为新政策规定“委托加工修理、修配原材料的外贸企业，申报退税的增值税专用发票的加工费应包含原材料金额，统一按出口货物的退税率退税。”他们认为这会导致外贸企业税负增加。

“就是说企业开具的发票内容与出口退税内容一致才可以退税。”一家外贸公司的负责人说，“这就使得我们与加工厂之间多了一道销售的过程。”

“去年我们自行采购原材料大概是 3 000 万～4 000 万元人民币，按现新的规定，我们和加工厂共同承担的多出来的费用大概是这个销售额的 1%～2%，我自己增加 200 万～300 万元的成本。”他说。

这位负责人给记者详细解释了多出来的负担是怎么产生的。

做一般贸易的外贸公司通常是在国内采购原料，将原材料发给生产企业加工成商品，最后收回加工好的商品出口。

外贸企业委托生产企业加工收回后报关出口的货物，按购进国内原辅材料的增值税专用发票上注明的进项金额，依原辅材料的退税税率计算原辅材料应退税额。支付的加工费，凭受托方开具货物的退税税率计算加工费的应退税额。

“简单讲，就是外贸企业分别从购买原材料的工厂和委托加工的工厂获得发票，然后进行退税。”他说，“但是现在，新政策要求企业开具的发票内容与出口退税内容一致才可以退税。由于原材料商和委托加工厂相应的权属均属于委托方，这就要求外贸企业原来直接发给加工厂的原材料必须做销售处理，然后才能从加工企业取得与出口报关内容一致的增值税专用发票进行退税。”

他表示，由于新政策做出的这个规定，企业必须在交易形式上作出相应处理。

这一销售过程导致了税负的增加。由于外贸公司的购买量大，所以议价能力一般比生产型企业强。外贸企业为了屏蔽原材料的实际采购价格，在向生产企业销售的过程中常以公开市场价开票。公开市场价与实际采购价存在价差，这个价差会产生增值税。

“从整个交易来看，这部分增值税在出口时国家还会退还给企业。但是，由于我国的货物贸易对增值税还有附加税款，即城建税和教育费附加，按照现行规定，非直接减免的增值税，附加税费不能退还。”这位负责人对记者说。

还有一块税，即征退税率差，按照出口退税原理应该征多少退多少。但现行出口调控政策，对不同产品会有不同的退税率，就会产生征退税差。新政实施后，外贸企业委托加工，对于原材料进销差价部分产生的征退税差也是外贸企业需要额外支出的。

他介绍，金融危机之后，很多做服装的外贸企业已经发展到购买棉花委托加工成布，再委托加工成衣服。这是拓展到全产业链以克服原材料的价格波动。这种多次委托实践中就要二次销售，这样随着新政策而带来的税负增加会更大。

“而且，即使我们卖给加工厂的时候是平买平卖，附加在税上的费这一块也还是会有所增加。因为一些地方上的费是按照销售额为基础计算的，地方上的一些基金，也是以收入为基础征收的。”他说。

对此，有关人士对记者表示，新政策估计是为了交易的可控性要求外贸企业出口退税必须取得与报关内容一致的增值税专用发票才能退税。

“这是业务真实性的问题，以前外贸公司拿着原材料发票和加工发票就去退税，这给税务机关的判断带来比较大的挑战。”这位人士说，“比如 10 万米布加上 10 万元加工费，你可以判断出口多少货品吗？外贸公司加大原材料发票进项，以加大退税金额，是一种惯用的骗税手段。”

他指出，就打击出口骗税而言，从现在的法律来看，认定出口骗税是有难度的。从退税管理者的角度看，如果发票与报关单的内容不一致，那么内容真实性就太难核定了。现在要求企业开具的发票内容与出口退税内容一致才可以退税是管理措施。

“新政策从经济的角度看，对外贸企业只是增加了管理成本。但是立法者忽视了商业操作习惯，认为外贸企业将原材料销售给工厂的过程是平价销售。”他说，“打击不规范的企业也是保护规范企业，当然这个政策效果如何需要实践检验。”

期待退税政策有更多细化措施

采访中，出口企业多表示，我国出口退税政策在 20 多年的时间里经历了多次大大小小的调整，再加上这项政策本身就具有的复杂性，因此持续完善这项政策，推出全面的细化措施十分重要。

深圳中电投资的张维禹向记者介绍说，这次调整对于一些问题有了政策规定，但具体如何实施不够细化。他举例说：“现在允许使用海关进口专用缴款书用于退税，但是提交哪一个联次，如何填报，信息如何比对，都没有说明。新政对于出口征税改为免税追溯至 2011 年 1 月 1 日，但是在政策出台之前已经视同内销征税的出口产品是否可以继续申报退税，已经征收的税款是否可以返还，如何返还，都需要明确。”

出口企业对于出口退税申报审核操作规程的进一步优化仍有较大期待。深圳比亚迪股份有限公司总监朱爱云说：“海关每隔一段时间，对新产品或前期已出口商品的商品编码进行 HS 编码或调整，其商品的退税率有可能会变动，但是申报免抵退系统更新商品编码的周期比较长，大概一年左右更新一次商品编码退税率文库，两系统编码更新时间不同步，企业在申报退税时要反复调整与更正，影响了申报质量和退税时效，建议将免抵退税申报系统的商品编码与海关编码同步更新，以提高效率。”

朱爱云还反映，企业从电子口岸系统向税务机关提交出口退税信息后，税务机关的免抵退税审核系统很长一段时间无法与国家税务总局的电子信息对碰上。“3 月在电子口岸已提交了报关信息，6 月才有电子对碰信息。”建议相关政府部门整合退税电子信息的传递，以加快退税进程。

鲁泰纺织股份有限公司财务部经理张克明告诉记者，他们企业现在在出口退税备案资料这件事上处于无所适从的境况。

他表示，公司严格按照规定来处理出口退税备案资料，负责出口退税业务的人员要花费大量时间整理相关单据，装订成册妥善保存。按照公司现在的出口业务量，1 个月就会装订出四大本厚厚的备案资料，摞在一起接近半米高。这些年下来，保存的备案资料已经有满满一屋子了。这些备案资料，规定要保留 5 年，但是对于 5 年以上的备案资料如何处理却没有说明，公司没办法，只能继续保存着。

“这些备案资料能证明你这个企业有实实在在的出口，不存在出口骗税的情况。”他说，“但对于像我们这样管理规范、信誉良好、没有骗税记录的企业，是不是能允许我们简化一些手续和资料呢？现在规定的做法太浪费企业的资源了，其实这些资料在海关那边也都是可以查到的。”

记者在采访中询问多家企业，什么出口退税政策对企业来说是最实惠的，多数企业表示提高退税率是不二之选。

永华陶瓷有限公司副总经理周兴利表示，公司目前享受的退税率为 13%，可以得到的退税不是太多，平均一个月有几万元。

“根据我们自己的测算，如果退税率是 12%，我们基本上就是不缴税也不退税，如果低于12%，我们就要缴增值税。举一个例子，2008年的时候退税率是5%，我们一年缴了660万元增值税。虽然陶瓷行业属于国家不十分支持的高能耗行业，但就我们企业目前进项税少，人工成本大，外部环境变差的现状而言，确实希望退税率能够再往上提一些，这样我们退税退得多一点，可以减轻一部分压力。”他说。

其他企业人士也表示，国家应该在经济发展等特殊时期考虑阶段性的提高退税率，以帮助出口企业度过困难时期。

（发表于2012年8月24日《中国税务报》）

新政生效，5 000 家大连企业清晰退税

“此次政策调整的总体方向是梳理、整合、规范和适度放宽，为出口企业创造一个宽松的环境。”大连市国税局进出口税收管理处的相关负责人表示，全市有实际经营业务的 2 000 余户外贸型出口企业和 3 000 余户生产型出口企业都将不同程度地受到政策的影响，这将有利于出口企业的经营发展。

本月起，以更为宽松姿态展现的出口退税政策，将牵动大连有实际经营业务的 2 000 余户外贸型出口企业和 3 000 余户生产型出口企业的神经。调整后的出口退税政策，包括退税单证收齐期限由 90 天调整为最长 470 天，取消了小型企业、新发生出口业务企业 12 个月审核期规定，把原输入加工区用于生产出口货物的水电气退税范围扩大到新规定的海关特殊区域等。

出口退税，5 000 多家出口企业受惠

日前，财政部、国家税务总局发出《关于出口货物劳务增值税和消费税政策的通知》，国家税务总局发布《出口货物劳务增值税和消费税管理办法》，全面清理和规范出口退税政策。

记者了解到，实行出口退税 20 多年以来，退税规模越来越大，退税覆盖范围越来越广，享受退税的企业类型越来越多，退税的贸易方式越来越复杂，同时，退税的审核管理包括电子化管理日趋完善。期间，出口退税政策先后经历了五次大的调整和几十次小的调整，有效的政策规定散落在 20 多年的几百个文件之中。由于文件多，变化频率快，使得非长期从事出口退税专业的人员，很难全面掌握现行有效的规定，给企业财务人员和税务干部学习、掌握、执行出口退税

政策规定增加了难度。这次通知和公告梳理出全部现行有效的规定，进行了整合，在保持我国出口货物增值税、消费税退税制度基本稳定的基础上，针对出口企业反映较多的问题进行了调整。

"此次政策调整的总体方向是梳理、整合、规范和适度放宽，为出口企业创造一个宽松的环境。"大连市国税局进出口税收管理处的相关负责人表示，全市有实际经营业务的 2 000 余户外贸型出口企业和 3 000 余户生产型出口企业都将不同程度地受到政策的影响，这将有利于出口企业的经营发展。

申报期限，由 90 天延至 470 天

"一旦发生未及时取得退免税单据、凭证等情况，就会造成无法按照规定如期申报出口退税的后果。"大连一家贸易公司经理表示，退税单证收齐期限由 90 天改为延长到次年 4 月中旬，最长调整天数为 470 天，这样的改变很人性化。

市国税局负责出口退税业务的有关人士说，大连每年都有出口企业由于各种原因，错过了 90 天的申报时间，原规定企业须在货物报关出口后 90 天内申报退税，否则不予退税，现修改为当年出口的货物须在出口的次月至次年 4 月的各个增值税纳税申报期内申报退税，企业申报退税的期限得到明显放宽。

小企业，近千户企业资金被盘活

新政策出台前，新发生出口业务的企业自第一笔业务起 12 个月内出口的货物，小型企业一个自然年度内出口的货物，按月计算免抵税额和应退税额，其应退税款暂不退付，新发生出口业务的企业可在 12 个月后第一个月的当月，小型企业可在次年的 1 月，一次性退付。新文件废止了这一规定的相应条款，取消了延期退税的规定，这意味着这些类型的企业在发生业务后的次月就可以拿到退税款。

大连一家刚从事出口业务的企业负责人介绍，目前企业有 40 多万元的出口退税款，受新政策影响，他们在今年就可以拿到这笔退税，预计全年可盘活资金上百万元。

市国税局进出口税收管理处工作人员介绍，此次新政策的执行，将对我市自去年 7 月 1 日以来新成立的 255 户生产企业，及自去年 7 月 1 日后发生第一笔出口业务的部分企业，以及截至目前存在的 610 户小型生产企业产生积极的影响。

税收新政不仅减轻了企业的资金压力，还节省了财务费用，在如今企业融资难、融资成本高的大环境下，这一点尤为重要。

退税新规，水、电、气退税率提高

此次政策调整，把原输入加工区用于生产出口货物的水、电、气退税范围扩大到新规定的海关特殊区域，且水、电、气退税率提高为适用税率，大连保税港区位列于规定的范围内。

大连保税港区一家能源动力公司主要生产冰箱、空调等家电产品，公司财务人员告诉记者："随着公司产能的不断提升，对水、电、气的使用量比较大，本次退税率提高后，企业收益很大。"

市国税局进出口税收管理处工作人员介绍，位于保税区的大连出口加工区目前共有19家生产企业，年退税额近2 000万元，受此次政策调整的影响，预计新增退税50万元以上。而大连保税港区内的生产企业也将享受到新政优惠，据测算位于保税港区的某国际贸易公司将新增退税近60万元，对企业来说是一大利好。

（发表于2012年7月4日《新商报》）

大连企业境外扩张生存态

当“天灾人祸”接二连三发生后，我们一下子清醒了：原来“走出去”并非一帆风顺！

在刚过去的两个月中，中东及北非多国不断出现规模宏大的政治风波，日本强震、海啸引发前景未明的核危机，西方多国对利比亚展开军事打击……也许对大连企业来说，哪一年的“走出去”都不像今年有这么多的“天灾人祸”。

回顾连企“走出去”的步伐，在这两年有了跑步前进的意味。数据显示，截至2009年年底，全市累计设立境外项目178个，项目投资总6.8亿美元，中方投资6.5亿美元，投资分布在34个国家和地区。而仅在2010年一年，全市共核准境外投资项目就达到了65个，协议投资总额6.71亿美元，同比增长112%，中方协议投资总额5.96亿美元，同比增长97%。

而从去年连企“走出去”的半径看，主要分布在日本、朝鲜、香港、法国、新西兰、美国等22个国家和地区。其中，在香港投资10项，占协议投资总额的19.2%；在美国投资9项，占协议投资总额的27.6%；在新西兰投资2项，占协议投资总额的7.5%；在日本设立企业及办事机构12项，占协议投资总额的6%；在朝鲜投资1项，占协议投资总额的17.6%；在法国投资企业4家，占协议投资总额的2.9%。

值得一提的是，很多企业少了投机，日渐稳健。比如有的连企“走出去”规避了贸易摩擦，像大连达伦特工艺品有限公司就是主动出击应对贸易壁垒的样板；还有的企业“走出去”直接掌握了境外研发机构，像大连海辉软件集团成功在美国纳斯达克上市，之前完成旨在进军美国云计算市场的并购，对其发行定价起到积极作用；也有的企业“走出去”开拓了新市场，像大连馀庆酒源有限公司斥资 800 万美元收购博森法国股份公司，就得到其酒类销售网络……

坚持“走出去”战略不但在政府工作报告中被多次提及，更被写入“十二五”规划纲要。

可是当“天灾人祸”接二连三发生后，我们一下子清醒了：原来“走出去”并非一帆风顺！在“走出去”策略促进下，越来越多的连企通过海外投资积极参与国际竞争，但随着国际政治经济局势的变化以及不可预知的因素的增多，“走出去”的企业由于自身缺少战略思维规划等因素，面对的风险真不少！

尽量选择与中国签订税收协定的国家

“在与‘走出去’企业的接触中，我发现不少企业不仅对所投资国家的税收政策不了解，而且对自身能享受到的待遇也不是十分清楚，几乎就是‘摸着石头过河’的状态，这样很可能会面临被双重征税的风险。”大连市国税局国际税务管理处副处长李时表示。

李时解释，所谓双重征税，一方面是指连企在投资的国家可能作为所得的来源地要征收相应的所得税；等回到国内，作为中国的居民企业又要缴税。

“目前，中国已与 90 多个国家和地区签订了税收协议，这个协议全名叫‘避免双重征税和防止偷漏税的协定’，顾名思义，签订税收协定的目的是减轻‘走出去’企业在境外的税收负担，很好地保护了企业。所以，企业境外投资时，尽量应该选择与中国签订税收协议的国家及地区。”李时建议。

她举了一个例子来说明。比如有一家大连企业到日本投资工程，为期 5 个月。等工程结束之后，取得所得。由于中国和日本之间有税收协定，按照协定，这一为期 5 个月的工程不构成常设机构，所以在日本这项所得不用征税。而这一所得要拿到中国境内来，就要合并到企业其他项目所得当中征税。“但如果两国之间没有税收协议，企业就可能被双重征税。”

根据企业自身情况，通过中间控股公司投资

北京市华税律师事务所高级合伙人、主任刘天永介绍，“我想给‘走出去’的企业打一剂‘预防针’，这就是关于投资架构的考虑。”刘天永表示，这些年来，在国外无论是央企还是民企，陆续在亚洲、非洲、澳大利亚、欧洲进行投资，采取什么样的投资方式或者采取什么样的投资架构，这些问题在企业刚走出

去的时候都被忽略了。到底该直接投资还是设立控股公司，企业往往没有经过深思熟虑。

刘天永分析，500强企业到亚太地区投资往往会选择新加坡和香港，往往很少直接进入中国内地，这种方式给国内企业“走出去”带来启发。“未来国内企业如果再去日本、欧洲投资，应该做一些结构方面的优化，这个优化将会在我们未来项目转让的时候，或者分配鼓励的时候、支付特权使用费的时候，税收差异就显现出来了。”他建议，国内企业可以根据自身情况，通过一个中间控股公司去投资，而不是直接去境外投资。

（发表于2011年4月1日《新商报》）

吃了“第一”，企业缺钱了

“这样我们一下子拥有了八大系列的全球一流品牌。说实话，这八大系列品牌如果由我们自己创造，可能要几代人，通过几十年的积累。结果我们只用2 900万美元和千万美元的整合费用，就实现了这个目标。要是我们自己创造可能付出广告费等各种费用会比这笔资金多出好几倍，所以我们企业‘走出去’确实走了一个捷径。”这位财务总监坦言。

由于一些特殊原因，这家“走出去”的连企不方便透露名字。这是家生产高速钢钻头的企业。用这个行业的俗话来讲，就是生产装备制造业的牙齿和面包。

2008 年，这家连企先是收购了一家德国公司，这家公司在钻头业全球排名第三。“我们采用的方式是收购企业与高速钢钻头业务有关的资产，包括专用技术、商标、渠道等。收购后，把德国公司 80％的高精尖设备拉回中国，在国内进行工具的生产，提供半成品，最后交由德国公司进行加工，形成德国制造。”这家连企财务总监表示。

而在 2009 年金融危机的时候，这家连企又把排名全世界钻头第一的美国企业收购了。“这样我们一下子拥有了八大系列的全球一流品牌。说实话，这八大系列品牌如果由我们自己创造，可能要几代人，通过几十年的积累。结果我们只用 2 900 万美元和千万美元的整合费用，就实现这个目标。要是我们自己创造可能付出广告费等各种费用会比这笔资金多出好几倍，所以我们企业‘走出去’确实走了一个捷径。”这位财务总监坦言。

在收购企业整合的过程当中，这家连企获得了各级政府的大力支持，各种补贴超过了 1 亿元。但是作为民营企业，当把世界排名第一的美国企业收入囊中后，这家连企就需要大量的流动资金来补充美国企业正常运作。这位财务总监表示，现在资金难题正在困扰这家“走出去”的企业。

最头疼，结汇受限

大连创盛科技有限公司是一家“走出去”比较早的公司。2004 年，这家公司投资了 TTI 日本株式会社 30%的股权。

刚刚发生的日本强震并未对这家在日投资的连企造成太大的麻烦。但这家公司负责人一直不太放心，所以这 20 天，他一直待在日本。

谢军是创盛科技的管理部部长，谈到 7 年前公司最早“走出去”时的情况，他记忆犹新。“要说那时最难的就是手续非常复杂。也许是不熟悉，我们的财务人员跑了好多趟，每次都来跟我诉苦。来来回回花费在各部门审批上的时间有几个月。”谢军表示。

“但听说，现在手续已经简化了，不用那么久了。不过对我们企业来说，最头疼的就是结汇受到限制。我们总想选在汇率最合适时进行结汇，但由于每次只能结汇 5 万美元，所以觉得很不方便。”谢军也讲出了企业“走出去”后的难处。

了解当地政策，缺少好的途径

2010 年，大连赛维矿业有限公司终于开始在津巴布韦投资了。“说实话，我们考察了好几年，但当时迟迟没有决定的原因，是当地货币不断贬值，我们觉得风险太大，于是利用那几年时间储备了一些矿产资源。去年，我们终于可以用美元投资了，预计这次总金额得在 500 万美元。”这家公司财务总监庄女士告诉记者。

“最近的中东局势对你们企业的投资没有影响吗?”记者问。

“目前中东北部形势比较混乱，而津巴布韦处在中东南部，相对稳定。但由于津巴布韦大选在即，我们对当地时局还是有些担心。我的投资陆续已经投入一半了，最近暂时放缓了投资速度，等大选结束后稳定了再说。不过工程仍在进行中。”庄女士表示，公司老板每年大约有半年左右时间都待在津巴布韦，而这段时间也没闲着，一直在国外参加各类矿产资源的会议。

可以说，一些民营企业到中东国家及地区投资，主要冲着当地的矿产资源。

但这些地区的政治风险及政策风险不可小觑，在他们眼中，潜在机会是否被放大了呢？

庄女士坦言，公司在津巴布韦实战投资过程中，对当地的政策背景确实缺少好的途径去了解。比如，最近她发现，中国已与 90 多个国家及地区签订了税收协定，但是津巴布韦并不在其中，这样将来就可能会存在被双重征税的风险。“税收只是其中一方面，看来‘走出去’一定要充分了解政策，不然企业就可能面临风险。”

欧元汇率，波动太大了

大连圣基生物制品有限公司财务总监孙小菊，已经在这家公司工作 13 年了。

孙小菊告诉记者，2008 年，公司在荷兰设立了全资子公司。“当时我们的出发点就是想占有荷兰的市场，产品的原料产自中国，无论是美国还是欧洲的市场都是靠从中国进口，欧洲的收入大概占到总收入的 1/3。所以设个公司，维护欧洲客户也方便。”

但是这两年，这家公司也遇到了一些难题。“尤其在涉税方面，我们主要是借助境外的税务咨询所和会计师事务所。但其实我们心里也清楚，这些机构也有个‘倾向性’，比如我们明明可以享受到的优惠政策，可能通过这些中介机构就很难享受到。”孙小菊表示，现在对于圣基生物来说，很迫切想了解欧洲，尤其是荷兰的税收政策，不能再吃“哑巴亏”。

“另外，还有一个问题不能不提，那就是欧元汇率波动太大了，虽然企业一直通过远期结售汇等方式来规避汇率风险，但长此以往，总不是个事儿!”孙小菊讲出了企业难处。

记者手记

“如何更好地‘走出去’，不光是企业自己的事情，更是政府部门不容推卸的责任。”这句话显然不是说说而已。就在昨日上午，大连市国税局以一场“机遇·突围·解决之道”为主题的走出去企业座谈会，开启了第 20 个税收宣传月的序幕。

在一系列政策措施鼓励引导下，近两年来大连企业加快了对外投资的步伐，呈现出前所未有的快速增长态势。“十一五”期间，大连市的“走出去”企业的数量和境外投资规模不断扩大，但对于大连这个沿海开放性城市而言，走出去企业的数量还是偏少。而且目前，这些“走出去”的企业大多数都处在亏损或无收入状态。

面对这种窘境，很多“走出去”企业的财务总监都把自己多年的苦恼徐徐道出，其中对于相关税收政策了解不够，对境外政策环境等掌握不全面，缺乏税收权益的保护意识和能力不足等被广泛提及。

针对企业提出的问题，大连市国税局局长丁永安当即表态，今后将会更多关心和关注“走出去”企业。对走出去企业提供税收方面的咨询和服务；认真按照签订的税收协定，为“走出去”企业启动税收协商的制度，有时候可能通过中介机构无法解决的问题，通过政府双边的协商，启动协商制度进行磋商和协商。“我们的企业‘走出去’，需要国家的力量给企业以支撑，无论是在资本、安全、外交、政策等方方面面。”丁永安表示。

图　说

虽然仅仅是三个简单的表格，但却足以说明连企在2010年“走出去”的成绩。

随着对外开放的广度和深度不断拓展，2010年连企在投资方式、投资区域、投资总额上都发生了历史性的变化。仅从对外投资总额上看，2010年当年投资总额为6.71亿美元，直逼2010年之前的6.8亿美元投资总额。而在这一骄人成绩的背后，大连企业在投资区域和投资方式上也发生着日新月异的变化，多样式的背后让我们看到了连企自身实力的增强。

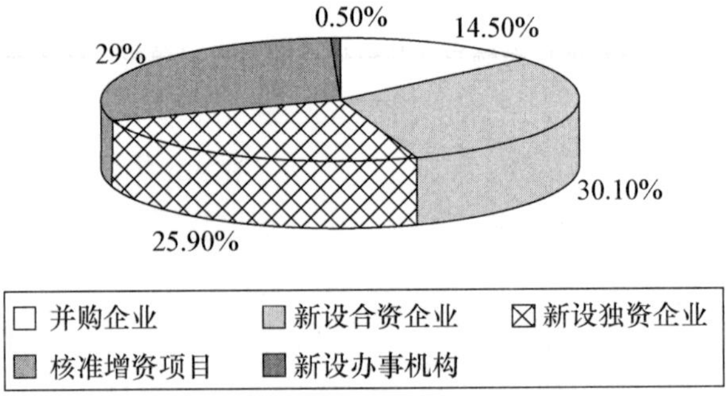

2010年连企多种对外投资方式一览

随着近几年连企“走出去”步伐的加快，大连市企业对外投资方式也从原先的直接投资开始向多样化发展。这一变化说明，在对外开放的广度和深度不断拓展的过程中，连企通过调整自身投资方式，紧随资本市场的步伐。

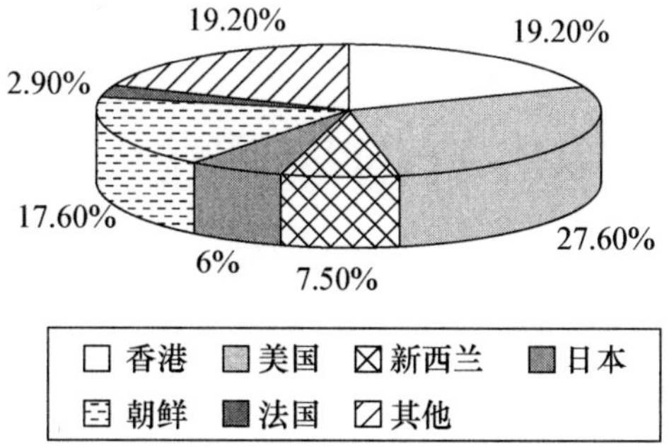

2010 年连企投资区域分布图

投资区域的扩展，也是近些年来连企“走出去”日渐成熟的标志之一。美国、日本、新西兰、法国、朝鲜等境外国家，目前都有了连企投资的脚印。这些连串的脚印说明，近些年来大连企业实力日渐增强，连企“走出去”的步伐也日益稳健。

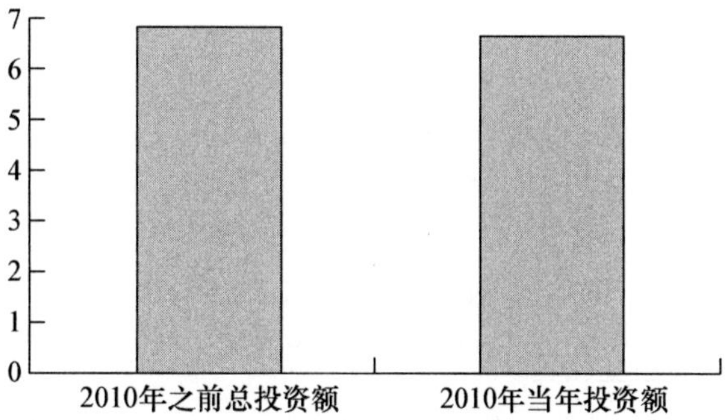

去年连企额外投资额与之前年份总额对比（单位：亿美元）

2010 年连企境外投资额为 6.71 亿美元，直逼 2010 年之前总投资额 6.8 亿美元。在这一骄人的成绩背后，除了企业自身实力不断壮大，更与大连政府部门政策的扶持分不开。

（发表于 2011 年 4 月 1 日《新商报》）

大连“一号议案”直指征管法实施难点

随着经济社会的发展和国家整体法治水平的提高，《税收征管法》没有解决或规定不明确的问题不断显现，一方面导致《税收征管法》不能贯彻落实到位，影响了税务机关的执法行为，削弱了税法的刚性，造成国家税款的大量流失；另一方面，也造成同等纳税人缴纳税款不同，形成税负不公，影响了税法的公平性。

不久前，在大连市第十四届人民代表大会第一次会议主席团第四次会议上，沙河口区代表团乔文路等 11 名代表提出的《关于制定大连市实施〈中华人民共和国税收征收管理法〉规定的议案》，被列为“一号议案”。

这份由来自企业和事业单位的纳税人提出的议案写道，新《税收征管法》自 2001 年 5 月 1 日颁布实施以来，对于加强税收征收管理，规范税收征收和缴纳行为，保障国家税收收入，保护纳税人合法权益，实现税收职能，促进经济和社会发展起到了重要作用。但是随着经济社会的发展和国家整体法治水平的提高，《税收征管法》没有解决或规定不明确的问题不断显现，一方面导致《税收征管法》不能贯彻落实到位，影响了税务机关的执法行为，削弱了税法的刚性，造成国家税款的大量流失；另一方面，也造成同等纳税人缴纳税款不同，形成税负不公，影响了税法的公平性。

这份议案说，据调查了解，涉及《税收征管法》的主要问题有：一是认定个体工商户标准问题。由于工商部门颁发个体工商户营业执照的纳税人标准不统一，部分领取个体工商营业执照的纳税人，其生产经营规模、雇佣工人人数非常大，也远非一般企业可比，其以个体工商户为由，拒不建账，偷逃国家税款，加大了税务机关的管理难度。

二是纳税人办理注销工商登记问题。按照税法规定，纳税人申请注销工商登记，必须先注销税务登记，进行税款清算后，才能办理工商注销。在实际工作中，工商机关在为纳税人办理注销登记过程中，不要求纳税人提供注销税务登记的手续，导致纳税人在不办理注销税务登记的前提下，被注销工商登记，造成税款流失。

三是政府职能部门间信息共享问题。在日常征收税款和查处税收违法案件过程中，有关机关和单位在履行社会管理职能过程中直接或间接掌握着纳税人的生产经营信息，对于税务机关确定纳税人应纳税款及税收违法行为至关重要，税务机关在向其调查核实过程中，由于相关单位不能积极配合税务机关的执法行为，以保密等种种理由推辞或拒绝提供相关信息资料，导致税务机关难以取得有效证据。政府职能部门间由于缺乏沟通和协调，管理信息不能实现共享，也造成税务机关对纳税人开业、注销、非正常户处理、纳税人经济性质认定等一系列管理难度加大。

四是《税收征管法》对纳税评估法律地位，税务机关的调查取证权限和方法尤其是对采用电子计算机记账的纳税人税收检查权和取证方法，纳税申报的形式和内容，丢失、损毁账簿认定，骗取税收优惠政策的认定和处理等 23 条热点、难点甚至盲点问题都没有明确或虽有明确但可操作性差，已经严重影响了税务机关的执法行为。

议案说，贯彻落实《税收征管法》、维护税收秩序，共建和谐的征纳环境并不仅仅是税务机关一个部门的事情，这需要全社会的支持和参与。针对目前大连市在贯彻落实《税收征管法》过程中存在的实际问题，如待国家通过立法予以解决，尚需时日。因此，目前迫切需要以地方立法的形式加以明确，建议制定大连市实施《税收征管法》规定，对《税收征管法》没有明确或虽有明确但难以操作的内容进行规定，以进一步增强税法刚性，提高税收征收率，保护纳税人合法权益，维护公平竞争的市场经济环境，构建和谐的征纳关系。

附在议案后的《大连市实施〈中华人民共和国税收征收管理法〉规定（草案)》的条款对议案提出的问题进行了详细规定。

“关于税收的议案成为一号议案，这在过去的人大会议上从来没有过。”参加大连市人大会议的有关代表委员，谈起这个话题显然有许多感慨。据了解，一件议案的产生需要经历必要的程序，一件高质量的议案必须经过翔实的调查分析，具有充分的必要性和可行性，还要符合议案构成的特征和方式。

近年来，大连市人大有关部门在组织的人大代表视察和座谈等活动中了解到，《税收征管法》中没有明确界定而在实际操作中存在的许多问题，引发了很多的争论。大连市人大专门委员会对此高度重视，2007 年 8—9 月，市人大财经委员会商务金融处处长赵永成主持了一系列座谈会，专门梳理《税收征管法》目前在理论层面遇到的难题，为日后提出这个议案做足了功课。

补充完善《税收征管法》的规定，已作为一个命题提了出来。对此，大连市人大、政府各方面的态度高度一致。“有必要从大连市整体出发，制定一个《税收征管法》实施规定，作为地方性法规，促使政府有关部门联手解决税收管理面临的问题。一号议案中提出的这些盲点、难点问题恰似《税收征管法》在实施过程中遇到的一个短板，通过市政府出台解决这些问题的实施规定，补上这块短板，以增加‘木桶’的容量。”大连市人大财经委副主任宫本君说，“在地方立法权限内完善《税收征管法》并不是件易事，既要保证不与上位法抵触，又要结合大连地方实际情况，不像在一张白纸上重新规划，而是要在充分调研的基础上，让这项议案由纸上蓝图逐步变为现实。”

目前，这项议案提交后，大连市人大财经委员会已经把它列入审议计划，在充分调研后，提出审议结果报告，提请大连市人大常委会审议决定并向下一次人民代表大会报告。

（发表于 2008 年 2 月 27 日《中国税务报》）

他们为何不要一般纳税人名分？

现在越来越多的企业根据企业的实际经营状况来选择缴税的方式与办法，游走于税收政策边缘，在法律法规的界限内，最大限度地利用政策来实现经济利益的最大化。这一方面反映了企业作为经济人的一种理性选择，另一方面也提示税务部门，必须对企业实行动态式跟踪管理，及时掌握企业经营情况的变化，从而拿出既方便税收管理，又方便企业经营的税收政策。

前不久，大连市开发区国税局税源管理科刁文清在税收管理员系统中的“待办事宜”一项中，看到大连市国税局布置给她的一项工作———核实自己所管辖的一家塑料制品经销公司为何没有申请一般纳税人资格。大连市国税局附送的相关资料显示，2005 年这家公司的销售额已达到 225 万元，早已超过政策规定的 180 万元标准。

这时，刁文清清楚地记得，早在两年前，这家企业就因为差 3 万元没有达到 180 万元销售额不能被认定为一般纳税人而找她“通融通融”，现在销售额已经远远超过了标准，却又迟迟没有办理一般纳税人认定，甘于小规模纳税人的“名分”，原因何在呢?

小规模纳税人中藏着不少“大户人家”

有资料表明，目前在大连市，像上述这家塑料制品公司一样超过小规模纳税人标准而没认定为一般纳税人的企业多达 554 户。这是前不久大连市国税局在落实国家税务总局有关核查工作中统计到的数据。

据大连市国税局流转税处梁维忠处长介绍，国家税务总局政策规定，工业企业年应税销售额达到100万元、商业企业达到180万元，就需要办理一般纳税人认定。“但是，在大连市名义上的个体户和小规模纳税人中，藏着不少‘大户人家’，这些已超过一般纳税人认定标准的企业并没有按规定申请一般纳税人资格。”

大连市甘井子区有一家木材加工厂，厂房一大片，工人有50多个，2005年销售额达到了700多万元。国税干部几次上门调查，都无法把它认定为一般纳税人，原因是这家企业的营业执照上，清清楚楚地写着“个体工商户”。厂长理直气壮地说：“你们税务部门规定了，个体户可以不申请一般纳税人，我这样做合理合法。”

木材加工厂厂长确实说得很对。国家税务总局在增值税一般纳税人申请认定办法中规定，对个体经营者不需要进行增值税一般纳税人认定。“不需要”三个字让大连市的87家个体户，都做了小规模纳税人的选择。虽然这87家个体户经营规模都不小，甚至超过了一般企业的规模，但无一例外地持有个体户的营业执照。

大连市国税局征管处处长刘洪波透露，个体户身份这两年又开始吃香，大连市一些较大规模的餐饮、洗浴、娱乐公司，在选择经济性质注册时，首先把眼光投向个体，甚至有的原先已是私营企业的有限公司，也不惜花费本钱转为个体户，这已成为一种带有倾向性的现象。

大连市国税局提供的数据显示，2006年销售收入超过小规模纳税人标准的个体大户已达到287户，比2005年增加了200户。其中，近10家个体户的销售额超过了1 000万元，两家从事工艺品制造的个体户的销售额甚至达到了2 000万元。目前在这287户中，只有18户企业申请了一般纳税人资格。

目前，除了个体户不需要认定为一般纳税人外，依据国家税务总局政策规定，全部经营免税货物的企业以及汇总纳税的连锁店、分店也不需要进行认定。大连市供暖企业、来料加工全部出口企业、种植业、养殖业和饲料生产企业等101户免税企业和20家连锁的药店、超市不在认定的范围内。也就是说，除此之外，在大连市调查出来的554户企业中，有六成企业需要认定为一般纳税人，并应按照一般纳税人的标准进行纳税。

“如果认定为一般纳税人，我们公司就得‘黄’”

韩业民，大连卫谊修配公司的经理，一听说企业要转为一般纳税人，不禁发出“如果认定为一般纳税人，我们公司就得‘黄’”的感慨。这家修配公司以黄海、金杯车的售后服务为主，去年收入额达到了190万元，但并没有申请认定为一般纳税人。

对于不去申请认定一般纳税人的原因，韩业民认为，这是公司一直在夹缝中生存的必然选择。他介绍，通常情况下，修配公司是从汽车厂家购进零部件，但由于零部件种类繁多，资金又有限，根本无法购进备存全部零件。当有人来修车时，有的配件来不及从厂家购进，公司就只能从周边的小店购买。

“由于卖配件的小店是小规模纳税人，这样的话我们就得不到增值税专用发票。如果公司变成一般纳税人，就必须按照一般纳税人的要求纳税，即按照进销项抵扣的方式据实缴纳增值税。可是由于在进项时得不到增值税专用发票，我们就无法抵扣进项税。这样，公司的税负肯定会高出一大截，这也是我们没有办理一般纳税人的原因。”韩经理一股脑地说出了他的苦衷。

与汽车修配厂有同样困惑的还有提供修船业务的公司以及木材、服装等加工企业。大连市保税区晨荣工贸公司是一家从事船舶修理业的企业。公司负责人告诉记者，公司的主要费用是人工工资和固定资产折旧，这两项费用中允许抵扣进项的数额很少。如果公司转为一般纳税人，税负将从现在的4%（按小规模纳税人）升到8%～10%。“在这么高的税负下，企业恐怕很难生存下去。”

大连市国税局流转税处副处长付堃奇认可了这个说法。他证实，国税局在调查中发现，正是由于税负高低的变化，阻挡了那些“超标”企业申请办理一般纳税人的脚步。以汽车修配厂为例，一般来说，一项汽车修理服务中的配件费用所占的比例为66%～67%，此外的费用为工时费、运费、损耗等。如果企业配件无法取得进项发票，进项抵扣偏少，税负便会偏高。这是加工行业本身特点所决定的普遍现象。

“但是，这类企业必须转为一般纳税人管理，否则会造成下游产品无法纳入增值税链条中，也会造成同一行业内部企业之间的不公平。”付堃奇说。

据悉，对清理出来的554户超标未认定的企业，大连市国税局用了两个月的时间进行排查，分门别类地梳理出208户企业可以不办理一般纳税人，346户企业需要改为一般纳税人申报纳税。其中，大约有120户加工企业按规定转为了一般纳税人。

可是，税务部门把超过标准的加工企业一刀切地转为一般纳税人也有其不合理的地方。一些纳税人呼吁，特殊企业还需要特殊对待。

大连市西岗区有一家航空食品供应公司，专门为航空公司提供飞机上的方便食品。这家公司一年销售额接近400万元。企业的原材料全部是从菜市场中采购的，取得税务局代开的发票税率为4%，企业加工成品后销售给航空公司却要开具17%的发票。

由于购进货物与产品存在着13%的税率差，食品公司经理姜维发告诉记者，如果按一般纳税人管理，企业的税负就要高达13%，经营形式肯定会逆转。他希望税务部门给予特殊照顾。

“这种情况确实具有一定的特殊性，但是苦于目前没有任何政策规定这类企业可以不办理一般纳税人，所以我们只能照章办理。不过，我们会向国家税务总局反映这类情况，期待在政策上统一调整。”曾到这家企业进行调研的大连市国税局副局长李国庆说。

企业经济变化呼唤税务管理快速跟进

几天前，税收管理员刁文清到企业调查后，终于搞清了那家塑料制品经销公司面对一般纳税人资格的态度为何“此一时彼一时”。原来，两年前这家企业主要的经营客户是企业居多，对方大多索要增值税专用发票，没有专用发票企业的发展便受到了限制。后来由于企业的客户群中消费者个人又占了多数，企业便没有了申请一般纳税人的积极性。

对此，一直亲身经历“超标”企业调查的大连市国税局副局长李国庆在调研后深有感触地说，现在越来越多的企业根据企业的实际经营状况来选择缴税的方式与办法，游走于税收政策边缘，在法律法规的界限内，最大限度地利用政策来实现经济利益的最大化。这一方面反映了企业作为经济人的一种理性选择，另一方面也提示税务部门，必须对企业实行动态式跟踪管理，及时掌握企业经营情况的变化，从而拿出既方便税收管理，又方便企业经营的税收政策。

李国庆说，以个体户为例，个体户的概念与规模已经不同于20年前，大连市个体户经营着粮食、钢材、木材、饮料、啤酒等众多行业，有的收入额都上千万元了，却依旧带着个体工商户的“胎记”。“大连市目前拥有10.6万个体户，虽然超级大户还不够一个零头，但这种强劲的发展势头已给税收管理提出了新的挑战。”他说。

大连市国税局征管处处长刘洪波表示，明年 1 月 1 日即将实行的个体户新定额办法，有助于进一步引导个体户加强建账。“在个体户建账的基础上，希望国家税务总局在超标个体户申请一般纳税人的政策上有所调整，不要因为注册类型的不同，影响了增值税链条的严丝合缝。”他建议。

（发表于 2006 年 12 月 1 日《中国税务报》）

THOUGHTS ON CHINA'S TAX REFORM

第九章

人物风采

沧海横流，方显英雄本色。在我国税制改革的大潮中，无论是税务局长还是一线税官，都在不同的岗位、用不同的方式为推进改革各尽所能。就像反避税专家苏玲、海岛上的“明星”税官王鹏、天堂里的写手张振学、致力于建设没有校门的税务“大学堂”的局长丁永安，他们一直在用自己的努力思考税改，推进税改，成就税改……

苏玲：投身反避税，追求无止境

一个非常了解苏玲的人说，苏玲给人最深的印象，是一个爱学习的人，一个总被“第二个台阶”诱惑的人。“我总想上第二个台阶”，苏玲说这话时，语气没半点夸张、渲染，就像对人说，“我饿了，我想吃饭”。

在大连国税系统，苏玲是个“腕儿”，尤其在反避税这个行当里可以算“大腕儿”，不少大牌企业或机构都看上了她，其中不乏四大会计师事务所、国际知名猎头公司、世界500强企业，提供的职位、开出的薪金令人羡慕。有一回，一家国际知名会计师事务所的老总，找苏玲的同学做说客，以50万元年薪的待遇请苏玲去任职，被苏玲婉言谢绝。

苏玲名声在外，与一起反避税案例有直接关系。

一招妙棋走出一个经典结局

2010年初，一则松下集团境外收购另一家日本知名电器企业集团公司，并战略整合内部生产结构的消息在互联网上传得沸沸扬扬，这则消息也引起了大连市开发区国税局反避税人员的注意。俗话说干什么吆喝什么。被收购的日本知名电器企业集团，在大连开发区注册成立了多家子公司，根据以往的工作经验，跨国公司旗下企业的股权关系复杂，跨国公司被收购之前往往要进行内部整合，整合结果牵一发而动全身。这家日本知名电器企业集团在大连投资多家企业，存在着股权转让的可能。

苏玲时任大连开发区国税局税政处副处长，主管国际税收工作。他们立即启动了反避税机制，发现这家日本知名电器企业集团在大连开发区有4个子公司存在股权转让行为。苏玲在与其中一个子公司沟通后，子公司股东会立即向日本的集团总部汇报，如果不及时处理股权转让的税务事宜，将给未来在华投资造成不良影响，并转达了中国税务机关要求境外股东纳税的立场。

一周之后，集团总部的代表飞抵大连，与苏玲就股权转让事实作了沟通。苏玲回忆说，这位代表是一个日本人，属于集团的高层管理者。苏玲要求他提供4个子公司发生股权转让的详细情况。又过了一周，苏玲和她的同事与日方代表再度会面，对方提供了集团子公司的全部股权转让价格、股权转让成本、相关的董事会决议等资料，放在桌上高高的一大摞。至此，股权转让事实被全部确认，但真正的挑战在后面等着苏玲和她的同事。

股权转让行为的发生不代表股权转让收益的存在，特别是企业集团内部之间的股权转移，一般会按照账面价值进行转让，也就是平价交易。那么，如何确认税收上的境外企业股权转让收益？当时有两种方法。一种是市场法，例如参考松下集团收购这家日本知名电器企业集团公司的收益，但松下集团的这次收购整体上是亏损的，市场法不适用。

另一种是成本法。在谈判中，日方代表认为，其股权转让收益应为转让价格减去转让成本，即账面价值。显然，如果股权转让是平价交易，采用成本法计算转让收益，只产生少量税额，因为成本法很难对企业隐含的无形资产进行评估，会低估企业价值。事实上，这家日本知名电器企业集团在大连有两个子公司经营得很好，股东权益收益率达到20％，按照教科书的说法，稳健企业的股东权益收益率在10％～25％之间。

苏玲阐明了中国税务机关的立场，虽然是集团内部整合发生股权转让，但平价或低价转让不符合中国税法规定的独立交易原则，应该按照公允价值予以调整。可这个公允价值应该从何而来？当时苏玲自己心里也没底，那个日本人更是满脸愁苦的表情。他说税款多少是一回事，给他一个有说服力的计算方法，让他能说服集团董事会又是一回事。言外之意，人家不差钱。谈判陷入僵局。

在谈判中，对方多次提出西方经济管理学中的理论。苏玲想，能不能用“以子之矛，攻子之盾”的办法？苏玲一年前考取了ACCA，即英国皇家注册会计师，她忽然想起考试期间学过“资本资产定价模型”，能不能利用评估无形资产价值的“收益法”来计算股权转让收益呢？

收益法是通过估算被评估资产在未来的预期收益，并采用适宜的折现率折算成现值，得出被评估资产的评估值，评估值有基本的计算公式。但是，收益法的计算参数选取非常复杂，涉及企业各种自由现金流的预测、风险系数、现金流折现率等等。大连市开发区国税局成立了苏玲牵头的收益法攻关小组，研究收益法各种参数选取原理和实务操作方法，他们经过反复研究和演算，终于胸有成竹了。

最后一次谈判被苏玲主导了，那位日方代表问苏玲采用什么方法计算股权转让收益，当他听到“收益法”时，点头说他知道。由于使用了国际公认的方法，最终得到这家跨国企业的认可，并将 2008 年以后的股权转让价格进行了调整，缴纳了 1 124 万元税款。

这是全国完整运用“收益法”进行股权转让反避税调整的第一案，是反避税领域运用经济分析方法的一个新突破。2010 年 11 月 17 日，国家税务总局国际税收管理司专门下发文件，对大连市反避税工作给予高度评价，称“该案的突破对今后全国开展股权转让交易的转让定价调查起到了很好的示范作用”，在我国有广泛的应用前景。

随后，国家税务总局委托大连市国税局研究创建收益法模型，并将此模型实务化，以便在全国税务系统推广应用。大连市国税局指定开发区国税局完成此项任务。苏玲再度带领收益法小组进行攻关。

2011 年 11 月 24 日，国家税务总局国际税收管理司领导听取了收益法小组的汇报，对模型表示满意。现在，收益法正在全国税务系统推广应用，收益法小组编写的《企业价值评估理论与指导》，已成为全国股权转让案件收益法运用的推广教材。

现在，苏玲是大连市开发区国税局税政处处长，她在接受记者采访时说，收益法已经在反避税领域得到广泛应用，跨国企业和国际机构也学会了采用收益法与税务机关博弈。如今在税收谈判中，她的对手中常常会多出一个评估师，因此避税与反避税的博弈没有止境。

高手总被“第二个台阶”诱惑

一个非常了解苏玲的人说，苏玲给人最深的印象，是一个爱学习的人，一个总被“第二个台阶”诱惑的人。

“我总想上第二个台阶”，苏玲说这话时，语气没半点夸张、渲染，就像对人说，“我饿了，我想吃饭”。

1996 年 7 月，苏玲从东北财经大学毕业，那年她 23 岁。这位读国际税收专业的大学生，在大连市经济技术开发区国税局找到了与专业对口的工作岗位。尽管是科班出身，但实现从大学生到税务工作者的转变，必须熟练掌握税收法规政策和业务操作规程，苏玲参加工作的第一年，就写下了10万多字的学习笔记。

1998初，从事税务工作一年多的苏玲，代表大连市国税局参加国家税务总局组织的百名税收业务标兵竞赛，她以大连市国税局第三名的成绩进入全国税收业务标兵前50名。

2000年，经过层层选拔，苏玲争取到赴加拿大蒙特利尔高等商学院攻读工商管理硕士（MBA）的机会。留学期间她每天6点起床，晚上12点以后离开学校，用14个月就修满全部学分，取得了毕业证书和学位证书。

2007—2009年是苏玲学习最为艰苦的日子，她既要考注册税务师，又要准备英国皇家注册会计师执业资格考试。英国皇家注册会计师执业资格考试一共13门课程，允许考生10年内考完全部课程，而苏玲只花了3年时间就顺利通过了全部课程的考试。

苏玲曾暗暗发誓，熬过这段日子就停停脚步不再上第二台阶了。可没多久，她看到女儿学日语，那根爱学习的神经又被触动了。开发区日资企业多，苏玲说："我的工作每天都接触外国人，我看的资料英文多，而听的声音却是日语多。如果我懂日语，那工作中就会多一份优势。冲这，我也要学习日语！"这年是2010年，苏玲38岁了。苏玲参加日语学习班的同学都是90后，同学看苏玲的眼神非常好奇。苏玲说，有我这位大婶在他们中间，他们会有优越感和自信；而我在他们中间感到年轻和简单。

现在苏玲同日本人会面，虽然听不懂全部对话，但是已经可以了解到很多话外之音，因此对于外方控制的企业，苏玲会直接和外方见面，不会像以前那样只和中方人员会谈，听到可能被扭曲或被过滤的信息。

走近苏玲平凡忙碌的世界

最近的一个周末，记者跟随苏玲采访了一天。

星期五的早晨，税政处处长苏玲刚踏进办公室的门，检查处的小王就带着一位满脸怒气的中年妇女进来了，这是税政处正在审理的税务稽查案件中的一个当事人。中年妇女滔滔不绝，苏玲也插不上话，索性听着。这时，电话响了，苏玲和中年妇女说声抱歉，拿起听筒，是纳税人的咨询电话，有几个问题涉及办税服务厅和出口退税处。苏玲要了纳税人的电话，又开始拨这两个处的电话。中年妇女开始倦了，对小王说："我手下的财务人员，我已经给辞了，是我们有过错，可是我确实不是有意隐瞒。”

“那就在笔录中记录一下情况吧。”苏玲连忙说。

小王带中年妇女走了，苏玲开始给纳税人回答刚才的咨询电话，这时，从上海赶来的一家企业总监和税务事务所的一班人马走进来，苏玲打个招呼，把纳税人的咨询电话说完。这一行人已经是第二次到大连了，是为了这家企业去年的公司股权转让，涉及的税款一直迟迟没有入库，因为税务机关对其关联交易价格不能认可，企业聘请了专业评估人员跟税务机关谈判。苏玲电话召集了局内评估研究小组的成员来参加谈判，他们是局内各个业务处的骨干，专门应对大量存在的企业股权在国与国之间转让中的涉税问题。

谈判一直进行到中午，分歧一大堆，双方决定先谈到这里，下次再谈。午餐后，苏玲连忙换了运动装，她每天中午都去公园登山散步，暂时忘了上午谈判的焦虑。

下午 1 点半，党办通知开会，总结前一阶段开展的软环境建设工作，苏玲拿起记录本，匆匆去会议室。这时，手机响了，是税源部门的老张，说一家日资企业的外方人员就一笔境外发生的维修费前来咨询，税源部门希望和税政处一起讨论，苏玲说开完会马上过去。

2 点 15 分会议结束，苏玲一边询问征管处长下个月税法大讲堂开课，给纳税人培训的通知是否发布，一边往税源部门的办公室走。税源处的会议桌旁边端坐着两个日本人，还有一个翻译。苏玲和每个人握手，交换名片，抱歉说刚刚开完会。苏玲对日方人员解释，企业支付境外的修理费在中国不需缴纳增值税和所得税，因此真实性审核很严格，请外方人员理解，之后开始询问境外修理费发生的详细经过。

由于双方的谈话需要翻译，到了 4 点钟，日方人员还在不遗余力地解释这是真实可靠的业务，苏玲和税源部门简单商量一下，向外方人员声明：口述的情形我们可以参考，但是产品在海外发生维修，会有货物出境的记录，产品问题也应有相关当事人的鉴定，修理发生支付修理费也有大量资料证明，希望日方提供证据，问题应该不难解决。日方人员表示和境外人员尽快联系。

从税源部门出来，已经接近下班时间，苏玲在办公桌前整理一下一天工作思路，把下周一要开会的资料准备好。苏玲看了看窗外，风夹着雪花漫天飞舞。

（发表于 2014 年 3 月 12 日《中国税务报》）

他们，在服务中创造劳动价值

“五一”国际劳动节前夕，喜讯传到渤海之滨：大连市国税局荣获全国“五一劳动奖状”。对于一个2 800人的集体来说，能够脱颖而出、成为全市唯一一个获奖单位，成绩的确来之不易。

他们，服务税户，减负提效；服务民生，无微不至；服务发展，助力保障。他们崇尚勤奋敬业、甘于奉献的精神，追求在平凡岗位上、在服务中创造劳动价值。

“五一”国际劳动节前夕，喜讯传到渤海之滨：大连市国税局荣获全国“五一劳动奖状”。对于一个2 800人的集体来说，能够脱颖而出、成为全市唯一一个获奖单位，成绩的确来之不易。面对荣誉，该局局长赵恒说，大连国税人崇尚勤奋敬业、甘于奉献的精神，追求在平凡的岗位上、在服务中创造劳动价值。

服务税户，减负提效

“从最初的‘办税提示卡’，到‘网上办税直通车’，再到‘电子实用工具包’，现在又推出了手机办税、免填单等服务。多年来，我们一直能够感受到国税机关在纳税服务上的突破创新。他们在信息技术手段的应用方面在各个部门和行业中属于领先水平。良好的办税体验给我们留下了深刻的印象，也让我们企业受到很深触动。”在一次税企座谈中，东软集团大连有限公司财务总监张广清如是说。

“面对纳税人，比笑脸更重要的是效率，这是我们多年从事税收征管工作的真切感触。我们一直在科技服务上出主意、想办法、趟路子，用心工作换来纳税人的舒心。”大连市国税局副局长王义平在参加“便民办税e网同行”启动仪式时表示。据了解，该局除了对12366纳税服务热线、办税服务厅、网站等传统办税手段进行科学化、标准化、信息化的建设，还不断引进吸收最新的技术成果，让纳税服务质量和效率有新的提升。

不久前，大连市国税局在保税区率先开展“科技服务便民行动”，推出了免填单、网上发票、手机办税、二维码身份识别和影像库5项举措，拓展了纳税人办理涉税事项的渠道，降低了纳税人的办税成本，大大提高了办税效率。比如“手机办税系统”，融合了多种智能手机应用软件开发技术，纳税人只要将系统安装到手机上，就能够像网上办税一样在手机上实现涉税信息查询、办税身份认证、申报、纳税人学校课程查询与报名、发票查验等10多种服务功能。

提升科技手段解决的是服务的“途径”问题，而精表简证则消除了纳税人额外的负担。今年以来，大连市国税局对征管业务流程进行了全面梳理。统计显示，该局把审批事项减少至77项，为纳税人累计减少196天的审批时限，平均办结期限由9个工作日缩短至6个工作日；清理进户执法事项48项，取消简并19种涉税文书报表，精简19项25种附报资料，预计年平均为11万纳税人减轻19万次填报负担，办税时间平均缩短约4分钟。

服务民生，无微不至

4月初，国家关于小型微利企业所得税优惠政策再次放宽以后，大连国税所辖的3 000余户小微企业纳税人将首次成功迈进“减税门槛”。经测算，今年该局管辖范围内享受优惠政策的小微企业总数将达到3.14万户，预计减免企业所得税8 447万元。

“从以往的经验看，小部分小微企业没能享受到优惠政策的红利，有的是因为财务人员变更，企业没有进行减免税申报，有的是纳税申报时数据有误。我们目前工作的重中之重就是宣传到位、服务到位，让每一个符合条件的企业都不漏网。”大连市国税局副局长吴杰介绍，大连市国税局通过媒体、网络等多元化宣传载体开展宣传，加强与政府小企业主管部门的合作，让政策宣传无盲区。

“2013年，我们公司年收入是482万元，按照营业税5%的税率，算下来要缴24万多元的营业税。营改增后，我们属于增值税小规模纳税人，税率由5%降到3%，只需要缴14万多元的增值税，一下子就省了10万多元。”大连浩华会计师事务所的陶俊春会计的“好处账”算得一清二楚。陶会计说：“这笔钱省下来后，我们可以有更多的资金去扩充人员、加大培训投入和绩效奖励，从而更好地发展客户。”

“小微企业点多面广，税额虽不多，但却牵扯到众多老百姓的生计与幸福感。国家近年出台的小微企业、技术创新等税收政策，都体现了关注民生的政策导向和意图，税务机关要把相关政策全面、准确地落实到位，为纳税人减负，为新城镇化建设护航。”大连市国税局副局长徐成义说。

截至目前，大连市共有 92 930 户纳税人纳入营改增，其中 9 成以上为小规模纳税人。政策对于小规模纳税人几乎是全盘性利好，现代服务业的小规模纳税人平均减税幅度达到 40%。大连市国税局不折不扣地落实税收优惠政策，全年各类减免税累计达 120 亿元，办理出口退税 140 亿元，减收发票工本费 1 053 万元，惠及 34.7 万户各类企业。

服务发展，助力保障

不久前，旅顺口区双岛湾街道张仁强主任给旅顺国税局打电话说，辖区有户招商引资企业是街道去年成立的重点支柱企业，打算增加出口业务，但对有关税收法规把握不准，想让税务人员“指点指点”。主管出口业务的苑克家副局长立即组织相关业务部门负责人和专业税务人员，进驻企业讲解相关税收政策，并为下一步经济发展规划提出建议。

近日，大连獐子岛集团财务部的杨总监，成了大连国税系统首个享受同城通办购票服务的纳税人。大连市国税局尝试开通了同城通办的办税模式，纳税人办理常规涉税业务不再受主管税务机关管辖区域的限制，对于獐子岛集团而言，这意味着过去要行百里、耗费几天时间的发票购买业务，现在仅需 30 分钟。这是该局贯彻落实“便民办税春风行动”结出的又一硕果。“便民办税春风行动”启动后，该局成立工作领导小组，细化行动方案，目标设定为 7 大类 75 项具体任务，全局上下形成一盘棋。

服务发展的落实离不开制度的保障。据介绍，大连市国税局强化权力运行全程的制约与监督，健全维权平台、畅通维权渠道、规范维权处理。内控信息系统风险点监控指标库共设置了 86 个监控点。他们积极吸纳社会第三方力量，组建起以注册税务师、注册会计师和律师为主力，民政、信访部门为协同的权益保护中心，切实从法理、税理和情理这三个维度来正确行使自由裁量权。日前，甘井子区国税局权益保护中心正式挂牌成立。早在去年初，普兰店市国税局便打造了保护纳税人权益的税企联通站，今年又吸纳了 6 家成员单位，将继续为纳税人提供政策服务和法律帮助。

大连市总工会主席熊博力表示，大连市国税局立足地方经济发展，积极落实各项税收优惠政策，此次获奖，表明了各项工作得到了市委、市政府的高度肯定。据了解，大连市国税局曾获得首届“全国精神文明建设先进单位”“全国文明单位”“全民阅读先进单位”、全国职工教育培训示范基地等多项荣誉称号，2013 年荣获辽宁省“五一劳动奖状”。

（发表于 2014 年 5 月 12 日《中国税务报》）

海岛上的“明星”税官

海岛，看似偏僻、遥远，但王鹏用他一步一个脚印的行动告诉我们：距离、地域都不是障碍，“是金子，在哪里都会发光”。

大连长海县，四面环海，远离喧哗的大连市区。要想“进城”一次，对岛上的人来说可不是件容易的事。不仅要有“闲”，更要“看天”。一旦遇上刮风下雨的坏天气，就要做好几天也回不了家的准备。

34 岁的小伙子王鹏在海岛上已经工作了 12 年。

宁静、悠闲的海岛生活最容易养成人的惰性。然而，王鹏却用了 12 年与时间赛跑，成了大连市税务系统中的“明星”税官。

海岛，看似偏僻、遥远，但王鹏用他一步一个脚印的行动告诉我们：距离、地域都不是障碍，“是金子，在哪里都会发光”。

9 年时间考取“三师”资格

2000 年底，大学毕业的王鹏回到家乡獐子岛，在税务所当了一名专管员。税务所很小，只有所长和他两人。

大海、孤岛。日子一天一天地流淌着，从最初的新鲜到逐渐熟悉，每天按部就班，王鹏年轻的心里渐渐滋生了一种莫名的不安。开始，王鹏也不清楚这种不安来自哪里。直到有一天，所长去县里开会了，王鹏做完每天要做的报表整理等工作后，一个人望着远近不变的景色出神。“那一刻，我突然意识到那种不安的来由，就是时间的流逝和几乎能看到的未来。难道就这样过一辈子吗?”王鹏一下子找到了答案。

王鹏骨子里有种不认输的劲头。还在辽宁省税务专科学校读书时，他就自考了东北财经大学本科会计专业，毕业后又报名参加了注册会计师资格考试，并在不久后顺利拿到了注册会计师资格证书。

2005 年，大连市国税局为了提高干部素质，鼓励税务人员参加注册会计师、注册税务师和律师“三师”考试。有了组织上的添柴加薪，王鹏心中燃起的那团火越烧越旺，马上开始备考注册税务师。

王鹏是个特别有控制力的人。他一旦确定了方向和目标，就把时间全部用在了实现既定目标上。他制定了周密的学习计划，规定当日必须看完的书页章节，甚至苛刻地细化到几点几分必须读到哪里，真正做到了惜时如金。2007 年，他顺利通过了注册税务师考试。

王鹏并没有停止学习的脚步。2008 年，他报名参加律师资格考试。这时他已经离开獐子岛税务所，到长海县国税局综合科工作。他的妻子也怀孕了。他边工作边复习，还要照顾妻子。平时工作忙，没时间，只能挤时间学，经常看书到凌晨。他还养成了随身携带书本和复习资料的习惯，出差坐车乘船，哪怕有三五分钟时间，都利用起来看几页书，做几道题。同事李述民说：“王鹏学习的专注和自制力令人惊奇，平时和同事有说有笑，只要一看书学习就能静下心来深入进去。不管周围多嘈杂，都影响不了他。”2009 年，王鹏参加律师资格考试，以优异的成绩拿到律师资格证。

文学家高尔基说，世界上最快而又最慢，最长而又最短，最平凡而又最珍贵，最易被忽视而又最令人后悔的，就是时间。王鹏一直在与时间赛跑。他说："不管干什么，不能浪费了时间。"

9年的时间，学习已经成为王鹏的生活常态。他考取了"三师"资格，成了大连国税系统公认的学习"明星"。在大连国税系统2 600多名干部中，他成了第一个也是目前唯一一个考取"三师"证的人。

"知识用在实践中才最重要"

有人开玩笑地问王鹏："你下一步还要考什么证？"王鹏回答："不考了。"他说，他从来不是为了考证而学习，而是为了充实自己以便更好地工作。"知识用在实践中才最重要！"

王鹏说："以前研究一些新的税收政策和管理方式时，常会感到各种困难。参加'三师'考试开阔了眼界，在研究具体问题时容易了一些，眼光也更高了一些。"

水产品加工是长海县的支柱产业。2008—2009年，王鹏认真调查了解獐子岛的海参和扇贝加工企业，并从中选取了3家典型企业，了解生产加工过程以及取款渠道，了解工厂的内控机制、出入库情况。通过1年时间的跟踪调研，他找出这3个典型企业的共性问题，并设计了海参加工业纳税评估模型，评估入库税款30余万元。他写的《海参加工业评估模型》，被国家税务总局征管科技司评为"全国百佳行业纳税评估模型"。

"经济法中有对企业清算的规定，税收方面有对企业注销清算的规定，概念上前者涵盖后者。"王鹏在工作实践中发现，对企业注销清算的税务管理存在一些问题。为此，他写了调研报告《对税收注销清算的思考》。近年来，王鹏注重理论结合实践研究问题，先后在《中国税务报》、《税务研究》、《辽宁税务》和《大连税务》等报刊上发表了20余篇调研文章。

由于业务能力突出，2007年，王鹏被长海县国税局吸收进纳税评估小组，随后成为案件审理委员会中的业务骨干。2009年底，长海县国税局进行中层干部竞聘，王鹏以最高得票当选副科长。

开通"税官王鹏维权"博客

12年的工作中，王鹏和太多的纳税人打过交道，深知纳税人的不容易。曾经有一位纳税人深深地感动了他。

獐子岛上有位个体户，每到申报期，总是第一个来缴税。但有一次申报期都要结束了，他还没来。这时，有人告诉王鹏，他遭遇了车祸，去世了。王鹏很难过，就想自己掏点钱帮一帮这家人。这时，那位个体户的女儿来缴税了。她对王鹏说："我爸每次缴税最积极，现在我接手了他的生意，也一定会准时缴税的。"从那以后，女儿像爸爸一样，每个申报期，总是第一个来缴税。

"多么可爱的纳税人！我们怎能不好好为他们服务，维护他们的权益呢？"王鹏说。长海县岛屿众多，纳税人分散，想要咨询和维权非常艰难。如果有一个平台，让纳税人了解自己有哪些权利，可以通过哪些途径实现这些权利，纳税人权益受到损害时该如何申诉，怎样获得法律救济？那么，纳税人就能更好地维护自身的合法权益，在纳税过程中全面行使享有的权利，正确履行应尽的义务。2011年初，王鹏决定，开设税官维权博客。

开通维权博客，对王鹏来说，是一项全新的挑战。敢于挑战，是因为他心里有底气——一方面懂税，另一方面懂法；勇于挑战，是因为他心里有责任——目前的纳税人，纳税义务意识强，权利意识弱。只有纳税人的权利意识增强了，自觉纳税意识才会水涨船高。

博客开通了，可是王鹏没想到，对这件事却有一些不同的看法，有的甚至说他是博人眼球，哗众取宠……

王鹏为此十分纠结，也曾打过退堂鼓，但最终他听从了内心的声音："我用自己的知识为纳税人维权尽点儿微薄之力，这有错吗？"理一拨就明，灯一点就亮。这时，长海县国税局局长徐强也鼓励他：开通维权博客，这是为纳税人服务的新途径啊。不少同事也说王鹏是学雷锋做好事。

得到了支持和肯定，王鹏坚定了信心。如今，在百度搜索上，点击"税官王鹏维权"，你就会进入一个与众不同的博客空间。这是大连的第一个税官维权博客。

对纳税人登录博客后提出的问题，王鹏每次都要经过多方查证和认真思索后才给予回答。"这些问题，多是让纳税人备感纠结的问题，不敢随便答复，怕误导了纳税人。"王鹏说。

王鹏的博客开通快1年了，尽管文章数量并不是特别多，但纳税人问的问题却很尖锐，涉及很多方面。事实上，维权博客也在激发王鹏不断地学习和充电。为了给纳税人一个满意的答复，他每天下班后都要拿出专门时间在网上查找资料，查阅各种法律、税收方面的书籍，有时还要求助于专家和其他部门，但王鹏乐此不疲。

博观而约取，厚积而薄发。12 年的扎根基层，12 年的不懈学习，让王鹏成为海岛税官中的“明星”。但王鹏说：“追求只是刚刚开始，在这条路上，我还需要飞得更高，扎得更深。”

（发表于 2012 年 4 月 4 日《中国税务报》）

大连第一个税官维权博客从海岛“蹿红”

王鹏一度很纠结，也曾打过退堂鼓，但最终他听从了自己内心的声音：“我用自己的知识为纳税人维权尽点儿绵薄之力，这有错吗?”在市、县国税局领导和同行、同事们的鼓励下，王鹏坚持了下来，博客也“飞”出了海岛，“蹿红”起来，点击量成倍增加。

在人口只有几万人的大长山岛，从事税务工作 12 个年头的税官王鹏犹如一颗闪亮的“明星”。他开通了大连第一个税官维权博客，一年来这个税官维权博客深受海岛纳税人的欢迎，它不仅页面形式简洁，内容也十分严谨、客观，主题只有一个：维护纳税人的合法权益!

在百度搜索“税官王鹏为你维权”，便会看到一位大连税官的博客，也是大连第一个税官维权博客，博主的名字叫王鹏，来自大连市长海县国税局，是大连市国税系统中唯一一位拥有注册会计师、注册税务师、律师“三师”资格的税官。

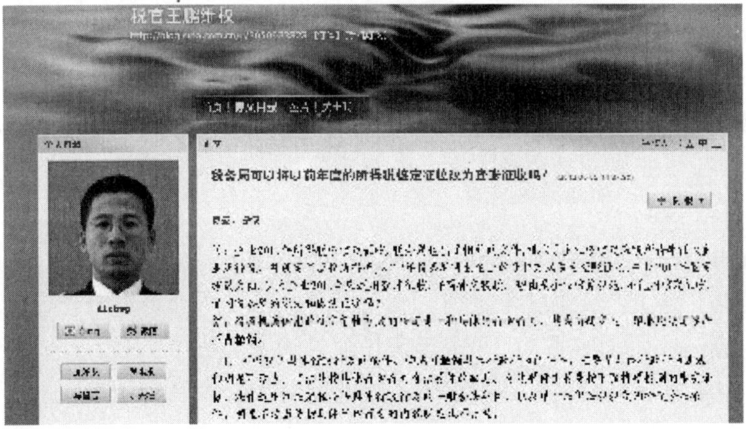

王鹏维权博客截图。

纳税博客红遍海岛

2011 年，博客开通了，可是王鹏没有想到，有些人对这件新生事物却有一些不同的看法，甚至有的说他纯粹是哗众取宠、博人眼球……王鹏一度很纠结，也曾打过退堂鼓，但最终他听从了自己内心的声音："我用自己的知识为纳税人维权尽点儿绵薄之力，这有错吗?"在市、县国税局领导和同行、同事们的鼓励下，王鹏坚持了下来，博客也"飞"出了海岛，"蹿红"起来，点击量成倍增加。

为了给纳税人一个满意的答复，这一年时间里他每天下班后都要拿出专门的时间在网上查找资料，查阅各种法律、税收方面的书籍，因为有些问题不仅仅是国税领域的，而且涉及地税甚至其他的执法部门，王鹏需要学习许多专业知识，有时还要求助于其他部门。

记者看到，王鹏博客采取纳税人和税官一问一答的形式，目前最新更新到 5 月 2 日，他就税务局是否可以对前年度的所得税核定征收改为查账征收问题回答网友的提问。博客中，针对纳税人提出的问题，王鹏经过多方查证和认真思索后才给予回答。"这些问题，多是让纳税人备感纠结的问题，不敢随便答复，怕误导了纳税人。"王鹏说。

"如果没有一个平台让纳税人了解税务机关哪些行为是合法、合理的，哪些行为是违反程序法、实体法的，那么纳税人维权就无从谈起。"因此，他开设纳税人维权博客，就是着眼于为维护纳税人权益作出一点贡献。"虽说只是一点很小的贡献，但这给了我继续下去的动力。"王鹏说。

海岛里找到学习动力

王鹏出生于 1978 年，老家在著名的海洋牧场獐子岛。2000 年底，他从辽宁税务专科学校毕业后回到家乡工作，在税务所当了一名专管员，当时所里只有两个人，所长和他。

海岛太小了，海岛上长大的孩子大多天性爱动好玩儿，整天与大海嬉戏作乐，王鹏也不例外。谁也没有想到，高中三年从来没有完整地做完过一本作业册的王鹏，"霸占"了辽宁税专 1997 年在长海县的定向招生名额。

在辽宁税专读书时，王鹏就自考了东北财经大学本科会计专业。毕业考入国税局之前，他已将注册会计师证书拿下。内行人都知道，注册会计师普遍被认为是最难考的。

2005年起，大连市国税局鼓励全系统干部积极参加“三师”学习考试，提高业务能力，夯实职业素质。市局和各基层单位相继拿出鼓励方案，但由于海岛远离市区，为了少耽误工作，王鹏没有参加过集中辅导，也没为复习备考请过一次假。别人在喝酒应酬、打麻将娱乐，他则把时间全都用在了学习上。

“不管干什么，都不能浪费了时间。”王鹏开始了与时间赛跑，像海绵吸水一样挤出时间学习。

平日见缝插针看书做题，工作间隙聚零为整，不浪费空闲五分钟以上的时间。他制定周密的学习计划，严格执行每一步计划；学习规定时段、规定当日必须看完的书页章节，甚至苛刻地细化到几点几分必须读到哪里，做到了惜时如金。他坚持每天两个小时的学习时间，考试前冲刺每天保证学习三个小时以上。2007年，王鹏参加县局统一报考注册税务师考试胜利过关。

2008年王鹏开始复习备考律师资格证，恰在这时妻子怀孕了。平日里他在尽量照顾好体弱的妻子的同时，还要抓紧时间备考。他随身携带书本和复习资料，出差坐车乘船、下班前三五分钟，都利用起来看几页书、做几道题。2009年，他报名参加律师考试，以高出总分要求44分的成绩取得最后一个资格证书。

“三师”考证中学以致用

“‘三师’证到手，下一步你还要考什么?”经常有人和这个“学习篓子”开玩笑。王鹏总是很认真地回答：“不考了。”

他说：“我从来都不是为了考证而考证，而是为了充实自己的知识更好地工作，只有把知识用在工作实践中才是最重要的。”水产品加工是长海县的支柱产业。2008—2009年，王鹏认真调查了解獐子岛的海参和扇贝加工企业，并从中选取了3家典型企业，了解生产加工过程以及取款渠道，了解工厂的内控机制、出入库情况。通过1年时间的跟踪调研，他找出这3个典型企业的共性问题，并设计了海参加工业纳税评估模型，评估入库税款30余万元。他撰写的《海参加工业评估模型》，被国家税务总局征管科技司评为“全国百佳行业纳税评估模型”，为加强行业税收征管提供了有效指导和推动。

（发表于2012年5月9日大连天健网）

82 个系统背后的 7 个人

“税收信息系统的运行维护工作很特殊，做得出色了，没有人知道；没做到位，所有人都能觉察到。”这是了解运行维护工作的税务干部的共识。

信息系统运行维护，提供技术保障和支持，是税收信息化进程中不可或缺的一环。目前，在大连市国税局，有 82 个系统软件供全市近 3 万名国税干部使用，而负责系统运行维护的只有 7 个人。专业、敬业和奉献是这 7 个人的共同品质，他们十年如一日地默默释放着自己的光和热，带来了大连市信息管税工作的丰硕成果。

一份特殊的工作

“税收信息系统的运行维护工作很特殊，做得出色了，没有人知道；没做到位，所有人都能觉察到。”这是了解运行维护工作的税务干部的共识。

这项工作的技术性要求很高，很多时候需要一个人思考、摸索、尝试。大连市国税局的张文锋接手综合征管信息系统维护后，挤出时间学习 ORACLE、税收理论，记录整理新知识点，三本厚厚的《综合征管软件核心技术指南》、五本《业务培训教材》，他翻了个遍。现在的他是一名技术高手，平均每天处理近 10 份数据修改审批表、解决近 20 个电话问题，忙的时候连喝口水的时间都没有。付出的辛劳与汗水，只有他自己知道，呈现在同事面前的，则是个专业的技术“大拿”。

大连国税信息中心运维工作的带头人曲直大姐，在全国税务信息人员里都是响当当的人物。她技术水平高超，多次得到国家税务总局领导的表扬，就连 OR-

ACLE 公司的技术工程师们也对她伸出大拇指表示敬佩。

一种负责的态度

“这里的每个人都对工作保持着非常大的热情，那是一种高度负责的工作态度。”80 后新兵陈宏伟这样说。

加入这个群体后，同其他人一样，陈宏伟也开始了“飞速旋转的过程”。通过参与网上申报系统的开发和运行维护，经过了长达一年时间的锻炼，陈宏伟已经能够独立解决纳税人提出的问题，也认识到了运维工作的特殊性。不管是不是节假日，每个月最后一天，他都会出现在工作岗位上，确保税收数据的正常传输。每天早上，他会提前到岗，观察系统是否正常运行，确保纳税人能够正常使用和 16 家银行的税款能够正常入账。

刘福刚是陈宏伟的“师傅”，也是网络申报系统的负责人。网络申报自诞生之日以来，已经有 8 个年头了。8 年里，90 多个征期，2 000 多个日日夜夜，刘福刚无时无刻不在细心照料着这个系统。每个月，有 8 万纳税人使用该系统，看到依托系统，那么多纳税人可以足不出户进行申报，那么多税款可以直接通过网络划转，作为系统主要负责人，刘福刚的心中总有一种自豪感。他知道，网络申报系统是全局最大的申报服务厅，“网络申报”是全局最热闹的申报窗口。

一个忙碌的团队

说到运维工作任务的繁杂，王逢仅体会深刻。自从 2002 年入职以来，她参与大小 15 个系统的上线运行，用户从几百人到十几万人的都有。系统升级和备份一般都要选在正常工作时间以外进行，额外加班也就成了家常便饭。比如防伪税控机，仅 2004 年就升级 11 次，那一年她几乎没休过一个双休日。“信息中心女人当男人用”是一句笑谈，也道出了他们的奉献精神。

栾峥在综合征管信息系统 CTAIS 2.0 上线时，为了全心投入工作，一狠心将 10 个月大的孩子送回了老家，等系统顺利上线并稳定运行后才把孩子接回来，那已经是半年以后了。

大连市国税局运维组的自主研发能力在全国也是数一数二的，他们研发了税收管理员、网上申报等多个系统。硕果的背后是大家的辛勤付出。郑伟六年来参与完成了几十个软件、系统的设计、开发、上线。针对系统设计开发中的技术难点，他常常在办公桌前忙到半夜。为了保证一个模块按期完成，他曾经连续一周每晚和同事加班到23点，一分钟都不肯浪费。

就是这个“牛人”辈出的群体，用专业的技术水平和无私的奉献精神，保证了大连市国税局税收信息系统的稳定运行。

（发表于2011年5月11日《中国税务报》）

天堂里的写手

“一个积极和充实的生命，是不断努力把句号变成逗号的过程。”他曾这样写道。他的一生，也是不断努力把句号变成逗号的过程。《中国税务报》这个平台，曾经照亮过很多人的精神家园，这些人中就包括“老张主任”，一位天堂里的写手。

想你时你在天边，想你时你在眼前，想你时你在脑海，想你时你在心田……老张主任已经离开100多天了。

倘若他在天堂知道有这个“我和中税报的故事”征文，一定会欣然提笔，诉说他与《中国税务报》近20年的情缘……

1996年我成为一名税务新兵时，常在《中国税务报》上见到他的名字——“张振学”。每年他发表的文章不是很多，但每一篇都让人印象深刻。因缘际会，1999年我被调到市局办公室，成为他的同行。在一次会议上，我见到了传说中的他，脸色有些黑黄，听说他总是熬夜写稿子，还伴着浓浓的烟雾。给人印象最深的是他的穿着，格子西服里面是毛衣，毛衣里面是衬衫，衬衫里面是秋衣，外带一顶棒球帽。50多岁的他曾担任过大连市中山区国税局办公室主任，因为后来的主任也姓张，大家都尊称他为“老张主任”。

老张主任”比我年长20多岁，认识他时，他已步入“后工作”时代，可他的认真劲、责任感，丝毫看不出要退休的状态。他从不放过任何一个有新闻价值的线索。2000年，中山区国税局所辖的一个市场出现“罢税”风波。他敏锐地抓住这个新闻事件，认为其中大有文章可作。但是从哪儿入手呢？他冥思苦想了几天，最后通过选择两家市场，来比较分析“罢税”的原因，并鲜明地提出观点——办市场要有经营理念。当这篇文章发表在《中国税务报》第一版上时，他的高兴劲溢于言表，那份快乐非常感染人。有一次，报社的副总编辑王永丽到大连讲课，表扬他写文章角度独特。当他听到自己的名字时，像个孩子似的脸红了起来，嘿嘿地笑着。

他不会打字，每次写稿都是密密麻麻地写在纸上，然后让打字员打成电子文档，如果哪个字打错了，他的电话会及时地跟过来。他每次打电话都声音洪亮："小程莉啊，我是张振学……"话音中带着鼻音。直至今天，一看到那个熟悉的电话号码，我都会想起那个"大嗓门"，还有他那独特的问候方式。

那些年，中山区国税局的大部分新闻稿件都是由他完成的。他的从税生涯是从结束军旅生活之后开始的。进入税务局工作多年的他，一直在兢兢业业地爬格子，毫无怨言，但心里也有这样的希冀："我总跟局长申请干业务，身穿税服没干过一天业务，就像当兵的人一天也没摸过枪一样，心里没底啊。"说归说，他写的稿子一点也看不出来不专业的味道。那篇《个体变脸之惑》，使大连市知名餐饮、洗浴"大鳄"纷纷由私营企业变为个体工商户的"秘密"，一白天下。文章刊登在《中国税务报》的内参上，引起了国家税务总局的高度重视，并派检查组实地调研，逐步规范了工商部门和税务部门对于个体户的界定。

他的文章不是一味地"表扬"，而是能发现问题，分析问题，针砭时弊。《一壶茶中的偷税漏洞》，把纳税人兼营不同项目混淆税目、税率而打营业税的主意，通过一壶茶的例子巧妙地陈述出来。另外，他还在《中国税务报》上发表过《连锁企业管理：一个都不能少》等文章，引起相关部门的重视。

局里工作离不开他的报道，他也离不开这个"舞文弄墨"的平台。2007 年退休后，他被局里返聘继续做宣传工作，虽然从幕前走到了幕后，但他还是任劳任怨地工作着，并开始指点新人。

2005 年，他曾在《中国税务报》上发表过一篇《拒绝句号的女人》，讲述一位身患绝症的老大姐忘我工作的事迹。没想到 5 年之后，他也倒在了工作岗位上。2009 年 10 月，一次税收理论研讨会上，他感到不舒服，这一次他没有像往常一样去社区医院，而是径直去了大医院，因为这一次他实在挺不住了，被医生确诊为肝癌。

"一个积极和充实的生命，是不断努力把句号变成逗号的过程。"他曾这样写道。他的一生，也是不断努力把句号变成逗号的过程。

《中国税务报》这个平台，曾经照亮过很多人的精神家园，这些人中就包括"老张主任"，一位天堂里的写手。

（发表于 2010 年 11 月 12 日《中国税务报》）

丁永安：构建一所没有围墙的“税务大学堂”

有多年从税经历的丁永安，8年前曾在长春税务学院学习一年，2004年到中国人民大学学习公共管理知识3个月，2007年5月又到扬州税务进修学院学习半个月。丁永安坦诚地说，他自己就直接受益于“大教育，大培训”。他说，税务干部只有不断地处于学习状态，才能跟上时代的潮流，也才能适应税收工作的新要求。

“我们正在建立一所没有围墙的‘大学堂’，一所教学场地不固定，学习对象明确，学习内容系统，学习时间相对连续的‘税务大学堂’。”大连市国税局局长丁永安日前在接受采访时表示。

丁永安说，打造这样一个“大学堂”既是落实全国税务系统“大教育，大培训”的要求，也是大连市国税税收征管工作的实际需要。

早在2002年，大连市国税局98%的干部就达到了大专以上学历水平。但两年前的一项调查也显示，大连市国税局1 000多名一线税收管理员中，真正能够从容地开展税源调查和纳税评估的人只有60%，有些干部在工作中感到力不从心。

近年来，随着信息技术的迅猛发展，大连市经济结构和产业结构发生了很大变化，税收征管面临新的挑战。纳税评估从仅适用于外资企业的“审核评税”普及为税收管理员的一项日常工作，税收稽查的范围也不再局限于“发出商品未计收入”等账面上的简单问题。大连还是座国际性的开放城市，大连企业使用国外特许权、购买国外专利技术的情况越来越普遍，越来越多的国外企业走进大连出租财产、提供劳务，其中涉及的税政问题渐渐变成税收管理员遇到的常见问题。

“在这种新形势下，税收征管质量能不能大幅度提升，未来的税收事业能不能大踏步地前进，直接追问着我们教育培训思路该有怎样的转变：今天我们要学什么，怎么去学，学得怎么样?”丁永安说。

于是，一部《大连国税干部岗位技能教育培训规划》应运而生。在这个规划中，大连市国税局首次提出了构建“大学堂”的理念。按照这个规划，大连市国税局要把全员培训、注重能力、学以致用作为教育培训的目的，把教育培训的重点放在规划性、系统性、连续性上，把税务干部的文化优势向能力优势转变。

丁永安解释道：“这个‘大学堂’与过去的教育培训工作是有所区别的。原来的教育培训是零散的、随机的，头痛医头、脚痛医脚，应急色彩比较浓，而且培养体系不够健全。”

丁永安说，既然是建“大学堂”而不是“培训班”，就需要在打造通用人才的基础上，瞄准专业人才的锤炼。我们曾在 2003 年起实施“三个一”工程，利用大连理工大学、大连外国语学院的教育资源，培养了众多的计算机人才和外语人才，在造就一支复合型队伍道路上迈出了可喜的一步。目前，我们把培训目光转向了“岗位技能”的培训上，让国税干部成为“岗位专业人才”。

贯彻、落实国家税务总局提出的“六员”培训，是大连市国税局打造“大学堂”过程中的着力点。从今年 4 月开始，大连市国税局将“大学堂”的重点课堂放到了江苏省无锡市，500 多人分成七批到江苏省税务学校学习征管和稽查技能，一期接一期的稽查、征管骨干培训活动将持续到今年底。大连市国税局打算利用 5 年时间，实现涵盖国税系统所有岗位的“十员”培训，达到全员岗位业务技能达标，形成高素质梯次性的业务骨干队伍。

在“岗位技能”培训中，大连市国税局既抓普及以提高干部整体业务能力，又抓尖子，选拔业务能手标兵，以应对复杂和具有难度的税收课题。大连市国税局目前有近百名干部获得注册会计师、注册税务师、律师执业资格，拥有英、日、法、韩、俄不同语种的翻译人才，更有若干税务稽查和纳税评估的超强组合和反避税专业人士。

“我们所构建的‘大学堂’，地点是不固定的，既可以是在本市，也可以是外市；既可以在国内，也可以在国外；既可以是现实的，也可以是虚拟的。”丁永安继续介绍道。近年来，大连市国税局与英国奥斯特大学、加拿大蒙特利尔大学、美国金门大学、国内多所知名大学以及辽宁国税大连培训中心、扬州税务进修学院、长沙税务培训中心都有委托培训关系。同时，开发了在线学习、网络考试、评议调查等 8 个模块的教育培训管理系统，积累了财务会计、计算机等类别、220 个视频、音频多媒体课件和 34 000 多道业务试题，基本满足了税务干部不同层次的学习需求。据了解，大连市国税局的教育培训管理系统总访问量达到 45 万人次，平均日访问量 580 人次，组织各类网上达标作业 300 多次，网上考试 760 多次。

截至目前，大连市国税局在这所没有围墙的“大学堂”中，进行了基层自训、网上组训、集中培训、委托培训、联合办学、竞赛促训等形式的教育培训。仅 2006 年，税收专业集中培训就有 32 期，相关业务培训有 24 期，委托施教机构培训 11 期，参训人员 2 242 人次，基本达到年人均培训一次。

有多年从税经历的丁永安，8 年前曾在长春税务学院学习一年，2004 年到中国人民大学学习公共管理知识 3 个月，今年 5 月又到扬州税务进修学院学习半个月。丁永安坦诚地说，他自己就直接受益于“大教育，大培训”。他说，税务干部只有不断地处于学习状态，才能跟上时代的潮流，也才能适应税收工作的新要求。

日前，在大连市国税局刚刚查实一起反避税案件通报上，大连市委书记张成寅做出批示：“有理、有据，是一个好的案例，也反映出税务队伍素质的提高。”2006 年大连市国税局纳税评估税额、税收稽查查补收入双双超过 2 亿元。这都为大连市国税局构建的“税务大学堂”所产生的实效作了有力的说明。

（发表于 2007 年 6 月 22 日《中国税务报》）

有一种情怀叫税收宣传

当开始酝酿这本书的时候，心中感触很深。自 1999 年踏上税收宣传战线，我已走过了 17 个年头。回望来时路，蓦见巷陌杨柳色，收获远远大于困惑、困苦，一路上是成长的印记。

求学路上，东北财经大学本科学的是国际税收专业，又攻读了财政学硕士学位，后来到中国人民大学学习三年取得经济学博士学位。乍看起来，与新闻宣传专业根本不搭界，如果说有联系的话，只能说是与税收有关系。我们所从事的工作叫税收宣传，这是全国税务系统中一道别样的风景线。

对于税收宣传，起初懵懵懂懂，只知道与文字有关；对税收宣传的最直观印象是，大街上的税法宣传站，发着红红绿绿的宣传单。在基层局做了三年稽查工作后，某一天，领导告知我工作要发生变动，调到市局办公室干税收宣传，我一头雾水，不知道那是什么样的岗位、将面临什么样的工作。既然职场上的选择不能完全由着自己的心愿，那就索性爽快地去做、认真地去做。更重要的是，那时候自己年轻气盛，凭着一颗挑战的心和一种对未来的期待，接受了新的任务，一干就是 17 年。

上学时写过论文，“提出问题、分析问题、解决问题”三段论牢记在心，而对于新闻稿件，看过读过，从未写过。新闻无学，这是一个高深的悖论。看似没有门槛的专业，但是要把新闻稿写好写得漂亮，不知要付出多少辛苦与努力。没有任何专业背景，也没有任何天分潜质，徒有一颗要强的心，面对残酷的现实，备感折磨与痛苦。好在我有一位领路人，让我郑重地写下她的名字：缑丽萍。一个不常见的姓氏，一位古道热肠、才思泉涌的知识女性，现在赋闲在家，行走在世界各地，依然笔耕不辍，书写着自己心中的诗和远方。还记得自己写的第一篇重头稿件：《税务稽查还有多少待解之题》，一个半小时的采访，却用了七天半的时间来写，九易其稿。直到今天，那份手稿还放在文件夹中，时常拿出来，用感恩的心态来咀嚼，因为上面布满了这位良师益友的墨迹。近十年的时间里，在她手把手的调教下，在她的耳提面命下，自己从“萝卜条”、“豆腐块”写起，渐渐地千字通讯也应对自如。文字变成铅字，一篇篇变成一册册，一种叫作快乐的感觉弥漫在内心深处，也许那就叫成就感。

一路写下来，慢慢地找到感觉，用手中的笔去记录税收新闻成了日常工作。税宣路上，一次次体验着不同的身份：撰稿人，编辑，主持人，网管，编导，制片人。一次次的身份变化，让我一次次身处学习中，努力地去适应；一次次的学习和适应，让我不断地感受到成长、快乐和收获。

成长的路上，还要感谢我们这个新闻中心团队，他们是——祝红、高宪杰、姚丹、刘华、李毅然、肖颖、郭之顺，还有 80 后新鲜血液——郑国勇、陈树杨、黄志良，这本书也记录了他们的辛苦与付出。2003 年大连市国税局率先在全国税务系统成立了新闻中心，经过多年努力，不懈坚持，薪火相传，打造了“报纸、电视、电台、网站”四位一体的格局，在大连形成了宣传品牌。大连电视台的“国税之声”，大连广播电台的“国税播报”、“12366 政策早知道”、“新闻直通车”，《大连日报》的“税务信息港”，《新商报》的“一千零一页”，《大连晚报》的“国税新视野”，《半岛晨报》的“以案释税法”，处处都是我们的舞台。4 月，是我们这群税宣人最忙碌的季节。每年春节一过，就开始策划宣传月活动，主题、形式、内容、手段，要不断推陈出新，要吸引眼球，要有实际效果，大家围坐在一起，开动脑筋，争论着、否定着、肯定着，最终达成令人满意的创意。定方案、发通知、开展活动、组织报道、进行总结评比，五部曲，年年唱。4 月里，我们写过、累过、抱怨过，却从来没有想过离开。

感谢我从事税务工作以来的大连市国税局的领导和同事们，以及我目前所在单位大连花园口区国税局的同事们，感谢大连花园口区管委会的领导和朋友们，感谢大连新闻媒体的朋友们。

感谢国家税务总局新闻办的领导们，感谢中国税务报社的领导和朋友们以及中国税务报驻全国各地记者站的朋友们。

我知道，我无法写全我想感谢的人的名字，可我还是想说一句，关注和关心我的朋友们，谢谢你们，无论你们是否看到这些文字，我的记忆里都有你们的身影。谢谢你们一路的陪伴与帮助！认识你们，是我的幸运，更是我的荣幸。

这一路上，来自家人和爱人的宠爱和包容，是我人生路上匍匐前行的护身符！

高三那一年，我在学校踢足球，摔伤了脚踝，老爸背着我，一级级台阶地往上走，趴在他的背上很开心，宛如一个小女孩儿，接受着羡慕的目光；童年的记忆里，妈妈是个上进的女人，每天顾不上为四个孩子准备早餐，早早到单位去表现，为了要加入中国共产党……那一幕那一景挥之不去，现在说起来，他们只是开心地笑着。两个加起来160多岁的老人，至今还活跃在社会的舞台上，分工明确，合作默契，一个负责写稿，一个负责讲演。在家乡，一个叫作辽阳的古城，创建“楼道一家亲”，争做“文明创城使者”，做义工、做公益，讲党课、讲历史，进社区、进校园，上电视、上报纸，和我们一样，一周工作五天，只在周末休息两天。看到他们快乐地忙碌着，我们停止了劝阻，除了支持还是支持，支持之外还有羡慕，羡慕他们的伉俪情深、羡慕他们的珠联璧合、羡慕他们的相濡以沫，感染着他们的老有所为、老有所乐，自豪着他们是我们的父母，幸福着他们让我们到现在还是有爸有妈的孩子！爸妈，爱你们，下辈子我们还要是一家人啊。祝你们健康快乐长寿！

感谢我的父母，给了我一个健康的身体，让我受到良好的教育，遗传给我诸多优秀的品质和能力。人生路上，那如山的父爱如海的母爱，为我遮风挡雨，让我不识愁滋味地幸福成长；为我摇旗呐喊，让我前行路上无所牵绊，随心所欲过我想要的生活。

感谢我的哥姐。我是家里的小幺妹，从小到大他们让着我，即使到现在，他们有了自己的儿女，也像个孩子似的惯着我。不计较我的乖张，不计较我的耍赖，打磨着我的修养品行，教导着我的为人处事。每到节假日相聚在老家的时候，我仿佛又回到了儿时，在他们的面前，尽显作为幺妹的特权，无拘无束，让本性恣意流淌。

感谢我的爱人，邵英伟。虽然不是在最美的时间遇见，但是遇见就是最美的时间。遇见之后，我变得越来越漂亮，越来越自如，让我在做更好的自己这条路上走得更远、更稳。我知道，是他的爱，是他浓浓的爱，让我的心安放在平静的港湾里，从而可以从容优雅地工作着、生活着。祝我们幸福到永远，虽然我不知道永远有多远。

这本书，一个税宣者的情怀讲述，记录的不仅仅是一个集体和一个人日复一日年复一年的奋斗努力，还是陪伴在我身边的随时翻阅的激励箴言。

程　莉

2016年7月31日

星海广场 SOME COFFEE BAR